本书是全国教育科学"十三五"规划课题国家一般项目"乡村振兴下职业教育促进农村'空心化'治理的机理与模式研究"（课题批准号：BJA180100）最终成果

Research on Promoting Rural "Hollowing" Governance Through Vocational Education

职业教育促进农村"空心化"治理研究

刘奉越 ◎著

科学出版社
北京

内 容 简 介

农村"空心化"是我国乡村在工业化和城镇化进程中必须经历的"阵痛",也是全面实施乡村振兴战略过程中亟待解决的难题之一。职业教育作为与普通教育具有同等重要地位的教育类型,是促进农村"空心化"治理和实施乡村振兴战略的重要抓手,其功能和作用不断得以彰显。

本书旨在探讨乡村振兴下职业教育促进农村"空心化"治理的机理和模式,系统梳理了我国农村"空心化"的演进历程、逻辑,并对其发展趋势进行了展望;运用SWOT-PEST分析模型,从政治、经济、社会、技术等方面探析了职业教育促进农村"空心化"治理的优势、劣势、机遇以及威胁;结合职业教育促进农村"空心化"治理的具体实践,构建了相应的机理和模式,并提出了促进路径。另外,本书呈现了国内外职业教育促进农村"空心化"治理和乡村治理的较为典型的案例,以提供一定的借鉴和启示。

本书兼顾学理性和实践指导性,可供职业教育研究者、教育管理部门决策者和农村地区职业教育实践者等参阅。

图书在版编目（CIP）数据

职业教育促进农村"空心化"治理研究 / 刘奉越著. —北京：科学出版社, 2023.12
ISBN 978-7-03-077595-5

Ⅰ. ①职⋯ Ⅱ. ①刘⋯ Ⅲ. ①农业教育–职业教育–研究–中国 Ⅳ. ①G719.2

中国国家版本馆 CIP 数据核字（2023）第 245450 号

责任编辑：朱丽娜 冯雅萌 / 责任校对：郑金红
责任印制：徐晓晨 / 封面设计：润一文化

科学出版社 出版
北京东黄城根北街16号
邮政编码：100717
http://www.sciencep.com

北京建宏印刷有限公司印刷
科学出版社发行 各地新华书店经销

*

2023年12月第 一 版　开本：720×1000　1/16
2023年12月第一次印刷　印张：16 1/2
字数：268 000
定价：99.00元
（如有印装质量问题,我社负责调换）

前　　言

党的二十大报告指出，"全面推进乡村振兴"，"加快建设农业强国，扎实推动乡村产业、人才、文化、生态、组织振兴"。乡村振兴战略作为全面建成小康社会决胜阶段坚定实施的七大战略之一，是新时代解决"三农"问题、推进农业农村现代化的重要战略部署。20世纪90年代以来，我国农村尤其是中西部农村地区经历了一场激烈的变化，大量青壮年涌入城市，生产要素流失现象较为严重，"人走屋空"导致农村产业凋敝，乡村文化价值消解，致使农村经济社会出现结构性矛盾与衰落，成为乡村振兴的"短板"和城乡一体化建设中的突出问题，所带来的风险效应不容忽视。

正如黄炎培在《我之人生观与吾人从事职业教育之基本理论》中指出，职业教育能够"谋个性之发展"，"为个人谋生之准备"，"为个人服务社会之准备"，"为国家及世界增进生产力之准备"。[①]作为与普通教育具有同等重要地位的教育类型，职业教育是国民教育体系和人力资源开发的重要组成部分，发挥着育人、传承和生成等多种功能，将工具理性与价值理性有机统一在一起。全面实施乡村振兴，重点在人才，关键在教育。尤其是在教育高质量发展和构建"工农互促、城乡互补、协调发展、共同繁荣"的新型工农城乡关系的时代背景下，职业教育

---

① 黄炎培. 我之人生观与吾人从事职业教育之基本理论[A]//中华职业教育社. 黄炎培教育文集（第三卷）[M]. 北京：中国文史出版社，1994：377-381.

成为推进农村"空心化"（rural hollowing）治理和城乡融合发展的重要抓手，关涉其成效和水平，同时也是全面实施乡村振兴战略的内在要求。那么，在促进农村"空心化"治理中，职业教育与农村"空心化"治理的内在关联是什么，究竟能够发挥哪些功能，具有哪些优势和劣势，运行机理如何，有哪些典型的模式，等等，都是当前亟须解决的问题。基于此，笔者于2018年承担了国家社会科学基金教育学一般课题"乡村振兴下职业教育促进农村'空心化'治理的机理与模式研究"（课题批准号：BJA180100），这也是笔者及所在研究团队对职业教育促进乡村治理研究的延伸和深化。从课题立项到结项，研究历时3年之余，在查阅国内外研究成果的基础上，笔者和课题组成员先后深入河北省、浙江省、江西省、山东省等的农村多次进行调研，走进研究现场，了解"空心化"农村治理和乡村振兴状况。笔者和课题组成员经过不懈努力，取得了一定的研究成果：发表学术论文近20篇，其中CSSCI论文10篇，被中国人民大学复印报刊资料库全文转载8篇，获河北省社会科学优秀成果奖二等奖1项，课题结项免于鉴定，等等。

　　本书为课题的主要研究成果，共分为八章：第一章分析了农村"空心化"的演进历程和演进逻辑，并对其发展趋势进行了展望；第二章运用SWOT-PEST分析模型，从政治、经济、社会、技术等方面对职业教育促进农村"空心化"治理的内部优势、劣势和外部机遇、威胁进行了剖析，以了解职业教育促进农村"空心化"治理的环境条件，从而为农村"空心化"治理提供战略性决策；第三章分析了美国、韩国、日本、法国、德国和英国等国职业教育促进农村治理的经验，从而为我国职业教育促进农村"空心化"治理提供一定的借鉴和启示；第四章呈现了我国职业教育促进农村"空心化"治理较为典型的个案，如河北省岗底村、浙江省鲁家村、山东省丁楼村、陕西省袁家村等，分析了这些乡村所采取的职业教育方面的具体举措以及所取得的成效；第五章分析了"空心化"农村的生计资本现状，阐释了可持续生计与职业教育多功能发展相融合的目标群，构建了以生计恢复力提升为逻辑起点、以"三生共赢"为逻辑终点、以产教融合为逻辑路径的职业教育促进农村"空心化"治理的逻辑；第六章结合职业教育促进农村"空心化"治理的场域和具体特性，构建了其运行机理，并呈现了"数字乡村""农民讲习所""乡村旅游""乡村能人带动""文化传承""职业农民学院"六种基本治理模式；第七章介绍了职业教育促进农村"空心化"治理的路径，从保障制度、增强内生力、产教融合、师资队伍建设等层面提出了相应的促进策略，以提升治理成效；第八章主要对研究得出的结论进行了概括与总结，并对未来的深化研究和努力方向进行了展望。

本书撰写过程中得到了课题组成员的大力支持，袁可、王丽婉、陈科、王冰璇、吴汶静、周佳丽、康冉冉等同学前期做了大量的资料收集和整理工作，在此表示感谢！此外，本书在撰写过程中参阅了诸多专家学者的研究成果，在此向他们表示最诚挚的谢意，还要对支持本书出版的科学出版社编辑朱丽娜、冯雅萌表示衷心的感谢！

由于个人能力和学术水平有限，本书难免存在不足之处，敬请各位读者不吝赐教！

刘奉越

目　　录

前言

导言 ………………………………………………………………………… 1

第一章　农村"空心化"的演进逻辑及发展趋势 ……………………… 13
　　第一节　农村"空心化"的演进历程 …………………………… 15
　　第二节　农村"空心化"的演进逻辑 …………………………… 23
　　第三节　农村"空心化"的发展趋势 …………………………… 27

第二章　职业教育促进农村"空心化"治理的战略分析 …………… 33
　　第一节　SWOT-PEST分析模型概述 …………………………… 34
　　第二节　职业教育促进农村"空心化"治理的优势与劣势 …… 36
　　第三节　职业教育促进农村"空心化"治理的机遇与威胁 …… 40

第三章　职业教育促进农村治理的异域经验 ………………………… 49
　　第一节　美国 ……………………………………………………… 51
　　第二节　韩国 ……………………………………………………… 60
　　第三节　日本 ……………………………………………………… 66
　　第四节　法国 ……………………………………………………… 76
　　第五节　德国 ……………………………………………………… 84
　　第六节　英国 ……………………………………………………… 94

第四章　职业教育促进农村"空心化"治理的国内个案 ········· 103
第一节　河北省岗底村 ········· 105
第二节　浙江省鲁家村 ········· 111
第三节　山东省丁楼村 ········· 121
第四节　陕西省袁家村 ········· 127
第五节　贵州省花茂村 ········· 138
第六节　湖南省十八洞村 ········· 148

第五章　职业教育促进农村"空心化"治理的逻辑 ········· 157
第一节　可持续生计和农村"空心化" ········· 158
第二节　职业教育多功能发展与农村"空心化"治理 ········· 165
第三节　职业教育促进农村"空心化"治理的实践逻辑 ········· 170

第六章　职业教育促进农村"空心化"治理的机理和模式 ········· 177
第一节　职业教育促进农村"空心化"治理的构成主体 ········· 178
第二节　职业教育促进农村"空心化"治理的机理 ········· 186
第三节　职业教育促进农村"空心化"治理的模式 ········· 194

第七章　职业教育促进农村"空心化"治理的路径 ········· 213
第一节　健全保障制度 ········· 216
第二节　以增强内生力为旨归 ········· 219
第三节　深化产教融合 ········· 222
第四节　强化师资队伍建设 ········· 225
第五节　培育新型农业经营主体 ········· 229
第六节　推进数字化建设 ········· 234
第七节　深化专业群建设 ········· 238

第八章　余论 ········· 245

导　言

一、农村"空心化"现象严重

改革开放以来，伴随着工业化进程的加速，我国城镇化经历了一个起点低、速度快的发展过程。相关统计数据显示，1978—2017 年，我国城镇化率由 17.92%提高到 58.5%，城镇常住人口由 1.7 亿人增长到 8.1 亿人，城市数量由 193 个增加到 657 个。[1]然而，"在工业主义和市场逻辑的主导驱动下，城市变得越来越大，而乡村世界则随着人口外流和资源锐减而不可避免地走上萎缩之路，这种两极相对的反向变化似乎已成为城市化进程中的一般法则"[2]，农村竞争力低下、农村发展资源不足等都能映射出这种特征，而其中最具有代表性的则是农村"空心化"现象的出现。农村"空心化"是一个国家在工业化和城市化进程中必须经历的"阵痛"和"现代化陷阱"，成为社会转型期常见的"乡村病"，在国际上具有一定的普遍性，许多发达国家也经历过因农村人口减少而导致农村地域过疏和萧条的困境，"农业后继无人，农田无人耕种"的现象严重。例如，法国学者孟德拉斯（Henri Mendras）在《农民的终结》一书中指出，法国的"乡村人口

---

[1] 转引自：闫吉武. 新型城镇化背景下的农村空心化问题研究：以张掖市高台县为例[D]. 兰州：兰州大学，2019：1.
[2] 田毅鹏. 乡村"过疏化"背景下城乡一体化的两难[J]. 浙江学刊，2011（5）：31-35.

经过持续了一个世纪的外流之后，目前的革命使农业劳动者的数量以每年 16 万人的可怕速率减少"①。1846—1906 年，法国的农村人口减少了 17%，20 世纪初，英国、德国和美国都存在着农场规模扩大或土地抛荒等现象。在不同的国家和地区，农村"空心化"具有不同的称谓，欧美国家一般将其称为"农村衰落"（rural decline），日本则将其称为"过疏化"（rural depopulation）。

正如德国著名教育理论家沃尔夫冈·布列钦卡（Wolfgang Brezinka）指出的，"没有准确的概念，明晰的思想和文字也就无从谈起。大凡寻求可以解决教育问题之科学理论的人，都不会容忍传统教育学中的概念混乱"②，其他学科也是如此。农村"空心化"是一个多义而宽泛的概念，厘清其内涵是实施有效治理的前提，研究者基于不同的侧重点和学科视角对其进行了审视，提出了不同的观点，主要表现为以下六个方面。一是地理学视角。此种观点强调传统村落地理空间格局发生重大改变，大量耕地闲置撂荒。例如，项继权和周长友认为，农村"空心化"是城镇化进程中因农村人口空间分布变迁而衍生出的乡村聚落"空心化"和住宅"空心化"等一系列现象的统称。③刘彦随等认为，农村"空心化"是指城乡转型发展进程中农村人口非农化引致"人走屋空"，以及宅基地普遍"建新不拆旧"，新建住宅向外围方向扩展，导致村庄用地规模扩大、原宅基地闲置废弃现象加剧的一种不良演化过程。④二是人口学视角。此种观点强调大量青壮年劳动力外流，农业生产者逐渐老龄化、女性化，留守农村的人群主要是妇女、老人和儿童，原有的人口结构发生变化，人口质量退化。例如，周祝平认为，农村人口"空心化"是指农村青壮年劳动力大量流入城市，导致农村人口尤其是农村青壮年人口比例下降，农村剩下的人口大多数是老人、妇女和儿童。⑤三是经济学视角。此种观点强调资本、劳动力、技术、信息等多种生产要素流失，农村产业急剧减少，农业生产衰落。例如，朱道才认为，农村产业"空心化"是指由于农业本身弱势地位、农业投入不足、农业从业人员减少或农业经营

---

① ［法］孟德拉斯. 农民的终结[M]. 李培林，译. 北京：社会科学文献出版社，2010：10.
② ［德］沃尔夫冈·布列钦卡. 教育科学的基本概念——分析、批判和建议[M]. 胡劲松，译. 上海：华东师范大学出版社，2001：1.
③ 项继权，周长友. "新三农"问题的演变与政策选择[J]. 中国农村经济，2017（10）：13-25.
④ 刘彦随，刘玉，翟荣新. 中国农村空心化的地理学研究与整治实践[J]. 地理学报，2009（10）：1193-1202.
⑤ 周祝平. 中国农村人口空心化及其挑战[J]. 人口研究，2008（2）：45-52.

管理不善，以及非农产业发展所引起的农业产业矮化和农村产业空洞化，整个农村产业效率降低。①四是公共服务视角。此种观点强调与村民生产生活密切相关的基础设施以及教育、医疗等公共服务建设滞后，难以满足村民的需求。例如，张志敏认为，农村的基础设施"空心化"是指与村民生产生活密切相关的道路、电力、通信、排水等基础设施落后。②五是文化学视角。此种观点强调农村公共文化设施不足，文化"再生产"秩序受到不同程度的破坏，农村社会的道德共识、公共精神、文化认同趋向衰弱，文化空间弱化、离散。例如，张志敏认为，农村文化"空心化"是指随着农村人口的大量流失，农村传统文化逐渐失传，农村缺乏社会活力。③六是综合视角。此种观点强调农村"空心化"是一种复杂的社会现象，涉及多种因素，包含许多不同的维度。例如，杨春华和姚逸苇基于美国学者加里·戈茨（Gary Goertz）的概念分析法，指出农村"空心化"是一个结构化的概念，包括农村聚落的形态"空心"和房屋"空置"、农村地区人口结构的"空心化"和农村地区经济发展状况的"空心化"。④周少来认为，农村"空心化"是指改革开放以来，随着市场经济的快速发展以及社会结构的深刻转型，在城乡二元分立基础之上形成的，由于乡村主体的流动与流失而产生的一系列乡村萎缩甚至消亡的现象。⑤鉴于此，本研究认为，农村"空心化"是农村社会生态失衡的体现，是指在工业化和城镇化进程中，在城乡二元结构下，包括人口、土地、经济、管理和文化等多种要素在内的乡村地域系统发展出现停滞不前甚至萎缩的现象，它的实质是农村地域经济和社会功能的整体退化。

在农村"空心化"方面，我国虽然与其他国家存在一定的共性，但是受自身经济社会发展过程中制度设计和资源配置等因素的影响，这一现象更为复杂、严重。例如，郑小玉和刘彦随依据当前乡村发展系统各子系统存在的问题，将农村"空心化"概括为五大基本表征，即农业生产要素高速非农化、农村社会主体过快老弱化、农村建设用地日益空废化、农村水土环境严重污损化、农村多维贫困

---

① 朱道才. 我国农村空心化问题的治理研究[M]. 北京：经济科学出版社，2016：25.
② 张志敏. 乡村振兴背景下空心村的形成与复兴路径研究——以Z省S县陈村为例[J]. 中国社会科学院研究生院学报，2019（4）：98-105.
③ 张志敏. 乡村振兴背景下空心村的形成与复兴路径研究——以Z省S县陈村为例[J]. 中国社会科学院研究生院学报，2019（4）：98-105.
④ 杨春华，姚逸苇. 何谓"农村空心化"？——一个结构化的概念分析视角[J]. 农村经济，2021（7）：79-86.
⑤ 周少来. 乡村治理：结构之变与问题应对[M]. 北京：中国社会科学出版社，2018：37.

化。①在此,基于对农村"空心化"内涵的界定,本研究主要从五个方面分析当前我国农村"空心化"现象的表征。

一是土地"空心化"。统计数据显示,1996—2017年,我国农村人口减少了2.74亿人,而农村居民点面积却增加了274万公顷。②杜国明等以黑龙江省宾县为个案,运用数理统计和地理空间分析等方法对村庄宅基地空心化特征进行了分析,结果表明,村庄宅基地以中度空心化为主,平均空心化率为18.49%,闲置、废弃宅基地占比分别为16.68%和1.82%,空间上表现为由县域中心向周围呈递增趋势,且内部空心化率差异较大。③

二是人口"空心化"。侯木缘对湖北荆州市、湖南岳阳市、广西柳州市和浙江宁波市的调查结果显示,农村劳动力人口占比偏小,且15—24岁的青年劳动力最少,老年和少儿人口较多,总抚养比为61.47%;劳动力年龄阶段占人口性别比的较低值,尤其是青年阶段的性别比分布在62左右,且在25—29岁年龄阶段达到劳动力人口年龄极端的最低值59,女性劳动力人口是男性劳动力人口的近两倍,留守妇女偏多。④

三是产业"空心化"。以甘肃省青岚山乡青湾村为例,2018年,全村8800亩⑤耕地中撂荒3130亩,占全村耕地总面积的35%之多。据统计,青湾村外出务工人员有417人,占全村总人口的35.5%,其中整户外出完全弃耕的有76户,弃耕土地2209亩,因地理条件差、村民季节性务工弃耕847亩。⑥

四是公共服务"空心化"。村庄人口的大量减少及房屋的空置甚至废弃和新房的无序扩张,造成农村通信、道路交通、教育医疗等公共设施严重匮乏。留守老人普遍不会使用电脑等上网工具,信息相对闭塞;一些村庄道路建设滞后,交通出行不便;教育资源少,医疗水平低。⑦

---

① 郑小玉,刘彦随. 新时期中国"乡村病"的科学内涵、形成机制及调控策略[J]. 人文地理,2018(2):100-106.
② 宋蕾,谢文婷,吕萍. 宅基地退出问题探析:政策演进、内在逻辑与研究进展[J]. 世界农业,2020(8):39-49.
③ 杜国明,张爽,李冬梅,等. 黑土区典型县域村庄宅基地空心化特征及影响因素[J]. 水土保持研究,2020(1):176-182.
④ 侯木缘. 农村人口空心化对农村居民消费的影响研究[D]. 武汉:华中农业大学,2019:22-23.
⑤ 1亩≈666.7平方米。
⑥ "鸡肋土地"如何走出"不赚钱困境"[EB/OL]. http://www.xinhuanet.com/politics/2019-12/02/c_1125295742.htm. 2019-12-02.
⑦ 许丽丽. 永城市薛湖镇农村空心化研究[D]. 郑州:河南财经政法大学,2020:32.

五是文化"空心化"。农民的文化消费需求不高,看电视和打牌成为他们主要的消遣方式,过于关注物质层面;一些优秀的传统仪式活动、娱乐活动和民间艺术的生存空间日益萎缩,面临着传承危机[①];农村低俗文化时有抬头。

"食物的生产是直接生产者的生存和一切生产的首要条件"[②],"农业是整个古代世界的决定性的生产部门,现在它更是这样了"[③]。自古以来,农业就是国民经济的命脉,农村是重要的社会组织形式。而作为新时期我国农村转型发展过程中的一种"乡村病"——"空心化"的存在,严重影响了农村的持续发展:农产品有效供给不足,土地利用效率低下,城乡差距不断加大,社会问题更加突出,基础组织管理弱化,农村文化逐渐衰落。[④]大量的研究表明,"空心化"往往与农村贫困化、城乡关系失衡高度相关,如不能得以及时有效"救治",则会引致农村各构成要素及其子系统处于失衡状态,丧失与外部环境互动的自组织、自调节、自适应、自发展能力,从而使农村地域系统发展停滞不前甚至消亡。例如,郑殿元等基于农村贫困化与空心化耦合度模型的测度结果表明,农村贫困化与农村"空心化"的耦合呈正相关,贫困化程度越高,乡村地域系统越衰退,农村越呈凋敝现象。[⑤]李玥的研究结果也表明,农村贫困程度与空心化程度成正比,贫困村的空间分布与"空心村"的空间分布情况基本一致。[⑥]由此,针对"空心化"现象严重的农村,如何实施有效治理,这是一个亟待解决的现实问题。

二、乡村振兴战略大力实施

党的十九大报告指出,中国特色社会主义进入新时代,我国社会主要矛盾已

---

① 陈波,耿达.城镇化加速期我国农村文化建设:空心化、格式化与动力机制——来自27省(市、区)147个行政村的调查[J].中国软科学,2014(7):77-91.
② 中共中央马克思恩格斯列宁斯大林著作编译局,编译.马克思恩格斯全集(第二十五卷):2版[M].北京:人民出版社,2001:715.
③ 中共中央马克思恩格斯列宁斯大林著作编译局,编译.马克思恩格斯全集(第二十一卷)[M].北京:人民出版社,1965:149.
④ 朱道才.我国农村空心化问题的治理研究[M].北京:经济科学出版社,2016:30-33.
⑤ 郑殿元,文琦,黄晓军.农村贫困化与空心化耦合发展的空间分异及影响因素研究[J].人文地理,2020(4):74-80.
⑥ 李玥.保定市农村空心化现状分析及发展对策探究[D].保定:河北农业大学,2018:28.

经转化为人民日益增长的美好生活需要和不平衡不充分的发展之间的矛盾。这一矛盾在广大农村地区表现得更为明显和突出。基于我国实现"两个一百年"奋斗目标和新时代社会主要矛盾发生变化的状况，2017年10月召开的党的十九大提出实施乡村振兴战略，将其与科教兴国战略、人才强国战略、创新驱动发展战略、区域协调发展战略、可持续发展战略和军民融合发展战略并列，并将其写入《中国共产党章程》，为从根本上解决"三农"问题提供了行动纲领。2017年12月，中央农村工作会议提出，"坚持把解决好'三农'问题作为全党工作重中之重，坚持农业农村优先发展，按照产业兴旺、生态宜居、乡风文明、治理有效、生活富裕的总要求……加快推进农业农村现代化，走中国特色社会主义乡村振兴道路"[①]。2018年1月，中共中央、国务院发布《关于实施乡村振兴战略的意见》，提出"走中国特色社会主义乡村振兴道路"，把实施乡村振兴战略作为新时代"三农"工作的总抓手，对如何实施乡村振兴战略进行了全面部署。2018年9月，中共中央、国务院印发《乡村振兴战略规划（2018—2022年）》，指出："实施乡村振兴战略，是解决新时代我国社会主要矛盾、实现'两个一百年'奋斗目标和中华民族伟大复兴中国梦的必然要求，具有重大现实意义和深远历史意义"。党的十九届五中全会强调要把"优先发展农业农村，全面推进乡村振兴"作为"十四五"时期我国经济社会发展的重要任务之一。2021年中央一号文件《中共中央 国务院关于全面推进乡村振兴加快农业农村现代化的意见》提出，"全面推进乡村振兴，加快农业农村现代化"，把全面推进乡村振兴作为实现中华民族伟大复兴的一项重大任务，并确定了指导思想和目标任务。2021年的《中华人民共和国国民经济和社会发展第十四个五年规划和2035年远景目标纲要》（简称"十四五"规划）强调，"走中国特色社会主义乡村振兴道路，全面实施乡村振兴战略，强化以工补农、以城带乡，推动形成工农互促、城乡互补、协调发展、共同繁荣的新型工农城乡关系，加快农业农村现代化"。同年颁布实施的《中华人民共和国乡村振兴促进法》通过立法的形式将"全面实施乡村振兴战略，开展促进乡村产业振兴、人才振兴、文化振兴、生态振兴、组织振兴，推进城乡融合发展等活动"确定下来，为实施乡村振兴战略提供了法律依据。2022年中央一号文件《中共中央、国务院关于做好2022年全面推进乡村振兴重点工作

---

① 中央农村工作会议在北京举行 习近平作重要讲话[EB/OL]. https://news.12371.cn/2017/12/29/ARTI1514548988259610.shtml. 2017-12-29.

的意见》明确提出了全面推进乡村振兴的工作重点,具体包括全力抓好粮食生产和重要农产品供给、强化现代农业基础支撑、坚决守住不发生规模性返贫底线、聚焦产业促进乡村发展等。2022年10月,党的二十大报告提出"全面推进乡村振兴……坚持农业农村优先发展,坚持城乡融合发展,畅通城乡要素流动……扎实推动乡村产业、人才、文化、生态、组织振兴"。实施乡村振兴战略是建设现代化经济体系的重要基础,是建设美丽中国的关键举措,是传承中华优秀传统文化的有效途径,是健全现代社会治理格局的固本之策,是实现全体人民共同富裕的必然选择。全国各省份也根据自身发展实际,相继出台了有关乡村振兴的政策文件,由此乡村振兴战略在全国范围内陆续展开。

乡村振兴战略并非凭空想象的产物,而是对我国农村发展历史经验的继承、总结以及对城乡关系的重新审视,是现代化建设的必然要求,体现了一种国家意志。1978年党的十一届三中全会召开以后,以实行家庭联产承包责任制为标志的农村改革通过扩大农村自由发展空间,确立工农产品市场化交换机制,破除农村剩余劳动力城乡转移障碍,提升农民权利和增加其发展机会,激发农民发展乡村、建设乡村的热情,使乡村面貌得到显著改善。[1]2005年,党的十六届五中全会启动内容为"生产发展、生活宽裕、乡风文明、村容整洁、管理民主"的社会主义新农村建设,"三农"问题也随之成为全党工作的重中之重。党的十八大以后,国家统筹城乡发展的力度再次加大,2023年,建设和美乡村成为新的奋斗目标。虽然乡村振兴战略是上述不同社会主义新农村建设阶段战略的顺延,是针对乡村衰落问题而提出的,但是它有着自身的特点,从振兴的内涵、要求和对象等方面来看,可以说是社会主义新农村的全面升级版。"产业兴旺、生态宜居、乡风文明、治理有效、生活富裕"是实施乡村振兴战略的总体要求,也是推进乡村振兴的根本任务。与之前的新农村建设相比,这二十字方针不仅在话语表达上发生了显著变化,而且蕴含着更为丰富的时代内涵,涉及农村经济、政治、文化、社会、生态文明等多个方面,对农村发展提出了新要求。

一是产业兴旺。产业兴旺是实现乡村振兴的核心,也是推动农业全面升级、农村全面进步和农民全面发展的基础,体现的是对农村经济建设层面的要求。它是乡村多元经济相互渗透、融合、发展的一种状态,旨在形成现代乡村产业体

---

[1] 张海鹏,郜亮亮,闫坤.乡村振兴战略思想的理论渊源、主要创新和实现路径[J].中国农村经济,2018(11):2-16.

系，具有以下三个方面的典型特征。其一，产业构成的多样性。产业既包括种植业、养殖业，又包括手工业、服务业和文化产业等，各种产业相互促进，协调发展。其二，产业内容的综合性。每一个产业要素都不是纯粹的、单一的，而是相互包含、相互渗透的，表现为资源的综合利用与综合功能。其三，产业要素的整体性。各产业要素不是分离的、独立的、互不相干的，而是具有高度的关联性、协同性和非线性关系。①

二是生态宜居。正如 2018 年中央一号文件《中共中央 国务院关于实施乡村振兴战略的意见》所强调的"乡村振兴，生态宜居是关键"。生态宜居是实现乡村振兴的基石，体现的是对农村生态建设层面的要求。作为生态文明的表现形式，生态宜居是对习近平总书记"两山论"的贯彻实施，不再是简单地强调单一化生产场域中的"村容整洁"，而是对"生产、生活、生态"一体化的内生性低碳经济发展方式的乡村探索②，具体表现为农村脏乱差环境和村容村貌得以有效改善，注重乡村生态环境保护，人与自然和谐共生，实现绿色发展。

三是乡风文明。乡风文明是实现乡村振兴的关键，体现的是对农村文化建设层面的要求。乡风文明强调在不断加强农村公共文化供给和思想道德建设的同时，重视优秀传统农耕文化的保护和创造性转化、创新性发展，重视人的现代化发展和文明素质的提高，重视良好家风的培育以及传统陋习、腐朽文化的摒弃，着力点在于"文化保护和时代发展"方面③，形成传统文明和现代文明相互融合与发展的现代乡村文明体系。

四是治理有效。治理有效是实现乡村振兴的保障，体现的是对农村政治建设层面的要求。治理有效意味着乡村基层民主建设的时代转型，强调治理主体和手段的多元化，要求建立自治、法治和德治相结合的乡村治理体系，更加强调治理效果及治理体系的现代化。④实现治理有效的抓手主要体现在以下三个方面：建设现代乡村社会治理体制，健全自治、法治和德治相结合的乡村"三治结合"治

---

① 朱启臻. 乡村振兴背景下的乡村产业——产业兴旺的一种社会学解释[J]. 中国农业大学学报（社会科学版），2018（3）：89-95.
② 马华，马池春. 乡村振兴战略的逻辑体系及其时代意义[J]. 国家治理，2018（3）：7-12.
③ 李长学. 论乡村振兴战略的本质内涵、逻辑成因与推行路径[J]. 内蒙古社会科学（汉文版），2018（5）：13-18.
④ 李长学. "乡村振兴"的本质内涵与逻辑成因[J]. 社会科学家，2018（5）：36-41.

理体系，以基层党组织为抓手实现乡村形态的稳定。①

五是生活富裕。生活富裕是实现乡村振兴的根本和终极目标，体现的是对农村社会建设层面的要求。生活富裕不仅体现在农村物质收入和生产生活条件在数量层面上的持续增加，还体现在精神层面上的富裕，强调切实提高获得感和幸福感，消除"被剥夺感"。

实施乡村振兴战略是我国民族复兴、强基固本的必然选择，有利于筑牢国家和民族生存的粮食红线，有利于筑牢国家和民族生存环境之基，有利于筑牢民族文化的传承和发展之基，有利于筑牢社会治理之纬。②乡村振兴战略是对乡村凋敝的必然回应，体现了"把农村带回来"的价值规范，将农村重新引入战略设计和现代化的治理场域之中，充分发挥农村的主动性，大力提高社会生产力，改变农村发展滞后于城市的现实③，构造和谐共生的城乡关系。作为实现我国乡村全面复兴的战略，乡村振兴战略对农村"空心化"治理提出了强烈诉求，同时也为后者明晰了方向，注入了强大活力。

三、职业教育的功能彰显

职业教育是一个复数概念和集合概念，国际上对于其称谓的使用是一个逐渐演进的过程。20世纪70年代以来，联合国教育、科学及文化组织（简称联合国教科文组织）一直使用"技术与职业教育"（technical and vocational education，TVE），国际劳工组织使用"职业教育与培训"（vocational education and training，TEV），20世纪80年代中期以来，世界银行和亚洲开发银行使用"技术和职业技术教育与培训"（technical and vocational education and training，TVET）。1999年，在第二届国际技术与职业教育大会上，联合国教科文组织正式使用"技术和职业教育与培训"④一词，由此这一概念在国际上达成共识，被广泛使用。职业教育具有广义和狭义之分，在广义上是指能够增进个体从事某种职业所需知识、

---

① 孔祥智，等. 乡村振兴的九个维度[M]. 广州：广东人民出版社，2018：137.
② 史乃聚，任俊华. 深刻把握乡村振兴战略的时代内涵[J]. 人民论坛，2019（28）：72-73.
③ 原超，黄天梁. 使乡村运转起来：乡村振兴战略的理论内核与行动框架[J]. 中共党史研究，2019（2）：15-23.
④ 如没有特殊的说明，本书中的"技术和职业教育与培训"一律简称为"职业教育"。

技能和态度的教育活动；在狭义上是指以学校为代表的教育机构进行的使学生获得职业知识、技能和态度的有目的、有计划、有组织的教育活动，为他们直接进入具体的技术性职业做准备。"在某些情况下，职业教育比人文教育更为古老，一个简单的原因就是人类总要从事包含或多或少技术的工作，借此，人类才能够谋生。"①职业教育具有职业性、生产性、社会性、劳动性以及大众性等多种特点，秉承"谋个性之发展，为个人谋生之准备，为个人服务社会之准备，为国家及世界增加生产能力之准备"的宗旨，"使无业者有业，使有业者乐业"②。职业教育在提升农民技能及促进农村持续发展方面发挥着极其重要的功能和作用。早在20世纪二三十年代，在针对我国农村经济严重衰落而发起的乡村建设运动中，职业教育的重心由城市工商业转向农村，注重"富教合一"，致力于农民生计问题的解决，在提升农民职业技能、改良社会风气和促进乡村治理等方面发挥了重要作用。正如中华职业教育社负责人江恒源在《〈试验六年期满之徐公桥〉序文》中所说"似乎从黑暗长途中，也能摸出了一条光明大路"③，探索出一条适合中国农村实际的改进之路。

近年来，我国职业教育的地位不断得以提升，并且呈日益增强的趋势。尤其是2022年新修订的《中华人民共和国职业教育法》强调职业教育是与普通教育具有同等重要地位的教育类型，这就从立法的角度赋予了职业教育应有的法律地位。2022年，党的二十大报告提出，"统筹职业教育、高等教育、继续教育协同创新，推进职普融通、产教融合、科教融汇，优化职业教育类型定位"，将职业教育置于中国式教育现代化建设全局之中，赋予其新的使命。在新的时代境域下，除了沿袭传统的功能之外，职业教育服务农村发展的功能越来越强，主要体现在以下四个方面。

一是培育新型职业农民。职业教育除了开展传统意义上的职前人才培养之外，还将新型职业农民作为主要教育对象，培育新型农业经营主体，激发农村发展的内生动力，实现农村繁荣、农业发展、农民增收。尤其是2019年和2020年的政府工作报告中提出了高职院校百万扩招政策，2019年教育部等六部门联合发

---

① Snedden D. The Problem of Vocational Education[M]. Boston：Houghton Mifflin Harcourt Company，1994：9-10.
② 中华职业教育社. 黄炎培教育文选[M]. 上海：上海教育出版社，1985：273.
③ 江问渔. 《试验六年期满之徐公桥》序文[A]//郭娜，徐娜. 民国思想文丛：乡村建设派[M]. 长春：长春出版社，2013：338-340. 江问渔，名恒源，字问渔，是著名的职业教育家。

布的《高职扩招专项工作实施方案》明确提出，针对退役军人、下岗失业人员、农民工、新型职业农民等群体单列计划，一部分面向退役军人，一部分面向下岗失业人员、农民工和新型职业农民，从而为职业教育这一功能的发挥提供了更为广阔的空间。

二是促进共同富裕。共同富裕是中国特色社会主义新时代发展的必然要求，是中国式现代化的重要特征，当前，促进共同富裕所面临的最艰巨和最繁重的任务仍然在农村。职业教育与农村地区经济社会发展的结合最紧密，不仅能够有效提升农村劳动生产率，而且能够通过有关增收和创收的技能与知识的传授，使农民消除贫困，并且这种功能是多元化的。具体而言，在贫困产生的结果方面，职业教育能够缩小相对贫困；在贫困产生的原因方面，职业教育能够消解能力贫困和消除文化贫困。①职业教育解决相对贫困与实现共同富裕的内在逻辑是统一的，即以巩固脱贫攻坚成果为逻辑起点，以促进全面乡村振兴为推进过程，以提高相对贫困人口内生能力为基本抓手，以促进相对贫困人口全面发展为追求目标。②

三是产教融合。近年来，国家在深化产教融合方面加大了力度，通过人才培养来引领教育和经济协同发展。2017年以来，国家相继颁布了一系列文件，如《国务院办公厅关于深化产教融合的若干意见》（2017年）、《职业学校校企合作促进办法》（2018年）、《国家职业教育改革实施方案》（2019年）、《建设产教融合型企业实施办法（试行）》（2019年）、《国家产教融合建设试点实施方案》（2019年）、《职业教育提质培优行动计划（2020—2023年）》（2020年）、《关于推动现代职业教育高质量发展的意见》（2021年）、《关于深化现代职业教育体系建设改革的意见》（2022年）等，强调深化产教融合、校企合作，并对产教融合的原则、目标、主体、保障制度、实施等做出了明确而具体的规定。产教融合不仅将职业教育的专业性与技术的生产性有机地结合在一起，而且从产教融合型企业向产教融合行业、产教融合城市及区域发展，对接农村产业发展需求。

四是营造文化空间。农村文化空间是体现意义、价值的场所、场景和景观，

---

① 侯长林，游明伦. 职业教育的多元化扶贫功能及其定位探讨[J]. 教育与职业，2013（36）：26-28.
② 陈琪，杨文杰. 共同富裕背景下农村职业教育解决相对贫困的内在逻辑与行动路向[J]. 西南民族大学学报（人文社会科学版），2023（7）：213-219.

由场所、意义符号以及价值载体共同构成。[①]它是一个生成创造和获得价值的领域，是情感发生和表达的场所，人们在其中可以经历并感受到最有意义的文化生活和文化体验。[②]职业教育通过系统的职业文化传递，改变了农村职业文化传递的零散、随意甚至缺失的状况，使农村文化空间得以进一步拓展；围绕农村民间文化传统和独特文化资源的改造、补充和完善，引入现代经济理念和产业经营模式，推动文化资源向文化资本转化，使农村文化空间被赋予新的时代内涵和表现形式。"十三五"以来，我国农村职业教育培训成效整体较好：截至2020年，全国农村实用人才总量达到2254万人；农村职业教育院校累计培育高素质农民500万人，直接培训农村实用人才带头人11万人；国家农民教育培训专项工程共培养高素质农民93万人；涉农高等职业教育首次面向农民扩招3.5万人、村支两委6000余人；全国超过15%的农民获得农民技术人员职称，超过10%的农民获得国家职业资格证书。[③]

农村"空心化"治理成为一种"共同利益"和集体行动，政治、教育、金融、文化、卫生等多个社会行动者利用自身禀赋和优势积极参与到进程之中。作为与农村经济、社会发展联系最为直接和密切的教育类型，职业教育依托自身的功能，能够在结构、认知、文化、经济等方面很好地嵌入"空心化"农村这一场域，成为促进农村"空心化"治理和实施乡村振兴战略的重要抓手。

[①] 关昕. "文化空间：节日与社会生活的公共性"国际学术研讨会综述[J]. 民俗研究，2007（2）：265-272.

[②] 苗伟. 文化时间与文化空间：文化环境的本体论维度[J]. 思想战线，2010（1）：101-106.

[③] "量身定制"农民职业教育进入2.0时代|农业观察[EB/OL]. http://guoqing.china.com.cn/2020-12/07/content_76985251.htm. 2020-12-07.

第一章

农村"空心化"的演进逻辑及发展趋势[①]

正如美国学者罗德菲尔德（Richard Rodefield）所说："乡村是人口稀少、比较隔绝、以农业生产为主要经济基础、人们生活基本相似，而与社会其他部分，特别是城市有所不同的地方。"[②]乡村是一个区别于城市的空间地域系统，是具有自然、社会、经济特征的地域综合体，兼具生产、生活、生态、文化等多重功能，与城镇互促互进、共生共存，共同构成人类活动的主要空间。[③]中共中央、国务院印发的《乡村振兴战略规划（2018—2022 年）》指出，"全面建成小康社会和全面建设社会主义现代化强国，最艰巨最繁重的任务在农村，最广泛最深厚的基础在农村，最大的潜力和后劲也在农村"。中国能否全面实现现代化，其关键点就在于乡村。作为"城－乡"的重要一极和一个复杂的地域性系统，农村的发展受自然、政治、经济、社会、文化等多种因素的影响，尤其是随着工业化和城市化进程的加快，农村不可避免地会出现"空心化"现象，与不断繁荣的城市形成反差，这也是一个

[①] 原文刊发于河北大学学报（哲学社会科学版）2023 年第 6 期，题目为"城乡关系下农村'空心化'的演进历程及发展走向"，内容有改动。

[②] 转引自：黄坤明. 城乡一体化路径演进研究：民本自发与政府自觉[M]. 北京：科学出版社，2009：18.

[③] 中共中央 国务院印发《乡村振兴战略规划（2018—2022 年）》[EB/OL]. http://www.gov.cn/xinwen/2018-09/26/content_5325534.htm. 2018-09-26.

国家和社会在持续发展过程中必须经历的阵痛与难题。不论是发达国家还是发展中国家，都曾经经历或正在经历城乡差距加大、农村"空心化"等发展阶段，有些国家的乡村地区甚至长期陷入贫困、衰退的恶性循环之中。

作为中国"新三农"①问题之一，农村"空心化"是一个不断演进的过程。虽然与其他国家存在着一定的共通之处，但是受制度设计和资源配置等因素的影响，我国的农村"空心化"现象也具有自身的特征，并且远比其他国家更为复杂、严重，成为统筹城乡协调发展、决胜全面建成小康社会和全面建设社会主义现代化国家的主要障碍。农村"空心化"成为当前中国最具影响力的社会经济现象之一，也是一个备受学界关注的公众性话题，该领域的研究者目前已取得了一定的研究成果。当前研究者主要聚焦于人口"空心化"或者土地"空心化"的演进，依据主控因素的发展变化和一定的标准，将其划分为不同的阶段并分析其特征，较具代表性的有"三阶段说""四阶段说""五阶段说"。例如，周少来将农村"空心化"的演进划分为缓慢萌发期（1978—2001年）、迅速发展期（2001—2012年）和稳步控制期（2012年至今）三个阶段。②农村"空心化"是在工业化和城镇化进程中的城乡二元结构下，乡村地域系统发展出现停滞不前甚至萎缩的现象，不仅体现在人口和土地方面，也体现在经济、管理以及文化等方面。由此，作为综合体的农村"空心化"是如何演进的？究竟体现了哪些基本逻辑？未来发展趋势如何？这些问题不仅反映了农村"空心化"的演进历程和形成机制，而且决定了乡村建设的现实任务和发展趋势，对它们进行系统探讨能够为有效推进农村"空心化"治理和破解"三农"问题提供一定的理论指导。

---

① "新三农"问题是相对于"三农"（农业、农村、农民）问题而言的，具体指"农村空心化""农业边缘化""农民老龄化"。

② 周少来. 乡村治理：结构之变与问题应对[M]. 北京：中国社会科学出版社，2018：40-41.

第一节 农村"空心化"的演进历程

"历史是至关重要的……因为现在和未来是通过一个社会的连续性与过去连接起来的,过去决定了今天和明天的选择。"[①] "历史的新方位交汇于农业中国向工业中国跨越、乡村中国向城市中国跨越的关键节点,如何准确地把握时代更迭、社会变革、文明兴替的历史逻辑。"[②]正确地认识中国农村"空心化"的阶段性特征,是一个事关良好乡村治理秩序建立和乡村治理现代化实现的重大时代命题。农村"空心化"是改革开放后出现的一种社会现象,有着自身的历史逻辑和路径依赖。新中国成立至改革开放前,农村社会生产力相对落后,农村经济社会结构基本稳固,在户籍方面对于城乡户口采取严格的登记管理制度,农村仍然是重要的人口聚集区和行政规划中重要的基层管理区域,原貌保持完整,社会流动性小,农村"空心化"趋势并未形成。基于此,本研究主要探讨1978年改革开放后农村"空心化"的演进,依据生命周期理论以及对相关资料和数据的梳理与分析,将其划分为四个不同阶段,即出现阶段、发展阶段、加剧阶段以及缓和回落阶段。由于影响因素的不同,农村"空心化"在演进的不同阶段呈现出不同的特征。

一、农村"空心化"出现阶段(1978年—20世纪80年代末)

1978年12月召开的党的十一届三中全会是"新中国成立以来党的历史上具有深远意义的伟大转折,开启了改革开放和社会主义现代化的伟大征程"[③],实

[①] Ikenberry G J. Constitutional Politics in International Relations[J]. European Journal of International Relations,1998(2):147-177.
[②] 陈文胜. 农业大国的中国特色社会主义现代化之路[J]. 求索,2019(4):97-106.
[③] 习近平. 在庆祝改革开放40周年大会上的讲话[N]. 人民日报,2018-12-19(002).

现了政治路线、组织路线和思想路线上的拨乱反正，将党和国家的工作重心转移到经济建设上，作出了实行改革开放的历史性决策。党的十一届三中全会拉开了农村改革的帷幕，此后，包产到户、联产计酬的承包责任制在全国逐步全面实施，赋予农民对土地的经营权和收益权，农业经营体制由原来的集体经营转变为家庭经营，农村收入分配以农户为分配主体。政府在陆续提高粮食与农副产品收购价格的同时，大力推进其商品化和市场化进程。此外，以多个中央一号文件为代表的一系列惠农利农政策的颁布实施[①]，极大地激发了农民的生产积极性，创造了巨大的农业生产力，农村经济被大大激活。粮食总产量由1979年的3.32亿吨增长至1984年的4.07亿吨，结束了农产品供给长期短缺的时代，提高了为非农产业和城市居民提供农产品的保障程度；农村居民人均生活消费支出由1979年的134.5元迅速提高到1988年的476.7元，恩格尔系数由64.0%降至54.0%；农林牧副渔业获得全面发展，1988年的农业总产值在农林牧副渔业总产值中所占的比重降到62.5%。[②]

农民成为此阶段改革和农村政策红利的最大受益群体，收入不断增加，农村贫困人口大幅度减少。例如，1979—1984年，扣除物价上涨因素后的实际年人均纯收入增长率，每年以双位数速度增加。[③]富裕起来的农民消费水平提升，开始投资房屋建设，致力于住房条件的改善。随着农村经济结构的非农化以及农民收入来源的多元化，传统的农户大家庭开始"解体"，小规模家庭模式，如三口之家或四口之家成为主流，家庭结构逐渐零散化。数据显示，乡村户数由1978年的17 347.00万户增长到1988年的20 859.40万户，增幅为20.25%；农村家庭规模由1979年的4.52人/户降至1988年的3.95人/户。农村户数的增加导致对农村房屋的需求不断上升，新建房屋层出不穷。人均住房面积由1979年的8.4平方米迅速增加到1988年的16.6平方米，增加了近一倍；住房结构有所改善，砖木房

[①] 1982—1986年，以"三农"为主题，中共中央连续发布了《全国农村工作会议纪要》《当前农村经济政策的若干问题》《关于一九八四年农村工作的通知》《关于进一步活跃农村经济的十项政策》《关于一九八六年农村工作的部署》等，对农村改革和农业发展作出了具体部署。

[②] 刘彦随，龙花楼，陈玉福. 中国乡村发展研究报告：农村空心化及其整治策略[M]. 北京：科学出版社，2011：22.

[③] 姜力，李玉勇. 改革开放以来农村政策的回顾和反思——基于农村经济状况演进视角[J]. 农业经济，2012（12）：3-5.

开始增多，钢筋混凝土结构的住房开始出现。[①]

在农户建设住房的"热潮"中，由于农村住宅建设缺少科学规划和农村宅基地管理不完善，新建的房屋往往建在村庄外围、交通干道或平整耕地区域，原有住宅低效利用或被废弃闲置，村庄空间无序外扩。由于"建新不拆旧"和迁居到新住宅，村庄中心出现大面积的空宅地和废弃地，"外扩内空"的"空心化"现象显现。这一阶段"空心化"的典型特征是村域"空心化"，可划分为"同心圆模式""扇形模式""多核心模式"三种典型类型。"同心圆模式"是指围绕村庄的中心向外扩散，原村庄相对均匀地向周边扩展，形成新扩展带包围空化带的环状结构；"扇形模式"是指由于道路、山脉、河流、铁路等水平或弧形线状地物的阻碍，形成不同角度、由新扩展带拥抱空心带的扇状空间形式；"多核心模式"是指多核心的空间状态，通常由多个单核型"空心村"组合而成。[②]村域"空心化"与新房扩建占地相伴而生，造成土地资源的双向浪费。此阶段虽然相关政策允许农村人口进行一定的流动，但是把进城限制在县城以下的集镇，如1984年中央一号文件《关于一九八四年农村工作的通知》规定，"允许务工、经商、办服务业的农民自理口粮到集镇落户"[③]。此外，乡镇企业发展迅速，招收了大量农民工，但是他们"离土不离乡"，属于就地转化型，并未实现完全的空间位移，由此并未形成人口"空心化"。

二、农村"空心化"发展阶段（20世纪90年代初—90年代末）

20世纪80年代中后期以来，随着国家经济体制改革步伐的加快，政策逐渐向工业和城市倾斜，工业和城市经济的发展环境及条件得以改善，发展迅速。农业经济发展缓慢，农民人均纯收入呈低速增长，1992—1996年增长了5.6%，1997—2000年连续4年下降，到2000年仅为2.1%，均比1979—1984年的年均

[①] 刘彦随，龙花楼，陈玉福，等. 中国乡村发展研究报告：农村空心化及其整治策略[M]. 北京：科学出版社，2011：22.

[②] 马海龙，杨建莉. 新型城镇化空间模式[M]. 银川：宁夏人民出版社，2016：203.

[③] 中共中央关于一九八四年农村工作的通知[EB/OL]. https://code.fabao365.com/law_92535_4.html. 1984-01-01.

增幅有较大的下降。[①]城乡实际收入差距不仅没有缩小，反而有所扩大，1990 年为 1.20，1999 年则为 1.65。[②]以 1992 年邓小平南方谈话及党的十四大的召开为标志，我国进入全面建设社会主义市场经济体制时期，城镇化步伐加快，东部沿海地区及大中城市经济快速发展，就业岗位多且工资待遇高，为农村富余劳动力流动提供了强大的经济动力。

此阶段计划经济时期形成的抑制人口迁移的政策性壁垒逐步削弱，出现新的转折点。一方面，由人口流动管制向引导人口流动转变。1994 年 11 月，劳动部颁布《农村劳动力跨省流动就业管理暂行规定》，在招用、就业、服务和组织管理等方面做了明确要求，旨在引导农村劳动力跨地区有序地进行流动，规范用人单位跨省招用农村劳动力和农村劳动力跨省流动就业的行为，保障双方的合法权益。1995 年 9 月，中共中央办公厅、国务院办公厅转发《中央社会治安综合治理委员会关于加强流动人口管理工作的意见》，内容涉及促进农村剩余劳动力就地就近转移、加强对农村剩余劳动力跨地区流动就业的调控和管理等。另一方面，户籍制度改革。1997 年 6 月，《国务院批转公安部小城镇户籍管理制度改革试点方案和关于完善农村户籍管理制度的意见》发布，规定了农村户口人员在小城镇办理城镇常住户口的条件。1998 年 7 月，《国务院批转公安部关于解决当前户口管理工作中几个突出问题意见的通知》发布，解决了新生婴儿随父落户、夫妻分居、老人投靠子女以及在城市投资、兴办实业、购买商品房的公民及随其共同居住的直系亲属在城市落户的问题。

在上述因素的作用下，农村劳动力以进城务工方式进行跨地区、跨部门流转，形成"离土且离乡"的非农就业模式，流动人数呈突发性增长的态势。统计数据显示，1990 年，农业劳动力转移总量为 8673.1 万人，占农业劳动力总量的份额为 20.65；1999 年，农业劳动力转移总量为 13 984.7 万人，占农业劳动力总量的份额为 29.82。[③]农村劳动力的大量流失，不仅导致农村人口总量减少，而且导致人口结构呈现"两头大、中间小"的"苹果核"特征，出现人口"空心化"现象。研究发现，1996 年，江苏、北京和广东的农村人口空心化率在 20%—30%，

[①] 郑有贵. 1978—2012 年中国农村发展变迁及其原因[J]. 中国农史，2016（4）：115-123.

[②] 卢向虎，朱淑芳，张正河. 中国农村人口城乡迁移规模的实证分析[J]. 中国农村经济，2006（1）：35-41.

[③] 李周. 农民流动：70 年历史变迁与未来 30 年展望[J]. 中国农村观察，2019（5）：2-16.

中部和东部地区大部分省份在10%—20%，西部地区大部分省份低于10%。[①]

此阶段村域"空心化"加剧，1949—1957年和1962—1970年两次生育高峰的农村人口已经成家立户，传统的"四世同堂"主干家庭型结构逐步瓦解，向多核心家庭转变[②]，再加上农村人口的持续增长，对住房的需求持续增加，导致村域"空心化"的现象继续加剧。随着大量农村劳动力的流失，村域"空心化"呈现出新的特征，不仅是"内空外扩""建新不拆旧"，村庄中心的宅基地荒废化，而且新建的房屋由于"人走屋空"而被闲置，此外出现大量耕地被抛荒等现象，还加剧了农村土地撂荒。以湖南省为例，2010年的研究结果表明，该省土地撂荒面积已超过66.67万公顷，占全省耕地面积的17%。[③]由此，人口"空心化"和地理学意义上的"空心化"交织在一起，成为这一阶段农村"空心化"演进的典型特征。

三、农村"空心化"加剧阶段（21世纪初—2010年）

21世纪以来，为了推进城市化战略实施和促进农村人口社会流动，政府在人口流动政策方面除了加强管理之外，更注重以服务为取向，将流动的农村人口纳入越来越多的公共服务项目之中，先后制定和颁布了《关于促进小城镇健康发展的若干意见》（2000年）、《关于进一步开展农村劳动力开发就业试点工作的通知》（2000年）、《关于做好农民进城务工就业管理和服务工作的通知》（2003年）、《工伤保险条例》（2003年）、《关于进一步做好进城务工就业农民子女义务教育工作意见的通知》（2003年）、《关于解决农民工问题的若干意见》（2006年）、《关于进一步加强流动人口服务和管理工作的意见》（2007年）等一系列政策文件，进一步改革户籍管理制度，推动城乡劳动力市场一体化，为农民工平等就业和定居城市提供了有力的政策保障。尽管随着各级财政收入的增长和惠农政策实施力度的加大，从2004年起，农民收入增长速度开始回升，2010年农村居

---

① 陈涛，陈池波. 中国农村人口空心化测量指标改进研究[J]. 中国地质大学学报（社会科学版），2017（1）：149-155.
② 朱道才. 我国农村空心化问题的治理研究[M]. 北京：经济科学出版社，2016：38.
③ 陈旭，尹振环，袁岳驷. 从农村"空心化"看湖南省农村土地撂荒[J]. 农村经济与科技，2019（24）：4-5.

民人均纯收入增长率接近20世纪80年代初期水平,并且超过城镇居民人均可支配收入增长率。但是城乡居民相对收入差距总体上还是在拉大,如2007年和2009年的收入差距均为3.33。①在国家大力鼓励农村劳动力流动和城乡收入差距加大的背景下,农村劳动力流出的人数和速度增加。例如,调查显示,2009年全国外出农民工总量达14 533万人,比2008年增加492万人,增长3.5%。在外出农民工中,住户中外出农民工有11 567万人,比2008年增加385万人,增长3.4%;举家外出农民工有2966万人,增加107万人,增长3.7%。在本乡镇以内从业6个月以上的本地农民工有8445万人,减少56万人,下降0.7%。②

由于农村人口大量外流,人口"空心化"成为这一时期农村"空心化"的典型特征,并且呈日益加剧的态势。有研究者对全国31个省份的农村人口空心化率进行了测算,结果表明,2006年全国总体农村人口空心化率为18.39%,其中湖北省农村人口空心化率最高,接近30%;重庆、安徽、江西、湖南等中部省份农村人口空心化率接近或者超过25%。③统计数据显示,2000—2010年,县域农村人口空心化率上升7.14个百分点,东、中、西部三大区域农村人口"空心化"程度均有所上升,农村人口"空心化"分别上升5.03、8.38和7.66个百分点,其中中部和西部涨幅分别达到100.48%和152.29%。④

除了人口"空心化"之外,农村"空心化"还产生了溢出效应,逐步趋于综合化和复杂化。一是村域"空心化"。农民建房热度持续高涨,居住空间不断加大,2007年农村人均住房面积达31.6m²,住房价值达313.59元/m²,农村居民点用地"外扩内空","空心化"现象加剧。⑤刘彦随等对山东禹城典型村庄的调研与评价结果表明,40个典型村宅基地废弃率平均为8.4%,最大值为25%;宅基

---

① 姜力,李玉勇.改革开放以来农村政策的回顾和反思——基于农村经济状况演进视角[J].农业经济,2012(12):3-5.

② 2009年农民工监测调查报告(全文)[EB/OL].http://cn.chinagate.cn/reports/2010-03-22/content_19655996.htm.2010-03-22.

③ 陈涛,陈池波.中国农村人口空心化测量指标改进研究[J].中国地质大学学报(社会科学版),2017(1):149-155.

④ 陈坤秋,王良健,李宁慧.中国县域农村人口空心化——内涵、格局与机理[J].人口与经济,2018(1):28-37.

⑤ 刘彦随,龙花楼,陈玉福,等.中国乡村发展研究报告:农村空心化及其整治策略[M].北京:科学出版社,2011:25.

地空闲率平均为10.0%，最大值为18.7%。①二是产业"空心化"。有研究者于2009年对重点农区河南省郸城县的调查结果表明，63个样本村中仅16个村有乡镇企业，合计数量为49个，规模小，经济效益低；就产业类型而言，主要是与农村居民的日常生活密切相关的面粉加工、棉花加工等农产品加工业，以及与农村住宅建设相关的楼板、砖瓦等建材生产为主；农业生产缺乏比较效益，非农产业滞后。②三是公共服务"空心化"。例如，2006年进行的第二次全国农业普查结果显示，在农村基础设施方面，24.5%的村饮用水经过集中净化处理，15.8%的村实施垃圾集中处理，33.5%的村有沼气池，20.6%的村完成改厕，34.4%的村地域内有50平方米以上的综合商店或超市；在农村社会服务方面，30.2%的村有幼儿园、托儿所，10.7%的村有体育健身场所，13.4%的村有图书室、文化站，15.1%的村有农民业余文化组织。③

四、农村"空心化"缓和回落阶段（2011年至今）

为了推动农村经济社会发展，实现城乡一体化，国家出台了一系列政策，鼓励农民工等人员返乡创业。例如，2012年中央一号文件《中共中央 国务院关于加快推进农业科技创新持续增强农产品供给保障能力的若干意见》提出大力培育新型职业农民，对符合条件的农村青年务农创业和农民工返乡创业项目给予补助和贷款支持。2015年，《国务院办公厅关于支持农民工等人员返乡创业的意见》提出支持农民工、大学生和退役士兵等人员返乡创业，确定了促进产业转移、推动输出地产业升级、鼓励输出地资源嫁接输入地市场等带动返乡创业的主要任务，并制定了具体的政策措施。2016年，国务院办公厅印发《关于支持返乡下乡人员创业创新促进农村一二三产业融合发展的意见》，确立重点领域和发展方向，从简化市场准入、改善金融服务、加大财政支持力度、落实用地用电支持措

---

① 刘彦随，刘玉，翟荣新. 中国农村空心化的地理学研究与整治实践[J]. 地理学报，2009（10）：1193-1202.
② 崔卫国，李裕瑞，刘彦随. 中国重点农区农村空心化的特征、机制与调控——以河南省郸城县为例[J]. 资源科学，2011（11）：2014-2021.
③ 统计局：第二次全国农业普查主要数据公报（第1号）[EB/OL]. https://www.gov.cn/gzdt/2008-02/21/content_896096.htm. 2008-02-21.

施、开展创业培训、完善社会保障政策、强化信息技术支撑以及创建创业园区（基地）等方面为返乡下乡人员的创业创新活动提供支持，并在组织领导方面进行具体部署。2017年，党的十九大报告提出实施乡村振兴战略，指出农业农村农民问题是关系国计民生的根本性问题，必须始终把解决好"三农"问题作为全党工作的重中之重。2018年，《中共中央 国务院关于实施乡村振兴战略的意见》《乡村振兴战略规划（2018—2022年）》颁布，强调要全面深化农村改革，推进农业农村的现代化和新农村建设，提升乡村发展整体水平。以城市户籍条件准入和城乡户籍制度一元化为主体的户籍制度改革侧重于促进农村劳动力定居城镇和转变户籍身份，但是无法直接改善他们在谋求更高劳动报酬时存在的知识资本、文化资本等方面的差距，没能完全实现市民权益与实际收入的均等化，依然游离在城市边缘，导致农村劳动力转移数量呈趋于减少的态势。统计数据表明，2011—2018年全国共转移4613万人，年均转移577万人，为1979—2010年年均转移量的81%。[①]

随着国家对农村"空心化"重视程度和治理力度的加大，"空心化"现象得以不同程度的缓解，整治效果明显，具体体现在以下方面。一是农村劳动力转移出现回流现象，形成"逆回归"，尤其是以农民工、大学生、退役军人和科技人员为代表的人群返乡就业创业的数量一直在增长，增速明显高于外出人口增速，成为带领农民致富的主力军和推动乡村振兴的生力军。2018年返乡下乡创业创新人员达740万人，非农创业人员达300万人，增幅均保持在两位数左右。[②]二是随着农村生产要素的优化配置和回流，农村产业得到发展，缓解了产业"空心化"现状。第三次全国农业普查数据显示，2016年，全国共有204万个农业经营单位。2016年末，在工商部门注册的农民合作社总数179万个，其中，农业普查登记的以农业生产经营或服务为主的农民合作社91万个；20 743万农业经营户，其中，398万规模农业经营户，较第二次全国农业普查农业经营主体有了较大程度的提升。[③]三是在《乡村振兴战略规划（2018—2022年）》所提出的"优化乡村发展布局""分类推进乡村发展"原则的指导下，按照集聚提升、融入城镇、特色保护和搬迁撤并的思路，农村村域生活空间得以优化，宅基地得以节

[①] 李周. 农民流动：70年历史变迁与未来30年展望[J]. 中国农村观察，2019（5）：2-16.

[②] 农业农村部：目前返乡创业人员达740万[EB/OL]. http://sannong.cctv.com/2018/11/09/ARTIhBd6iFbKy04oJx1Lsn8E181109.shtml. 2018-11-09.

[③] 第三次全国农业普查主要数据公报（第一号）[EB/OL]. https://www.gov.cn/xinwen/2017-12/14/content_5246817.htm. 2017-12-14.

约、集约利用。尤其是在合理的农地流转政策下，土地资源得以合理利用。四是随着村村通广播电视工程、村村通道路工程、农村电网建设与改造工程、农村饮水安全工程等重大基础设施和民生项目的实施，农村的公共服务水平有了较大程度的提升。第三次全国农业普查数据显示，2016年末，全国99.7%的村通电，91.3%的乡镇集中或部分集中供水，90.8%的乡镇生活垃圾集中或部分集中处理，73.9%的村生活垃圾集中处理或部分集中处理，53.5%的村完成或部分完成改厕，96.8%的乡镇有图书馆、文化站，70.6%的乡镇有公园及休闲健身广场，59.2%的村有体育健身场所，99.9%的乡镇有医疗卫生机构，81.9%的村有卫生室。[1]

第二节 农村"空心化"的演进逻辑

作为城乡发展转型进程中乡村人地关系地域系统演化的一种不良现象，农村"空心化"是复杂的社会经济发展过程在村庄物质形态中的综合表征[2]，受到政治、自然、经济、社会、技术等多种因素的综合影响。由于这些因素具有时空特征，不同时间序列的农村"空心化"发展具有阶段性特征以及类型差异，同时也存在着共同的价值逻辑。

一、农村"空心化"是农村和城市生计资本相互作用的结果

生计资本是英国国际发展机构（Department for International Development,

---

[1] 第三次全国农业普查主要数据公报（第一号）[EB/OL]. https://www.gov.cn/xinwen/2017-12/14/content_5246817.htm. 2017-12-14.

[2] 刘彦随，龙花楼，陈玉福，等. 中国乡村发展研究报告：农村空心化及其整治策略[M]. 北京：科学出版社，2011：1.

DFID）所构建的可持续发展框架（sustainable development framework）的核心概念，包括人力资本、自然资本、物质资本、金融资本以及社会资本五种类型。具体来说，人力资本包括身心健康状态、受教育程度或知识水平、劳动技能和就业水平、学习能力以及适应性能力等能力资产；自然资本是指所能享有或使用的可提升生计水平的外部环境资源；物质资本是指所拥有的生产资料和基础设施，以及其他所能使用的可直接或间接用于生产性或投资性活动的物品或有形资产；金融资本是指被用于累积性、生产性和投资性活动的现金流；社会资本是指嵌入在关系网络中的各种有形或无形资源，以及整体关系网络形态和社会支持网络。[①]农村"空心化"的演进进程，充分体现了农村和城市生计资本相互作用的特点。当城市生计资本水平大于农村生计资本水平，在城市能够获得较高的经济收入、福利待遇、公共服务时，随着大量农村劳动力流入城市，农村"空心化"现象凸显且程度加深；当城市生计资本水平小于农村生计资本水平时，如城市生活成本较高、农民工获得的待遇不公平等，农村劳动力就会"回流"到农村，农村"空心化"现象得以缓解。可以说，正是在农村和城市生计资本此消彼长的作用下，农村"空心化"不断演进发展，呈现出不同的阶段性特征。

二、经济因素是农村"空心化"产生与发展的内部驱动力

农村"空心化"是社会经济发展到一定阶段的产物，经济因素是其内部驱动力。一项对农村"空心化"驱动因素的研究表明，经济因素是影响农村空心化的最主要因素，主要表现在城乡收入差距及就业差距、农村现有的发展机会等方面。[②]从农村"空心化"演进的本质来看，随着改革开放的不断深入以及工业化、城市化的大力推进，农村地域的各种生产要素在城乡之间的流动不断加强，以劳动力和土地为代表的农村地域生产要素大量向非农化转变，致使农村地域系统

[①] 高功敬. 城市贫困家庭可持续生计发展型社会政策视角[M]. 北京：社会科学文献出版社，2018：60-63.

[②] 陈修兰，吴信如. 新型城镇化背景下农村空心化现状及其影响因素研究——基于浙江省6市581名村民的调查数据[J]. 西安财经学院学报，2018（6）：70-77.

的经济社会结构发生巨大变化,农村的物质空间和社会空间产生了剧烈变化。[①]具体而言,城乡二元经济体制下收入存在"剪刀差",城乡收入差距加大,城市产业结构转型升级迫切需要大量劳动力,促使大量农村人口向城市和非农部门转移,形成人口"空心化";农业本身具有脆弱性,产业链短,附加值低,加上缺少与第二、三产业的有效融合,经济效益较低,形成产业"空心化";随着农民从事非农化生产收入的显著提高,出于改善居住条件和提高生活质量的需要,农村出现建房的高峰,形成"内空外扩""建新不拆旧"的村域"空心化";等等。一项基于中国家庭收入调查项目(China Household Income Projects,CHIP)数据库村一级的人口和财务投入等数据的研究结果表明,增加生产性财务投入,提高农村生产率,帮助农民"增收",缩小城乡收入差距,能够有效吸引农民回流。[②]

三、政策是农村"空心化"产生与发展的外部推动力

政策是国家、政党为实现特定时期的路线和任务而采取的政治行为或规定的准则,具有目标导向、利益协调、法律规制、社会发展等多种功能。学界认为,政策是农村"空心化"演进的重要推动力。例如,刘彦随等将影响农村"空心化"演进的主控因子划分为管理制度与政策、技术进步、生物自然因素、人口变化等七大因素,其中管理制度与政策是作用最强的因素。[③]陈修兰和吴信如对农村"空心化"的实证研究结果表明,政策是其形成的主要驱动因子。[④]就我国农村"空心化"的演进历程来看,其脉络比较清晰,与国家不同时期的政策导向密切相关。改革开放前,由于人口流动和户籍管理政策的影响,农村人口流动受到限制,流动规模小,农村"空心化"现象尚未凸显。改革开放后,随着户籍制度

---

① 杨忍,刘彦随,龙花楼,等.基于格网的农村居民点用地时空特征及空间指向性的地理要素识别——以环渤海地区为例[J].地理研究,2015(6):1077-1087.
② 马海涛,丁树.增加乡村财务投入会吸引农民回流吗——基于CHIP数据库村级数据的分析[J].经济理论与经济管理,2019(10):20-30.
③ 刘彦随,龙花楼,陈玉福,等.中国乡村发展研究报告:农村空心化及其整治策略[M].北京:科学出版社,2011:48.
④ 陈修兰,吴信如.新型城镇化背景下农村空心化现状及其影响因素研究——基于浙江省6市581名村民的调查数据[J].西安财经学院学报,2018(6):70-77.

的松动，鼓励农村人口流动、保障农村人口权利和合法利益等一系列政策的颁布实施，大量农村人口流入城市，加上农村土地政策存在一定缺陷，尤其是农村宅基地不能流转和置换，进一步加剧了农村"空心化"程度。随着国家对农村"空心化"的重视以及治理程度的加大，国家制定了一系列关于乡村振兴的政策，以破除城乡二元结构的体制障碍，促进城乡一体化发展，农村"空心化"现象得以不同程度的缓解。

四、农村"空心化"的不同维度彰显传导性

依照社会-经济-自然复合生态理论，农村"空心化"是由社会"空心化"、经济"空心化"和自然"空心化"三个不同性质的系统构成的复杂系统，这三个子系统各自的生存和发展都受其他系统结构、功能的制约，彰显传导性特点。[①]具体而言，依照农村"空心化"的形成因素，可以将其划分为不同的维度，如人口"空心化"、土地"空心化"、产业"空心化"和公共服务"空心化"等，在农村"空心化"的演进历程中，它们各自的发展会受到其他维度的制约，可以说它们之间是相互作用和影响的。在农村"空心化"形成的发展阶段，人口"空心化"改变了农户生计方式和土地利用行为，导致产业"空心化"和土地"空心化"的出现，在此基础上衍生出公共服务"空心化"和文化"空心化"，而产业"空心化"、土地"空心化"、公共服务"空心化"和文化"空心化"又加剧了人口"空心化"。有研究者将农村"空心化"划分为"地理空间空心化""人口结构空心化""经济资源空心化"二级层面的三个维度，尽管这三个维度都会相对独立地存在，但是任意一个维度都可能引发其他两个维度的变化。[②]正是这种传导性使农村"空心化"的表征逐渐由单维走向多维，并且各个维度相互交织在一起，使农村"空心化"的程度不断加深，更为复杂多样。

[①] 王国刚，刘彦随. 农村空心化过程及其资源环境效应[M]. 北京：科学出版社，2017：34.
[②] 杨春华，姚逸苇. 何谓"农村空心化"？——一个结构化的概念分析视角[J]. 农村经济，2021（7）：79-86.

第三节 农村"空心化"的发展趋势

"十四五"规划强调,构建"工农互促、城乡互补、协调发展、共同繁荣的新型工农城乡关系,加快农业农村现代化"。当前中国社会正由"乡土中国"步入"城乡中国"时代,城乡关系也发生了深刻变化,由城乡分离的二元性交叠转向城乡融合发展。在推进农村现代化和建构新型城乡关系的关键期,劳动力、技术、土地、资本、数据等各种生产要素在城乡之间的双向配置与流动不断增大,体制或制度造成的结构性差距逐渐消除。在这一新的时代背景下,聚焦于实现可持续生计以及共享发展和美好生活,农村"空心化"现象能否得以消除,其未来走向又将如何,这是值得我们关注和深思的问题。

一、农村"空心化"现象在一定时间内存在

"作为一场历史性的大转变,城乡均衡发展和一体化绝非可以一蹴而就,而是一个漫长而复杂的转换过程。尤其是在城市过密化发展浪潮的冲击下,乡村不可避免地走向过疏化和空心化,对城乡统筹及城乡一体化进程产生了极大的影响和制约。"[①]农村"空心化"是城乡关系演变过程中必然会出现的阶段性现象,是城乡走向分离和对立的产物。从城乡关系的生命周期来看,由城乡分离对立到城乡融合是一个漫长的过程,这在发达国家城乡关系演变的历程中能够得到佐证。尽管当前我国城乡关系处于重组阶段,但是经济增长主要还是依靠城市发展,城镇化能够促进产业结构的升级,强有力地拉动消费、扩大内需,是经济发展的巨大推动力。各投入要素对经济增长贡献率的测算结果表明,城镇化是当前我国经济增长的最大贡献者。处于城镇化加快发展的时期,我国的城镇化率也一直攀升,由1978年的17.9%上升到2019年的60.6%,年均提高1.04个百分点,城镇

---

① 田毅鹏. 乡村"过疏化"背景下城乡一体化的两难[J]. 浙江学刊,2011(5):31-35.

化率已经超过世界平均水平。根据人均收入的增长趋势估算，到"十四五"末，中国城镇化率预计将达到 65%左右，到 2035 年预计将超过 70%[①]，而城镇化水平每提高 1 个百分点，就意味着农村剩余劳动力向城市转移的人数在 1000 万人以上。依据诺瑟姆曲线[②]（Northam Curve）规律以及发达国家城镇化的发展历程与经验，只有当城镇化率突破 70%之后，城镇化进程进入成熟阶段，才会逐步趋缓或停滞，进入城乡发展的新阶段，城市地域不断向农村推进，出现"逆城市化"现象，大规模人口、技术、资本等生产要素由城市向农村回流。

当前我国农村劳动力流入城市仍然是人口流动的主要趋势，流动规模和流动强度一直呈持续增大态势。依据国家统计局 2016—2019 年发布的《农民工监测调查报告》，2016—2019 年，农民工总量分别为 28 171 万人、28 652 万人、28 836 万人和 29 077 万人，其中外出农民工分别为 16 934 万人、17 185 万人、17 266 万人和 17 425 万人。[③]统计数据显示，2021 年，从城乡构成看，城镇常住人口 91 425 万人，比上年末增加 1205 万人；乡村常住人口 49 835 万人，减少1157 万人；城镇人口占全国人口比重（城镇化率）为 64.72%，比 2020 年年末提高 0.83 个百分点。[④]作为城镇化进程中农村发展的一种特殊形态和不良退化过程，农村"空心化"是乡村人地关系地域系统中政治、经济和社会等多种因素综合作用的过程，具有形成、发展和衰退的完整周期性，综合性、系统性特征明显，同时消除它形成的政治、经济和社会条件需要一定的时间和过程，不可能"毕其功于一役"，由此农村"空心化"现象仍然会持续，将在一定时间内存在。

[①] 陈昌盛，许伟，兰宗敏，等."十四五"时期我国发展内外部环境研究[J]. 管理世界，2020（10）：1-14，15，40.

[②] 诺瑟姆曲线于 1979 年是由美国城市地理学家诺瑟姆（R. M. Northam）基于对英、美等国家工业化进程中城镇化率变化趋势的分析而提出的，主要揭示了城镇化发展水平与发展阶段的对应关系，认为城镇化进程可以划分为三个阶段，即初级阶段（城镇化率低于 30%）、加速阶段（城镇化率在 30%—70%）和停滞阶段（城镇化率高于 70%），整个城镇化的轨迹表现为一条稍被拉平的 S 形曲线。作为城市研究最为重要的理论成果之一，该曲线又被称为"公理性曲线"，被学界广为引用。

[③] 2016 年农民工监测调查报告[EB/OL]. https://www.stats.gov.cn/sj/zxfb/202302/t20230203_1899495.html. 2017-04-28；2017 年农民工监测调查报告[EB/OL]. https://www.stats.gov.cn/sj/zxfb/202302/t20230203_1899920.html. 2018-04-27；2018 年农民工监测调查报告[EB/OL]. https://www.stats.gov.cn/sj/zxfb/202302/t20230203_1900299.html. 2019-04-29；2019 年农民工监测调查报告[EB/OL]. https://www.stats.gov.cn/xxgk/sjfb/zxfb2020/202004/t20200430_1767704.html. 2020-04-30.

[④] 2021 年中国人口大数据分析：城镇化率提高至 64.72%[EB/OL]. https://m.askci.com/news/data/hongguan/20220117/1734521726753.shtml. 2022-01-17.

二、农村"空心化"得以不同程度缓解

近年来,党和国家越来越重视农村"空心化"带来的严重问题,加大了治理力度,将其置于全面深化改革的大格局下予以解决。一是加强顶层设计。为扭转长期以来"挖农补城"的导向,推进城乡融合,党中央连续颁布有关农村问题的一号文件,实施多项强农惠农利农政策,将"三农"工作置于特别重要的位置。尤其是2018年中央一号文件的颁布,开启了新时代乡村全面振兴的新篇章,描绘了城乡融合发展的具体时间表与路线图,"到2020年,乡村振兴取得重要进展,制度框架和政策体系基本形成……城乡基本公共服务均等化水平进一步提高,城乡融合发展体制机制初步建立","到2035年……城乡基本公共服务均等化基本实现,城乡融合发展体制机制更加完善"。《乡村振兴战略规划(2018—2022年)》明确提出,"实施乡村振兴战略是实现全体人民共同富裕的必然选择"。党的二十大报告提出全面推进乡村振兴。上述一系列政策文件的颁布,不仅成为积极落实乡村振兴战略和治理农村"空心化"的重要指导,也为其提供了有效的制度保障。二是采取具体治理措施。在大力实施乡村振兴战略,着力推进城乡融合发展的新时代背景下,各地农村"空心化"治理实践创新迅速展开,各种措施纷纷出台,如培育农业新型经营主体,鼓励返乡创业,采取不同模式综合整治"空心化"农村,加强农业社会化服务体系建设,深化基于"实权"和"流动"的农村土地制度改革,等等,旨在重塑"空心化"农村机理,实现"城与乡之间的良性互动,缩小甚至消除城乡差距,让乡村变成城里人向往之地,让乡村人口能够享受与城里人一样的、均等的公共服务"[①],并且取得了很好的治理效果,如返乡创业人员增加,多个农业新型经营主体涌现,公共服务设施健全等,农村地域由此焕发新的生机与活力。随着乡村振兴战略的进一步实施和治理力度的加大,农村"空心化"将会得以不同程度的缓解,农村发展持续向好。

---

① 李华胤. 论现代化中后期的城乡关系与乡村振兴[J]. 西安财经大学学报,2020(6):75-83.

三、农村"空心化"的累积效应明显

累积效应（cumulative effects）是指"由已发生的过去的行为、现在的及可合理预见的将来要发生的一系列行为所导致的作用于环境的持续影响"①，既包括性质相同的行为的环境影响在时空尺度上的叠加，又包括性质不同的行为在时空尺度上通过交互作用产生的环境影响。由此，空间、时间、行为和作用方式等是决定累积效应的重要因素。如上所述，农村"空心化"作为一个社会-经济-自然复合生态系统，是由体制制度、管理与政策、社会经济、自然环境等驱动因子的发展变化及其作用导致的，并且随着时间的推移，它们越来越紧密地凝聚在一起，所产生的效应远远大于各分效应的简单加和作用。未来的农村"空心化"累积效应将越来越明显，一方面，其呈现维度将不再是单一的，如人口、产业、村域等单个方面的"空心化"，而是多维度的和综合化的，从而使农村"空心化"的内涵更为复杂，有着多重表达；另一方面，其对农村的经济、管理、文化、公共服务等将产生复合性影响，导致农村生产主体老弱化、生产要素非农化、土地空废化、环境污损化、文化贫瘠化、贫困多维化等多重困境出现，影响农村地域系统的健康持续发展，同时也使乡村治理的难度增大。

四、农村"空心化"的区域特征彰显

中国幅员辽阔，区域差异巨大，不同地域的农村更是类型多样、差异巨大。以农业农村部2014—2018年评选出的670个美丽乡村为例，它们的空间分布不囿于行政区划或者自然地理分区的界限，而是呈现出显著的地域文化区域特征，形成"面状集聚"和"链式集聚"的空间分布状态，并且在地形地貌、人口分布、区域交通状况、经济发展条件等方面存在着差异。②尽管"空心化"已经成

---

① 汪云甲，王行风，麦方代. 煤炭开发的资源环境累积效应及评价[M]. 北京：中国环境出版集团，2018：18.
② 吴志斌，屈雅红，徐燕明. 中国美丽乡村的时空分异特征及影响因素分析——基于文化地理的视角[J]. 福建论坛（人文社会科学版），2020（8）：47-59.

为当前中国农村地区较为普遍的现象，但是受自然禀赋、人口、经济、社会等多种因素的影响，并且各影响因素的作用方式、作用程度、作用强度存在较大差异，农村"空心化"的地区差异显著。在农村"空心化"的形成和发展阶段，这一特征就已初见端倪，以人口"空心化"为例，2015年，宁夏回族自治区20个市县（区）农村人口"空心化"可被分为低度"空心化"（3.97%—31.76%）、中度"空心化"（31.77%—48.26%）和高度"空心化"（48.27%—64.05%）三个类别。[1]随着农村"空心化"的不断演进，区域特征将会越来越明显，不仅体现在东部地区、中部地区和西部地区之间的差异上，在区域内部也存在着明显的差异。例如，有研究者对山东省济宁市66个村庄的农村综合"空心化"的测度结果表明，所有村庄均出现不同程度的"空心化"现象，人口、土地、产业和综合"空心化"指数的区域差异明显。[2]

---

[1] 郑殿元，文琦，王银，等. 农村人口空心化驱动机制研究[J]. 生态经济，2019（1）：90-96.
[2] 王孟翰，刘兆德，孙雯雯. 济宁市农村综合空心化影响因素与机制研究[J]. 中国农业资源与区划，2021（5）：149-158.

第二章
职业教育促进农村"空心化"治理的战略分析

一个组织要想在一定的环境中生存和发展，就必须了解自身所处的环境，并及时掌握环境变化规律，分析、确定环境因素对组织的影响。[①]SWOT 分析法和 PEST 分析法都是基于对组织管理环境的内外影响因素划分而建立的分析方法，旨在全面分析外部环境和自身优劣势。基于职业教育在经济、政治、文化、技术等领域的发展现状，构建嵌套混合式 SWOT-PEST 分析模型，有助于我们更好地诠释职业教育促进农村"空心化"治理的内外环境因素，从而为相关人员制定发展战略提供参考。

---

① 钱耀军，宋军. 管理学原理[M]. 北京：化学工业出版社，2016：8.

第一节　SWOT-PEST 分析模型概述

在管理实践中，组织环境是指所有潜在影响组织运行和组织绩效的因素或力量[①]，具有客观性、交叉性、动态性和系统性等多种特点，对组织的生存和持续发展起着决定性作用。对组织环境各种可能影响因素的充分认识和评价是明晰组织目标与发展战略、制定发展举措的重要基础。组织环境分析常用的方法有 SWOT 分析法、PEST 分析法、内部环境分析法和具体环境分析法，其中 SWOT 分析法和 PEST 分析法最为典型。SWOT 分析法也称态势分析法或道斯矩阵，由美国旧金山大学教授韦里克（Heinz Weihrich）于 20 世纪 80 年代初提出，最初被运用于一个企业或行业组织的环境分析。它是对某一系统或组织发展进行布局规划的战略分析方法，综合分析组织发展的内部条件和外部因素，以制定正确的发展战略和策略。其中内部条件包括优势（strength）和劣势（weakness），外部因素包括机遇（opportunity）和威胁（threat）。PEST 分析法又称一般环境分析法，是对某一系统或组织外部宏观环境进行分析的方法，调查、识别政治（politics）、经济（economy）、社会（society）和技术（technology）四类核心外部环境因素会产生怎样的影响。政治因素是指对组织经营活动具有实际与潜在影响的政治力量和相关法律、法规等因素；经济因素分为宏观和微观两类，宏观经济因素是指经济制度、经济结构、产业布局、资源状况、经济发展水平及走势等，微观经济因素是指组织所在地区或所需服务地区消费者的收入水平、消费偏好、就业程度等；社会因素是指组织所在社会成员的民族特征、文化传统、价值观念、教育水平等；科技因素是指引起革命性变化的发明，与企业生产有关的新发明、新技术、新工艺、新材料等。[②]

对于影响组织环境因素的分析，SWOT 分析法和 PEST 分析法各有侧重点，前者侧重于对系统或组织内部微观结构的分析，后者则侧重于对系统或组织外部

[①] 宋克勤，徐炜. 管理学（第 3 版）[M]. 北京：首都经济贸易大学出版社，2018：113.
[②] 徐艳兰. 管理学（第 4 版）[M]. 上海：上海财经大学出版社，2017：51.

宏观环境的解构。作为一种组织环境综合分析方法，SWOT-PEST 分析法以解决现实问题为核心，是 SWOT 分析法和 PEST 分析法的有机组合，充分汲取了二者的优势，通过对组织进行全面、系统审视，分析组织在政治、经济、社会、技术方面所具备的优势和劣势，找出组织所面临的机遇和威胁，厘清关键影响因素，从而为决策者趋利避害和制定全面、科学的发展战略奠定基础，具体分析模型见表 2-1。近年来，随着理论研究的不断深入，SWOT-PEST 分析法除了被广泛应用于营利组织的战略管理分析之外，还被应用于国家政府部门、事业单位等公共服务机构发展环境的系统分析方面。

表 2-1　SWOT-PEST 分析模型

SWOT-PEST		政治（P）	经济（E）	社会（S）	技术（T）
内部因素	优势（S）	SP	SE	SS	ST
	劣势（W）	WP	WE	WS	WT
外部因素	机遇（O）	OP	OE	OS	OT
	威胁（T）	TP	TE	TS	TT

正如法国学者埃德加·莫兰（Edgar Morin）在《复杂性理论与教育问题》一书中所强调的，我们生活在一个具有多维度和复杂性的世界，"恰切的认识应该看到多维度性和把它获得的资讯都置入这个框架：人们不仅不能把部分孤立于整体，而且也不能使各个部分互相孤立"[①]。职业教育促进农村"空心化"治理是一项十分复杂的社会系统工程，既要有一个良好的内部环境，增强自身内生发展动力，更需要一个由政治、经济、社会和技术等构成的外部环境，需要我们以系统性和复杂科学方法进行思考和分析。由此，本研究运用 SWOT-PEST 分析法，对职业教育促进农村"空心化"治理内外各种环境因素进行系统、全面的分析，一方面，帮助职业院校充分认识自身在政治、经济、社会、技术方面的优势、劣势以及面临的机遇和威胁，有效整合组织内外资源，寻找发展机会，以促进农村"空心化"治理；另一方面，也有助于相关部门履行和完善自身职能，为职业教育促进农村"空心化"治理营造良好的环境。

---

① [法]埃德加·莫兰. 复杂性理论与教育问题[M]. 陈一壮，译. 北京：北京大学出版社，2004：26.

第二节 职业教育促进农村"空心化"治理的优势与劣势

由于具有职业性、平民性、生产性、社会性等本质属性，与其他类型的教育相比，职业教育在促进农村"空心化"治理方面具有巨大的优势，但同时也存在着一定的劣势。

一、职业教育促进农村"空心化"治理的优势

（一）助推新型农业经营主体培育

在"空心化"农村，劳动力大量流失导致农村人口能力素质低下，农业生产者呈现出老龄化、女性化的趋势，"谁来种地""如何种地"的现实困境日益凸显。人是生产力中最为活跃的因素，因此，破解上述现实困境的关键在于解决人的问题，人的问题既包括要有一定数量的农村劳动力，又包括具备适应农业现代化的农业生产经营能力。由此，农村"空心化"治理的关键在于建立一支有文化、懂技术、善经营、会管理的新型农业经营主体队伍。新型农业经营主体在文化程度、经营管理、风险承受力、资金实力等方面具有优势，能够将优质劳动力、土地、资金等生产要素合理配置于农业，产生知识溢出效应、规模经济效应和社会组织效应，从而有效推动农业生产方式转型升级。"一方为人计，曰以供青年谋生之所急也。一方又为事计，曰以供社会分业之所需也。"[1]作为服务经济社会发展需要，面向经济社会发展和生产服务一线，培养高素质劳动者和技术技

---

[1] 陈学恂. 中国近代教育文选[M]. 北京：人民教育出版社，1983：387.

能人才并促进全体劳动者可持续职业发展的教育类型[①],职业教育具有职业的本质属性,它以职业需要为导向,以职业活动的形式实施,旨在培养职业或劳动环境所需的技能型人才。职业性使职业教育在服务新型农业经营主体成长和发展方面具有更大的参与空间和更多的参与渠道,能够建构人才培养新内容,精准对接"空心化"农村所需要的人才,成为"空心化"治理的"生力军"。

(二)促进农业转型发展

农村"空心化"是乡村地域系统在长期亏损中致使其内部各子系统处于失衡发展状态,逐渐丧失了与周围环境互动的自组织、自适应和自调节等能力,出现了因乡村地域系统衰退而导致的"乡村病"。[②]农业生产要素非农化、产业发展滞后是农村"空心化"产生的根本原因,破解这一症结的关键在于促进农业转型发展,具体而言,需要借助于一二三产业的相互融合,延长产业链和增加农产品的附加值,改变农业自然禀赋的劣势。职业教育是区域经济社会发展到一定阶段的产物,区域性是它的重要内在属性。2005年颁布的《国务院关于大力发展职业教育的决定》要求每个市(地)都要重点建设一所高等职业技术学院和若干所中等职业学校,每个县(市、区)都要重点办好一所起骨干示范作用的职教中心(中等职业学校),由此明确了职业教育在服务面向上的区域性。区域性天然地为职业教育注入了必须面向农村办学的"基因"。在促进农村"空心化"治理进程中,通过加强战略性和前瞻性规划,在专业设置上加强与农村产业发展的对接、引领和带动;通过有效整合职业院校、政府、行业企业等多方资源,增强产教融合的质量和水平,职业教育能够使"空心化"农村实现由传统农业转向现代化的发展。

---

① 教育部 发展改革委 财政部 人力资源社会保障部农业部 国务院扶贫办关于印发《现代职业教育体系建设规划(2014—2020年)》的通知[EB/OL]. http://www.gov.cn/gongbao/content/2014/content_2765487.htm. 2014-06-16.

② 郑小玉,刘彦随. 新时期中国"乡村病"的科学内涵、形成机制及调控策略[J]. 人文地理,2018(2):100-106.

二、职业教育促进农村"空心化"治理的劣势

(一)产教融合不足

产教融合是一种由技术、市场、教育等因素的驱动致使"产业界"和"教育界"边际模糊而产生的融合,从人力资源供给而言,它是一项供给侧结构性改革,其核心是通过向教育领域引入产业要素,达到以人才发展引领产业转型升级、解决就业问题的目标[①];从组织社会学而言,它的本质是重构教育与产业之间的组织关系。作为所有教育类型中与产业发展结合最为紧密的一种,职业教育在产教融合方面取得了一定进展,如实施"订单式"人才培养、专业群融入产业链、推行"引企入教""引教入企"融合模式、开展现代学徒制等。但是,由于职业教育资源和服务与产业结构转型升级需求之间存在突出矛盾,职业教育与产业发展之间尚未实现全方位、深层次的融入,具体表现在专业设置与区域产业发展匹配性不高、职教集团办学滞后、混合所有制办学有待突破等方面。例如,李梦卿和李鑫指出,高职院校在深化产教融合方面存在着以下四个方面的实践壁垒:在专业设置方面,专业结构趋同与专业水平不高,品牌意识不强;在资源互通方面,互通配套机制欠缺与资源共享不对称;在权责划分方面,角色主体价值追求离散与成本分担、利益分配不明;在系统衔接方面,财税支持系统乏力与组织管理系统欠缺,制度保障系统薄弱。[②]吴杨伟认为,"在现阶段,高职产教融合平台大多仍旧停留在学校依托企业并单方面的建设投入,本质上还是教师社会实践基地、学生实习实训基地、教科研成果转化平台等功能性校企合作的简单复合体"[③]。以江西省为例,2015 年,在 55 所高职院校中,开设"计算机应用技术"相关专业的院校有 50 所,占比超过 90%;开设"电子商务"相关专业的院校有 45 所,占比约为 82%。从相似专业重复布点数看,"计算机"相关专业布点

---

① 李政. 职业教育的产教融合:障碍及其消解[J]. 中国高教研究,2018(9):87-92.
② 李梦卿,李鑫. "双高计划"高职院校深化产教融合的实践壁垒与破解路径[J]. 职教论坛,2020(6):44-50.
③ 吴杨伟. "双高计划"背景下高职"双师"队伍建设的定位、问题与路径研究[J]. 职教论坛,2020(8):99-103.

数为139个,"营销"相关专业布点数为69个。①盲目根据市场热点设置专业,办学方向缺乏区域特色,造成人才培养与区域经济社会发展需求脱节。

(二)"双师型"教师建设滞后

建设一支高素质的"双师型"教师队伍,不仅是为"空心化"农村培养高素质劳动者和技术技能型人才的基础,更是职业教育实现内涵发展的根本保证。近年来,我国"双师型"教师队伍建设取得一定进展,师资数量、质量和结构得到进一步优化。但总体而言,"双师型"教师队伍建设滞后,与农村"空心化"的现实需求存在不小的差距,主要表现在以下两个方面。一方面,"双师型"教师比例较低。以湖北省为例,2019年56所高职院校提供的高职教育质量年报数据表明,"双师型"教师比例达到教育部规定优秀标准(70%)的院校只有21所,占比约为37.5%,还有19所院校在合格线(50%)以下。②另一方面,"双师型"教师素质亟待提升。"双师型"教师往往侧重于学历,缺乏企业实践工作经历,理论与实践相脱节的问题十分突出,科技服务能力薄弱。"双师型"教师建设滞后,导致职业教育对接"空心化"农村产业转型升级、农民素质提升的能力不足,以及服务农村经济社会发展的能力欠缺。

(三)办学定位错位

在大力实施乡村振兴战略背景下,面向农村的职业教育发展理应以为农村经济社会发展提供人才支撑和智力支持为靶向,但是存在着办学定位错位的问题。一是"升学"倾向严重。许多职业院校以学生对口升学作为办学的主要目标和主攻方向,将学校变成高考、升学的辅导班。例如,笔者到某县级职教中心调研时发现,该中心共开设幼儿保育、计算机应用、电子商务、服装设计与工艺等8个专业,学历为大专、中专和职业高中,有5个专业是可以通过高考升入全日制普通大学和本科学校的。二是"离农"倾向严重。在城镇化、工业化价值取向下,

---

① 我省高职院校专业设置冷热两重天[EB/OL]. http://news.sina.com.cn/o/2015-07-21/022432128554.shtml?from=www.hao10086.com. 2105-07-21.

② 付含菲. 产教融合背景下高职院校"双师型"教师队伍建设研究[D]. 武汉:湖北工业大学,2020:32.

有的职业院校为了扩大生源，选择尽量少开设甚至不开设有关农林牧副渔业的专业课程，将原本就很有限的教育资源全部投入到计算机技术、电子商务、艺术设计等所谓的"时髦""热门"专业。[①]三是"学术漂移"现象严重。为了获取"合法性"地位和更多的资源，职业院校往往遵循学术逻辑，模仿研究型大学的人才培养模式和组织机构特征，偏离了培养应用技术型人才的应用逻辑。英国经济学家巴洛夫（Balogh）对非洲的研究结果表明，由于过分重视学术教育而忽视农业实践和农业人才的培养，大量学生离开农村到城镇谋生，非洲乡村衰败的速度加快，整体经济发展放缓。[②]这种办学定位错位下的职业教育实践造成农业人力资本数量和质量大幅下降，致使农村"空心化"的态势加剧。

第三节 职业教育促进农村"空心化"治理的机遇与威胁

一、职业教育促进农村"空心化"治理的机遇

（一）政策大力支持

近年来，党和国家制定了一系列政策文件，以鼓励职业教育发挥自身优势，积极服务乡村振兴战略。2018年，中共中央、国务院颁布《关于实施乡村振兴战略的意见》，明确提出要实施新型职业农民培育工程，支持新型职业农民通过弹性学制参加中高等农业职业教育。2019年，国务院颁布《国家职业教育改革实施方案》，要求职业教育"服务乡村振兴战略，为广大农村培养以新型职业农民为

---

① 刘军. 乡村振兴战略下农村职业教育的公共性危机及破解路径[J]. 教育与职业，2018（13）：12-19.

② King K，Martin C. The vocational school fallacy revisited：Education，aspiration and work in Ghana 1959-2000[J]. International Journal of Educational Development，2002（1）：5-26.

主体的农村实用人才"，"落实职业院校实施学历教育与培训并举的法定职责……围绕现代农业、先进制造业、现代服务业、战略性新兴产业……大力开展职业培训"。2021年，中共中央办公厅、国务院办公厅印发《关于推动现代职业教育高质量发展的意见》，强调强化校地合作、育训结合，加快培养乡村振兴人才，鼓励更多农民、返乡农民工接受职业教育。自2019年起，高职院校每年扩招100万人，农民工和新型职业农民是重要的群体。①2023年，人力资源和社会保障部职业能力建设司负责人表示，将进一步健全覆盖城乡全体劳动者、贯穿劳动者学习工作终身、适应就业创业和人才成长需要以及经济社会发展需求的终身职业技能培训制度，全年计划组织开展补贴性职业技能培训1500万人次以上。②随着乡村振兴战略的提出，职业教育被赋予了新的历史使命，已经不再是单纯的教育问题，更多的是一种被重新建构过的助推解决涉及农村社会、经济、文化、生态、扶贫等多维问题的重要手段。③2018年，《中共中央 国务院关于实施乡村振兴战略的意见》提出实施乡村振兴战略的总体要求，并明确了具体目标和任务。党的二十大报告指出，全面推进乡村振兴是"加快构建新发展格局，着力推动高质量发展"的重要内容。

（二）经费投入增加

进入21世纪尤其是"十二五"以来，国家加大了对职业教育的财政支持力度。全国财政性职业教育经费投入由2008年的745.75亿元增长到2017年的2655.89亿元，10年增长超2.5倍，保持年均17.5%的增幅。④根据2011—2020年的职业教育经费数据，从国家对职业教育总投入的变化趋势来看，除2014年职业教育经费相比上一年度略有减少之外，其余年度均呈上升状态，到2020年，全国职业教育经费总量达到5631亿元，相比2011年的2890亿元，增长了

---

① 2019年高职扩招100万人推动我国高等教育迈入普及化阶段[EB/OL]. https://www.gov.cn/xinwen/2019-05/08/content_5389746.htm. 2019-05-08.

② 全年计划组织开展补贴性职业技能培训1500万人次以上[EB/OL]. https://finance.eastmoney.com/a/202304272707312649.html. 2023-04-27.

③ 祁占勇，王志远. 乡村振兴战略背景下农村职业教育的现实困顿与实践指向[J]. 华东师范大学学报（教育科学版），2020（4）：107-117.

④ 罗红云，庄馨予，张斌. 我国职业教育财政投入效率评价——基于DEA-Malmquist指数三分法[J]. 地方财政研究，2020（7）：49-56.

2741 亿元，年均增长 305 亿元。而高等职业教育经费总量一直呈现上升趋势，从 2011 年的 1251 亿元增长到 2020 年的 2761 亿元，年均增长 168 亿元。①经费的大力投入为职业院校购买先进的实验设备和提供优质的教育服务提供了坚实的物质保障，使职业教育能够更好地服务农村"空心化"治理。在农民培育财政资金支持方面，2021 年，中央财政用于高素质农民培育的资金达 23 亿元。②

（三）乡村治理转型

在"乡土中国"向"城乡中国"的历史转型过程中，乡村治理日益成为国家政权与农民关系的连接点，成为工农城乡关系的交汇点。③党的十九大报告提出"加强农村基层基础工作，健全自治、法治、德治相结合的乡村治理体系"。2018 年中央一号文件提出，"建立健全党委领导、政府负责、社会协同、公众参与、法治保障的现代乡村社会治理体制"。中共中央办公厅、国务院办公厅印发的《关于加强和改进乡村治理的指导意见》明确了推进乡村治理体系和治理能力现代化的总体要求和主要任务。党的十九届四中全会通过的《关于坚持和完善中国特色社会主义制度 推进国家治理体系和治理能力现代化若干重大问题的决定》确定了推进国家治理体系和治理能力现代化的总体目标与路径选择，是党和国家对现代化治理的最新理论总结。随着上述政策文件的颁布实施，新时代的乡村治理转型开启，企业资本、社会精英、高校科研单位等多种力量被鼓励积极参与乡村治理，以形成多元共治的格局。这为职业教育参与农村"空心化"治理提供了很好的契机。

（四）新型职业农民参与职业教育的意愿较强

作为能够契合时代并且持续发展的概念，新型职业农民是指具有较高素质，主要从事农业生产经营，有一定生产经营规模，并以此为主要收入来源的从业

---

① 杨广俊. 我国高等职业教育经费投入的现实状况与优化思考[J]. 中国职业技术教育，2023（24）：75-83.
② 2021 年中央财政 23 亿元资金，支持全国开展高素质农民培育工作[EB/OL]. https://www.sohu.com/a/474259468_121123817. 2021-06-26.
③ 陈文胜. 城镇化进程中乡村治理秩序的变迁[J]. 浙江学刊，2020（5）：74-83.

者。①《中共中央 国务院关于加快推进农业科技创新持续增强农产品供给保障能力的若干意见》首次提出"大力培育新型职业农民",促使农民从"身份型"到"职业型"的身份符号转变。2022年,国家高素质农民培育计划共培养高素质农民75.39万人,云上智农APP高素质农民注册用户超过了700万人,全国农民手机应用技能培训辐射超过1.85亿人次。②正如《中共中央 国务院关于实施乡村振兴战略的意见》强调,"实施乡村振兴战略,必须破解人才瓶颈制约"。新型职业农民是推进农业供给侧结构性改革和实现乡村振兴的核心人力基础和保障。与传统农民相比,他们更善于应用科学技术进行农业生产和经营,在自我选择和市场选择的共同作用下,能够及时应对市场变化,较好地破解"谁来种田"的问题。新型职业农民肩负着现代农业的生产者和经营者的角色,具有先进性、开放性和流动性的职业特征,能够更好地解决"怎么种好田"的深层次问题。③对于新型职业农民来说,职业教育是最为"平民化"和"低成本"的教育类型,是最有效和成本最低的一种提升技能的方式,因此他们参与职业教育的意愿不断增强。研究者对江苏省徐州、淮安、宿迁等10个地级市100多个村的新型职业农民的问卷调查结果表明,新型职业农民对职业教育与培训表现出较高的积极性,表示愿意参加的人数占比为88.42%。④

(五)信息技术运用加强

习近平总书记指出,"以互联网为代表的信息技术日新月异,引领了社会生产新变革,创造了人类生活新空间,拓展了国家治理新领域,极大提高了人类认识世界、改造世界的能力"⑤。作为一种新型信息技术手段,"互联网+"以互联网技术为基础,综合移动互联、云计算、大数据等多种技术,已经渗透到社会发展的各个领域,对人们的生产生活产生了重要影响。2015年3月,我国政府工作

---

① 农业部办公厅关于印发《新型职业农民培育试点工作方案》的通知[EB/OL]. http://www.moa.gov.cn/nybgb/2012/dbaq/201805/t20180516_6142259.htm. 2012-08-20.
② 《2023年全国高素质农民发展报告》发布 2022年共培养高素质农民75.39万人[EB/OL]. https://www.farmer.com.cn/2023/11/07/99940154.html. 2023-11-07.
③ 秦程现,杨嵩. 乡村振兴视角下新型职业农民培育现状及应对策略[J]. 职业技术教育,2020(7):54-59.
④ 吴兆明. 新型职业农民职业教育与培训意愿提升机制研究[J]. 成人教育,2020(9):58-63.
⑤ 习近平. 在第二届世界互联网大会开幕式上的讲话[N]. 人民日报,2015-12-17(002).

报告中首次提出"互联网+"行动计划,"互联网+"由此上升为一种国家战略。同年7月,《国务院关于积极推进"互联网+"行动的指导意见》颁布,提出"深化互联网领域产教融合","鼓励联合培养培训","鼓励学校通过与互联网企业合作等方式,对接线上线下教育资源,探索基础教育、职业教育等教育公共服务提供新方式"。互联网与职业教育的融合已成为必然趋势,"互联网+"既给职业教育带来了全新的挑战,也带来了变革的契机,赋予其新的时代内涵:教学场域不再局限于同一个物理空间,而是彰显跨时空性;优质教育资源得以共享与传播,职业院校之间、区域之间的差距逐渐缩小;教师不再是知识的唯一生产者与提供者以及教学过程的权威主导者;校企合作、产教融合人才培养模式发生变革;等等。在"互联网+"的影响下,职业教育不再是孤立的教育属性个体,而是伴随着多方跨界合作与联系,逐渐衍生成为一个庞大的教育多面体,构成一种全新的职业教育服务形态,能够为农村"空心化"治理提供多元而精准的服务。"互联网+教育"是我国"互联网+"战略的重要组成部分,也是推进教育现代化进程的有力引擎,其所带来的资源、教学、学校和社会形态的变迁,也使得泛在学习、混合学习、定制学习和社群学习等新的学习形态相继出现。

二、职业教育促进农村"空心化"治理的威胁

(一)农村职业教育政策碎片化

教育政策是一种有目的、有组织的动态发展过程,是政党、政府等政治实体在一定历史时期,为了实现一定的教育目标和任务,协调教育的内外关系而规定的行动依据和准则[①],发挥着导向、保障、资源整合等多种功能。当前农村职业教育政策碎片化特征较为明显,主要体现在以下三个方面。一是政策理念的碎片化。在传统城乡二元分割、重城轻农思维模式的影响下,农村职业教育政策设计体现出明显的路径依赖和制度惯性,往往瞄准城镇发展态势而非农村经济社会变化的现实需要,致使农村职业教育服务乡村振兴动力不足。二是政策价值的碎片

---

① 孙绵涛. 教育政策论——具有中国特色的社会主义教育政策研究[M]. 武汉:华中师范大学出版社,2002:11.

化。农村职业教育政策话语主要集中在教育和经济的关系、教育投资和教育财政等方面，基于经济发展培养具有实用知识和技能的农村劳动力，侧重的是"工具理性"，而忽视了民主意识、法律观念和管理能力等方面的培育。三是政策行动主体的碎片化。农村职业教育政策行动主体涉及管理机构、职业院校、行业企业、专业组织和个体等多个利益相关者，但由于对它们的权、责、利厘定不明确，缺乏有效统整和及时协调，共商共建共享机制不健全，农村职业教育资源配置低效甚至无效，"边际效益"递减，难以满足农业农村优先发展的现实需要。[1]

（二）农村人口大量流失

早在 2005 年，经济合作与发展组织经济部主任瓦尔·科龙扎伊（Val Koromzay）就指出中国经济面临着三大挑战，其中移民问题是第二大挑战[2]，这种现象在"空心化"农村更为明显。城市对乡村所产生的劳动力、资源等要素的巨大虹吸效应，致使乡村人口持续流出，人口"空心化"成为农村"空心化"的首要表现。例如，《2022 年农民工监测调查报告》显示，2022 年，在东部地区就业的农民工有 15 447 万人，比上年增加 9 万人，增长 0.1%；在中部地区就业的农民工有 6771 万人，比上年增加 200 万人，增长 3.0%；在西部地区就业的农民工有 6436 万人，比上年增加 156 万人，增长 2.5%。[3]《中国农村统计年鉴—2019》数据显示，2010—2018 年，全国乡村人口数由 67 113 万人（占 50.1%）降至 56 401 万人（占 40.4%），乡村就业人员数由 41 418 万人降至 34 167 万人。[4]大量农村人口特别是青壮年、受教育程度较高的人的流失，不仅改变了农村留守人员的年龄和性别结构，还改变了他们的知识水平及受教育程度。义务教育阶段初中在校生中，进城务工人员随迁子女数量呈递增趋势。《2013 年全国教育事业发展统计公报》数据显示，2013 年，义务教育阶段在校生中，进城务工人员随迁子女共 1277.17 万人，其中，在小学就读的有 930.85 万人，在初中就读的有

---

[1] 石丹淅. 新时代农村职业教育服务乡村振兴的内在逻辑、实践困境与优化路径[J]. 教育与职业，2019（20）：5-11.
[2] 徐长发. 新乡村职业教育发展预期[M]. 北京：教育科学出版社，2006：37.
[3] 2022 年农民工监测调查报告[EB/OL]. https://www.gov.cn/lianbo/2023-04/28/content_5753682.htm. 2023-04-28.
[4] 国家统计局农村社会经济调查司. 中国农村统计年鉴—2019[M]. 北京：中国统计出版社，2019：31.

346.31万人[①];《2022年全国教育事业发展统计公报》数据显示,2022年,义务教育阶段在校生中,进城务工人员随迁子女有1364.68万人,其中,在小学就读的有969.86万人,在初中就读的有394.83万人[②]。职业教育的关键是人的职业教育,随着城镇化的推进,农村人口大量转移到城市,人被抽离,致使职业教育对象锐减,发展后劲不足。

(三)职业教育认同度不高

依照社会认同理论,职业教育认同是指社会公众对职业教育的承认、认可和赞同,主要表现为对职业教育的社会存在和价值创造的心理认同,同时在舆论评价、行为导向以及教育选择等方面保持理性接受。[③]作为一种教育类型和现代教育体系的重要组成部分,职业教育通过技术技能型人才培养和人力资本开发,在推进产业结构调整、经济结构发展方式转变等方面发挥着不可或缺的作用,但是在文化传统、社会心理、教育分流模式的体制等多种因素的影响下,职业教育面临着认同度偏低的困境,吸引力不强。职业教育往往被人为地贴上"差等教育"或"次等教育"的标签,被认定为从事"脏苦累"工作的教育种类。例如,在2021年上半年独立学院转设过程中,独立学院与高职进行合并后成为职业技术大学的方案在浙江、江苏等地的实施较为困难,其主要原因之一就在于职业技术大学的社会认可度不高。此外,职业院校并非许多学生的首选,而往往是"不得已的选择"。研究者对贵州省6所代表性中职学校学生的实证调查结果表明,"考不上普通高中"是他们选择中职的首要因素。[④]还有研究者对大连市四所中职学校学生的问卷调查表明,有37.4%的学生表示后悔选择接受中职教育。[⑤]由于公众对职业教育的认同度不高,其功能受到一定程度的弱化。

---

① 2013年全国教育事业发展统计公报[EB/OL]. http://www.moe.gov.cn/srcsite/A03/s180/moe_633/201407/t20140704_171144.html. 2014-07-04.
② 2022年全国教育事业发展统计公报[EB/OL]. http://www.moe.gov.cn/jyb_sjzl/sjzl_fztjgb/202307/t20230705_1067278.html. 2023-07-05.
③ 李名梁. 在公共危机治理中提升职业教育社会认同[J]. 当代职业教育,2020(2):4-6.
④ 任晓杰. 贵州省中等职业教育吸引力研究[D]. 贵阳:贵州财经大学,2017:24.
⑤ 王怡君. 基于学生视角的中职教育吸引力提升策略研究[D]. 长春:吉林农业大学,2018:14.

（四）"空心化"农村复杂多样

农村"空心化"的形成是一个系统的复杂过程，受到自然地理条件、资源禀赋、生产生活方式、社会经济发展、文化价值理念等多种因素的影响，再加上我国地域辽阔，由此呈现出复杂多样的特征。就"空心化"的主要表征而言，既有人口"空心化"、产业"空心化"，又有土地"空心化"、公共服务"空心化"等。例如，笔者认为，农村"空心化"主要包括人力资源"空心化"、产业"空心化"、村域"空心化"以及服务"空心化"。[①]就"空心化"的程度而言，其可分为轻度"空心化"、中度"空心化"和重度"空心化"三种类型。例如，杜国明等认为，轻度"空心化"村庄零散分布于县域内，中度"空心化"村庄分布于中部及南部地区，重度"空心化"村庄多位于县域边缘，县域内村庄宅基地"空心化"程度呈现出空间分布不平衡状态。[②]就"空心化"模式而言，刘彦随等基于各地区社会经济发展程度、地形条件、村庄原有基础、区位条件等方面的差异，将"空心化"农村划分为同心圆、扇形和多核心三种模式。[③]徐安琪等则依据"空心化"程度、空废宅基地聚集程度和"空心化"驱动导向三个维度建立了村落"空心化"类型识别体系，将农村"空心化"划分为高度离散外援型、高度离散外援内核型、低度离散外援型、低度离散内核型和高度离散内核型五种类型。[④]由于"空心化"农村呈现出复杂多样的形态，这就需要职业教育有差别、有个性地参与治理，因地制宜，这对于职业教育来说是一项巨大的挑战。

[①] 刘奉越. 乡村振兴下职业教育与农村"空心化"治理的耦合[J]. 国家教育行政学院学报，2018（7）：40-46.

[②] 杜国明，张爽，李冬梅，等. 黑土区典型县域村庄宅基地空心化特征及影响因素[J]. 水土保持研究，2020（1）：176-182.

[③] 刘彦随，龙花楼，陈玉福，等. 中国乡村发展研究报告：农村空心化及其整治策略[M]. 北京：科学出版社，2011：16-17.

[④] 徐安琪，高雪松，李启权，等. 平原村落空心化特征分析及类型识别[J]. 资源科学，2016（2）：196-205.

第三章
职业教育促进农村治理的异域经验

伴随着一个国家工业化和城市化的发展,农村走向衰弱是一种必然趋势,尤其是在城市化快速推进阶段,大量农村劳动力向城市工业部门迁移,人才、技术、信息、资金等多种资源要素向城市集聚,城乡收入差距不断扩大,由此导致农村经济社会急剧衰败的"空心化"、边缘化现象出现,农村发展式微,农村人口大量流失,具体见图3-1。[①]

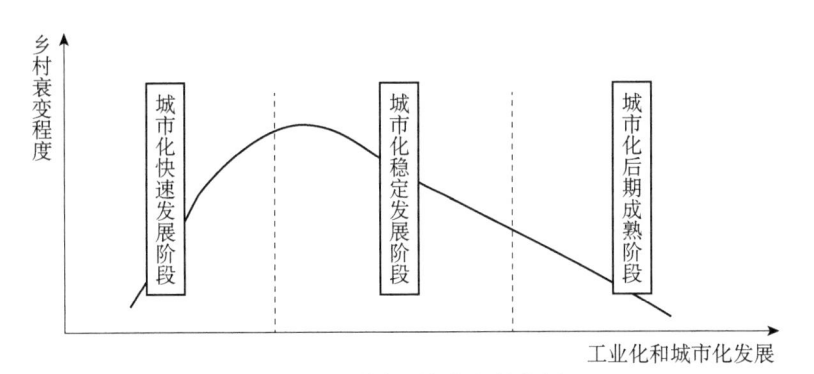

图3-1 乡村衰弱与复兴趋势图

这一历史阶段实际上就是典型的"以农补工、以乡促城"的资源配置和城乡发展格局,并非我国的特有现象,而是一个世界性的问题,美国、英国、德国、韩国、日本等发达国家在发展过程中也都曾面临这一困境。正如学者伍德(Shirley Wood)在《美国农业和农业教

---
① 郑兴明. 乡村振兴的东亚经验及其对中国的启示——以日本韩国为例[J]. 兰州学刊,2019(11):200-208.

育》(Agriculture and Agricultural Education in The U.S.)一书中所说："几乎一百年来，有才能的青年一直在流出农村地区。百分之八十以上的知识青年离开了农村……人口的减少使农村社会缺乏坚实的经济基础。商业、学校、剧院、医院和图书馆相继关门，就业机会越来越少。"①1970—1979 年，韩国农村人口由 1443.2 万人降至 1088.3 万人，减少了 354.9 万人；农户数从 248.3 万户降至 216.2 万户，减少了 32.1 万户。②面对这一问题，发达国家依据自身国情和资源禀赋采取乡村振兴和乡村发展战略，避免城乡过度分化的趋势增强，如英国提出了乡村保护性治理理念，德国先后开展了"乡村再发展"(Village Redevelopment)和"村庄更新"(Village Renewal)运动，韩国发起了"新村运动"等。鉴于农村人力资源是农业生产的重要生产要素之一，其数量和质量直接影响着农业生产和乡村发展，发达国家除了采取健全法律政策、推动农村产业发展、加强农村基础设施建设等多项举措之外，还通过开展职业教育加大人力资源开发力度，同时利用职业教育的溢出作用不断赋予农村新价值，促进农村治理，较好地解决了农村发展问题，逐步实现了农村现代化。

借他山之石，琢己身之玉。正如美国比较教育学家贝雷迪(George Beredey)指出，研究国外教育不仅能够提供知识，认识事物的本质，解答世界教育发展的各种问题，了解其他民族，更为重要的是能够更好地了解自己。英国教育家迈克尔·萨德勒(Michael Sadler)在 1900 年吉尔福德演讲中强调，研究他国的教育能够增进对本国教育的理解。③通过探讨英国、美国、德国等发达国家职业教育促进农村治理的经验，不仅能够使我们开阔视野，借鉴和吸收他们成功的经验，还有助于我们基于新的认识框架来重新审视我国职业教育的发展。

---

① [美]伍德. 美国农业和农业教育（英汉对照）[M]. 王立仁, 译. 长沙：湖南科学技术出版社, 1983：141.

② 刘载祐, 赵民. 传统价值延续与现代化之路探索的全民实践——论韩国 1970 年代的新村运动[J]. 国际城市规划, 2016（6）：20-24.

③ 转引自：赵中建, 顾建民. 比较教育的理论与方法——国外比较教育文选[M]. 北京：人民教育出版社, 1994：116.

第一节 美　　国

19世纪初期，美国的农民很少有人受过正规教育，文化素养较低，农业实用技术人才匮乏，农业生产落后。正如美国一位历史学家在评论这一时期本国农业的发展状况时所说："19世纪初叶（美国）殖民者在粮食种植、收割和脱粒技术方面比《圣经》时代好不了多少。"①另一位历史学家也指出，"四千年前的埃及农民也很难在美国南部种植园所使用的农业方法中找出什么新奇的东西"②。但是，经过100多年的发展，美国成为世界上最早实现农业现代化和农业现代化程度最高的国家之一，以不到全球千分之三的农业劳动力，生产出全球一半左右的农产品，其中柑橘产量占全球总产量的64%，黄豆占53%，玉米占40%③，享有"世界粮仓"的美誉。在这一进程中，美国通过建立完善的职业教育、科研和推广体系，培育不同层次的农业人才，农业科技成果推广率以及农业科技对农业增长的贡献率不断提升，大幅度地提高了农业生产率，有效地促进了农村治理。

一、建设面向农村发展的赠地学院

农业教育作为传播农业知识和生产技能的重要手段，逐渐与农业科技研发、农业技术推广紧密联系在一起，从简单的技能培训逐渐深入到大学教育中去。④这在美国得以充分体现，主要是建设面向农村发展的赠地学院（land-grant colleges and universities）。赠地学院又称农工学院，其建立的初衷是创造企业家可以用来改善当地农业和制造业的知识。与传统的欧洲大学相比，赠地学院更注重

---

① [美]詹姆期·M.麦克弗森.火的考验：美国南北战争及重建南部（上册）[M].陈文娟，等译.北京：商务印书馆，1993：15.
② [美]乔治·惠勒.美国农业的发展和问题[M].月异，等译.北京：世界知识出版社，1962：9.
③ 高志敏，彭梦春.发达国家农业社会化服务模式及中国新型农业社会化服务体系的发展思路[J].世界农业，2012（12）：50-53，57.
④ 窦熙博.英国、日本、印度农业教育发展经验研究[J].世界农业，2013（4）：141-144.

实用的目的，是美国为了使教育适应农业经济发展的需求，培养农业生产所急需的高级人才的产物。1857年，美国第一所赠地学院——密歇根学院建立，开创了美国面向农业的高等教育新纪元。1862年，《莫雷尔法案》（Morrill Act）[①]经林肯总统签署而正式颁布实施。《莫雷尔法案》的主要内容如下：联邦政府按各州在参议院参议员的人数拨付土地，每个参议员3万英亩；出售土地所获资金的10%可用于购买校址用地，其余则设立为捐赠基金，其利息不得低于5%；所获利息用于捐办、资助或维持至少一所从事农业和工艺教育的学院。资金可以用于购买机器、设备、教科书、参考书和用于教学的材料，也可以用来支付教师的工资，除此之外不能有其他用途。[②]此外，该法案规定学院主要讲授有关农业和机械制造工艺方面的知识，但也并不排斥其他科学和经典学科知识的传授，并应包括军事战术训练。[③]《莫雷尔法案》颁布之后尤其是南北战争结束之后，赠地学院在美国各州迅速普遍地建立起来，为工农业发展培养了大批实用人才。1887年，《哈奇法案》（Hatch Act）颁布，规定联邦政府每年拨款1.5万美元资助各州，依托赠地学院建立农业实验站，开展农业科学研究，开启了农业发展的新阶段。[④]

1890年，美国国会通过《第二莫雷尔法案》（The Second Morrill Act），授权联邦政府为各州赠地学院提供一定的年度经费资助，每年拨款最低限度为1.5万美元，以后每年递增1000美元，最高限额为每年2.5万美元[⑤]，以保证学院有充足的财力正常运行。此外，该法案要求各州在土地款项的使用上不能有种族歧视，保障黑人接受高等教育的权利。[⑥]在"莫雷尔法案"的大力推动下，赠地学院不仅将本校的学生培养成农业技术和农业科学方面的专业人才，而且成为研究当地农作物和牲畜的中心，并且衍生出许多农业实验站。此后，一系列相关法案又相继通过，授权联邦政府为各州赠地学院的发展提供经费支持，并且拨款的数

---

① 该法案由佛蒙特州国会议员贾斯廷·莫雷尔（Justin Morrill）提出，也被称作《赠地法案》。
② Gordon H R D. The History and Growth of Vocational Education in America[M]. Needham Heights：Allyn and Bacaon，1999：36-37.
③ 续润华. 美国"莫雷尔法案"的颁布及其历史意义[J]. 外国教育研究，1993（2）：17-20.
④ 董昊，平思情. 美国大学跨学科研究组织的发展——基于"三角协调"理论的视角[J]. 中国高校科技，2019（8）：37-41.
⑤ 夏之莲. 外国教育发展史料选粹[M]. 北京：北京师范大学出版社，1999：490-491.
⑥ 杨九斌，卢琴. 艰难中的卓越：《莫里尔法》后美国赠地学院之嬗变[J]. 教育学术月刊，2021（2）：12-19. 因音译不同，本书对"莫雷尔""莫里尔"不做统一。

额越来越大，赠地学院得到迅猛发展。1916年，全美赠地学院达69所，在校生达135 000余名，占全国高校在校生的1/3。[①]1994年，美国还为印第安人建立了赠地学院，使赠地学院的数目得到增加。美国农业部2009年12月的统计数据显示，各州及领地共有109所具有"赠地身份"的院校，遍布全美各地，其中"1862赠地学院"57所，"1890赠地学院"18所，"1994赠地学院"34所。[②]

与传统高校不同，赠地学院主要传授实用的农业和机械制造工艺方面的知识与技能，强调理论与实际的结合，充分满足农业、工业产业界的需求，因而发展迅速，成为美国高等教育的重要组成部分。统计数据显示，1882年，赠地学院在校学生总数不过2243人，但到1895年增至近25 000人，比1870年全国高等院校学生总人数还高出一倍。到1916年，赠地学院学生人数达到约135 000人，占全国高等院校学生总人数的1/3。10年后，此类院校在校学生将近400 000人。[③]截至1998年，赠地学院累计为美国培养了超过2000万名各种族、各阶层的各类人才，授予全美1/3的硕士学位和超过1/2的博士学位。[④]正是通过建设面向农村的赠地学院，美国改变了欧洲高校忽视区域农村发展的传统，将新的知识、技术、工艺和设备转化为农业生产力，促进了农业的发展。

二、加强职业农民培育

美国经济学家西奥多·W. 舒尔茨（Theodore W. Schultz）认为，在解释农业生产的增长量和增长率的差别时，土地的差别最不重要，物质资本的质的差别相当重要，而农民的能力的差别最为重要。他指出，美国农业生产的发展主要在于通过农业推广活动和更多地办教育来对农民进行投资，使得他们能够采用并有效

---

① [美] 丹尼尔·布尔斯廷. 美国人：民主历程[M]. 中国对外翻译出版公司，译. 北京：生活·读书·新知三联书店，1993：550.
② 刘晓光，董维春. 赠地学院在美国农业服务体系发展中的作用及启示[J]. 南京农业大学学报（社会科学版），2012（3）：133-139.
③ [美] 丹尼尔·布尔斯廷. 美国人：民主历程[M]. 中国对外翻译出版公司，译. 北京：生活·读书·新知三联书店，1993：550.
④ Cross II, Coy F. Justin Smith Morrill: Father of the Land-Grant College[M]. East Lansing: Michigan State University Press, 1999: 88.

地使用现代生产要素。①

美国十分注重农民教育,1824 年在康涅狄格州的德比市创立了一所农业学校,开设有益于农业生产的课程,向青年农民传授应用科学知识,培养农业人才。19 世纪 70 年代开始,各赠地学院为农场主安排各种各样的课程,如为农村不够条件上大学的男女青年举办冬季短期课程,并创办各种训练机构。截至 1900 年,几乎所有的赠地学院都在从事此类教学工作。②仅 1902 年,就约有 3 万名农民参加了提高阅读能力的课程,9500 人参加了为农村妇女开设的阅读课程,2 万人参加了初级自然科学课程,2.6 万人参加了初级园艺课程。③聚焦于职业农民培育,美国主要做了以下三个方面的工作。

(一)加强立法

以开展农民职业教育,培养农业发展所需专门人才为主旨,19 世纪 60 年代以来,美国相继颁布了一系列法律法规,如《莫雷尔法案》(1862 年)、《哈奇法案》(1887)年、《第二莫雷尔法案》(1890 年)、《史密斯-利弗法案》④(Smith-Lever Act)(1914 年)、《史密斯-休斯法案》(Smith-Hughes Act)(1917 年)等,提供了制度、经费等多方面的保障。1962 年和 1964 年,美国分别通过了《人力开发和培训法》(Manpower Development and Training Act)和《经济机会法》(Economic Opportunity Act),以强化职业培训,为农村青年提供职业培训和再培训技能教育服务。2008 年,美国农业法案实施新农民和农场主发展计划(Beginning Farmer and Rancher Development Program,BFRDP),旨在为新农民和农场主提供教育、培训、推广和指导服务,提升他们的人力资本水平。依据该计划,美国农业部国家食品和农业研究所(National Institute of Food and Agriculture,NIFA)对农民或农场主教育培训组织机构予以奖励。2009—2012 年,美国政府共提供 7500 万美元的资金用于新农民和农场主的农业生产技能、农业经营管理能力培训,这些资金被划拨到各类大学、农业推广中心、社会组织及公益性协

---

① [美] 西奥多·W. 舒尔茨. 改造传统农业[M]. 梁小民,译. 北京:商务印书馆,1987:15,20.
② 徐更生. 美国农业政策[M]. 北京:中国人民大学出版社,1991:162.
③ 陈福祥. 美国"农业推广运动"简述[J]. 中国职业技术教育,2008(3):12-14.
④ 该法案也被称作《农业推广法案》。

会，用于开展农民教育培训。①

（二）提升学历

职业农民作为一种职业，对其文化程度是有要求的，基于此，美国采取各种形式提升农民的学历层次。农业高校除了培养普通本科生、研究生之外，也对农民开展本科教育和研究生教育，社区学院则提供农业专科教育。由此，职业农民的学历得以提升，1990年，美国25岁以上的农民中受过大学教育的占10.8%，比1970年提高了一倍多。美国农业部的研究报告显示，1985年，农场主中完成8年以下教育的人数只占农场主总数的13.3%，完成8—12年教育的占10.9%，完成12年以上教育的占75.7%；参加农业劳动的家庭劳动力的文化水平也很高。农场主平均受教育年限的中位数为12.6年，相当于大学1年级水平。②2000年，25岁以上的农民中，接受过大学教育的比例是41%，2010年则增加到46%。③绝大多数农场主和家庭劳动力都受过高等教育，农场主平均受教育的年数是12.6年，相当于大学一年级的水平。有的农场主还获得了硕士、博士学位，不仅能够胜任农场工作，还能够在实验室培育新品种，有的甚至获得了全美农学奖。④

（三）技能培训

随着农业专业化和科学化程度的加深，赠地学院开设非学位课程，以加强农民的技能培训。例如，1949年，9所赠地学院开设了一学期到两学年的流动课程，24所赠地学院开设了一周或以上但不足一学期的短期课程，30所赠地学院组织了几天到一周的农业课程，有的赠地学院在一年内开设了多达77门课程。从课程种类看，既有为青年农民提供的训练课程，也有为有经验的农民提供的高级进修课程，涉及奶畜的改良和检验等多个领域。非学位课程取得了很大成效，密歇根州的一项调查研究结果表明，85%以上学过非学位课程的农民都创办了较

---

① 唐珂，刘祖云，何艺兵. 美丽乡村国际经验及其启示[M]. 北京：中国环境出版社，2014：342.
② 李曼. 美国农民教育机制研究[D]. 开封：河南大学，2014：34-35.
③ 李国祥，杨正周. 美国培养新型职业农民政策及启示[J]. 农业经济问题，2013（5）：93-97，112.
④ 唐师曾. 我在美国当农民[M]. 北京：华艺出版社，2002：27.

大规模的农场。①此外，政府培训机构、公立学校和农业推广机构等通过辅助职业经验培训、未来美国农民培训、辅助农业经验培训和课堂指导的农业培训等方式，开展种植养殖、生产管理、农业投融资等方面的培训，以提高农民的整体素质。

三、注重农业技术推广

实现农业现代化的关键在于将现代农业技术运用到农业生产之中，以满足农业生产的需求。早在1792年，马萨诸塞农业改进学会成立，在州政府的支持下开展农业推广活动。1819年，纽约成立第一个农业管理委员会，聘请经验丰富的农场主和农民到各地巡回演讲，开展农业推广教育活动。为了实现农业现代化和促进农村治理，美国通过《史密斯-利弗法案》建立了完善的农业技术推广体系。1914年，该法案由美国国会通过，主要内容包括以下三个方面：一是联邦政府提供经费资助。联邦政府资助愿意拨出对等匹配资金的各州赠地学院，每年资助各州1万美元，以后逐年递增。二是建立起农业部和赠地学院的合作关系，共同开展社区农业知识的传播和实用技术的推广工作，促进农业和家政等方面知识、技术的广泛传播与应用，帮助农民提升农业生产效率和生活质量。②三是确立赠地学院的主体地位。农业技术推广计划应在各州赠地学院的指导下进行。1890年，大学成立推广教育协会。1892年，芝加哥、威斯康星大学开始组织大学推广项目。到1907年，39个州的42所学院都参加了农业推广活动。③

美国的农业技术推广体系又称合作推广体系，主要由美国农业部和赠地学院构成，在全国形成了一个庞大的农业教育、科研和推广协作网络。1914年，美国国会正式通过《史密斯-利弗法案》，由联邦政府资助，农业部和赠地学院合作设立"合作延伸服务"机构，将农业研究成果和技术用于农业生产的实践之中。④各州均设有农业推广中心，各县也设有农业推广站，有的州还在州农业推广中心和县农业推广站之间设立区域研究与推广中心，它们都隶属于州立赠地学院。由

---

① 李素敏. 美国赠地学院发展研究[M]. 保定：河北大学出版社，2004：111-112.
② 宜杏云. 西方国家农业现代化透视[M]. 上海：上海远东出版社，1998：94-96.
③ 王慧军，李友华. 国外农业推广组织特色及借鉴意义研究[J]. 华北农学报，2003（S1）：9-13.
④ 李方红. 美国农业教育体系概况[J]. 中国职业技术教育，2015（10）：66-69.

此，美国建立了以赠地学院为核心的农业技术推广体系，在实用技术示范、科技咨询、系统建设等多个方面极大地提升了农业生产力。另外，除了广泛的农业技术推广机构之外，还有许多农业类期刊为农民提供多元化的服务，如《农业博览》《马萨诸塞州农业杂志》《美国农民》等。

农业技术推广涉及多个领域，主要包括以下五个方面。一是农业研究和教育项目，即通过提供选择的企业，帮助个人学习新方法、提升管理技能和营销策略；高效整合与管理资源，在测土配方、病虫害防治、家禽养殖与营销等方面对个体农户开展推广教育，以提高农业生产力。二是领导力发展，即在社区服务领导力、健康、园艺、青年发展、家庭和消费者问题等方面训练推广专业人员和志愿者。三是自然资源，即在水质量、木材经营管理、堆制化肥、草坪废物管理和循环利用等方面教育人们如何更好地利用自然资源和保护环境。四是消费科学、健康家庭，即在照料儿童、卫生保健、食品准备、饮食营养、经济管理和家庭交流等方面开展教育，营造健康家庭。五是社区和经济发展，即帮助当地政府调查和作出可行的选择，以促进社区和经济发展。[①]

在农业技术推广过程中，美国除了运用传统的方式之外，还注重不断创新。例如，2009年，密歇根州立大学农业推广办公室和克林顿县农业局联合创办了"农场早餐"（Breakfast on the Farm）推广模式。"农场早餐"是一种新型的农业推广方式，主要是邀请农民和其他消费者参观现代农场，通过体验式观摩、咨询、讨论等方式普及农业知识和技术。到2020年，"农场早餐"在密歇根州共举办了40多场，参观人数达8.9万多人次，佛罗里达州、马里州兰、俄亥俄州、宾夕法尼亚州、佛蒙特州等也纷纷效仿举办这种推广模式。[②]"农场早餐"不仅推广了实用的农业知识和技术，还促进了农产品生产质量和消费水平的提升。

农业技术推广取得了很好的成效，在很多地区通过改善小农户的生产能力，使他们有更多的剩余物资出售，从而大大提高了农村的收入。农业技术推广在总体改善农村生活条件方面发挥了促进作用，而这种改善反过来又促进了农村社会的稳定。[③]

[①] 程甫. 美国农业推广对我国果树科技推广的启示[D]. 福州：福建农林大学，2014：6-7.
[②] 程映国. 美国新型农业推广方式——农场早餐[J]. 中国农技推广，2020（8）：22，25-26.
[③] [美]伍德. 美国农业和农业教育（英汉对照）[M]. 王立仁，译. 长沙：湖南科学技术出版社，1983：131.

四、开展4H教育

4H 是"head、hand、heart、health"四个英文单词的缩写,代表着四种基本能力素质,即清醒的头脑、勤劳的双手、美好的心灵和健康的身体。早在 19 世纪末,美国就为农村青少年开设了耕作和家政课程、举办玉米等农作物种植比赛,取得了很好的效果,这是 4H 教育的雏形。1900 年,4H 教育被正式纳入国家农业推广服务体系,并逐渐在农村地区推广。1902 年,俄亥俄州的格雷厄姆(Graham)在州农业实验站和俄亥俄州立大学的协助下,在其乡村学校成立校外青年男女俱乐部,这被认为是世界上最早的 4H 组织。[①]

4H 教育是美国农业推广服务制度下的重要发展项目,由多部门多主体"集体行动"。具体而言,在指导和管理层面由联邦农业部、州立大学、县级政府推广部门负责,在总体指导和协调层面由联邦农业部下属的州际研究、教育和推广合作局(Cooperative State Research, Education and Extention Service, CSREES)全美 4H 办公室负责,在具体实施层面由联邦及州政府、县级推广人员和志愿者负责。4H 教育以教授农村青少年有用技能为宗旨,组织他们学习农业知识和技术,培养他们从事农业生产和经营的旨趣,同时再通过他们将农业新技能潜移默化地传递给成年农民,实现农民整体技能的提高,促进农业和农村的发展。4H 教育是一种强调手、脑、身、心和谐发展,从大自然和日常生活中撷取知识、发展潜能,进而在生活中创建积极的人生观的教育哲学。[②]4H 教育秉持实用主义教育哲学的思想,注重"做中学",具有明显的实践性和实用性特点,主要以农村青少年在劳动中通过自我学习与自我管理以促进知识与技能的获得为目的开展教学,课程内容包括农作物种植、宠物驯养、土壤检测、家电维修、园林艺术、家政、农产品加工、农械使用与维修等,此外还十分注重创造力、想象力、无私奉献精神和自立自强人格的培养。至 2015 年,4H 教育组织与 110 个赠地学院、3000 多个县级农业技术推广机构展开合作,各类会员近 600 万人,建立了约 9 万个 4H 俱乐部,拥有 3500 名 4H 专家和 26.2 万名成人和青年志愿者,培养了 2500 名毕业生。另外,4H 教育组织的影响力不断扩大,扩展到北美、欧洲、日本、

[①] 文雅. 美国 4-H 青少年发展项目及其价值[J]. 外国中小学教育,2008(12): 45-48.
[②] 闫利雅. 美国 4H 教育与我国高职学生素质教育之比较研究[J]. 世界教育信息,2009(3): 65-67.

韩国等80多个国家和地区。①

作为面向农村青少年的课外技能培训和教育项目，4H教育与学校教育互为补充，经过百年发展取得了显著成效，已经成为美国青少年教育的重要构成部分，对青少年成长和社会发展的影响巨大，因其对农村青少年素质和技能的提升以及农村教育的促进作用而得到了政府和社会的认可、支持与积极推广。②

五、农业协会发挥重要作用

农业协会是介于政府与农民之间的一种重要的专业组织，对国家农业政策和政府农业行动具有重大影响，同时联结着农业经济系统，维护成员的经济利益，在农民职业技能培训、农业生产信息提供以及权益保障等方面起着非常重要的作用。③美国十分注重农业协会建设，在职业教育促进农村发展过程中，农业协会在传播新知识和新技术方面发挥着重要作用，被称为"农业教育和农业实验的开拓者"。

1785年，费城农业协会成立，其宗旨是通过授课、举办会议等多种形式传播农业知识，其他农业协会都是按照这一模式组建的。同年，南卡罗来纳州的查尔斯顿（Charleston）成立"促进农业及其他有关农业的协会"。1792年，马萨诸塞农业改进学会成立。到了19世纪前半期，各个州的农业协会活跃广泛，在农民中的影响力很大。1852年，在美国31个州和5个领地中，已有近300家农业协会投身于农业技术推广服务。其中一些州的农业协会属于半官方的机构，扮演着后来的联邦和州农业部以及合作推广局的角色。1852年，各地农业协会代表聚会华盛顿，成立全国性的美国农业协会。④到1860年，各州的农业协会总数已高达941家。⑤

具体而言，农业协会主要发挥以下两个方面的作用。一是开展农业推广教育。作为对农民进行普及农业科学技术教育的"好学校"，农业协会通过举办讲

---

① 杨柳，杨帆，蒙生儒. 美国新型职业农民培育经验与启示[J]. 农业经济问题，2019（6）：137-144.
② 文雅. 美国4H青少年发展项目及其价值[J]. 外国中小学教育，2008（12）：45-48.
③ 苗培周. 美国行业协会参与职业农民培育的价值逻辑及实践路径[J]. 河北大学成人教育学院学报，2020（2）：5-13.
④ 廖成东，李建军. 莫里尔法案对美国国家农业创新体系建设的影响[J]. 科学管理研究，2015（2）：113-116.
⑤ 李典军. 美国农政道路研究[M]. 北京：中国农业出版社，2004：129-130.

座、展览会、巡回演讲等多种形式宣传科学实用的农业知识，开展农业推广教育活动。例如，费城农业协会专门制定对青年农民进行农业科学技术教育的计划；建议利用州内的全部公立小学对青年开展农业科普教育；利用校舍作为教育和活动场所，教师把农业科技知识与其他各科教学结合起来。①全国农场主联盟（National Farmers Union）推出了资源管理评估工具（Resource Stewardship Evaluation Tool），旨在帮助农民改善土地保护工作，从而改善表土和保留养分，以及保护水道②。二是敦促政府发展农业教育。许多农业协会致力于发展农业教育以促进农村治理，因此极力敦促政府支持创办农业学校，发展农业高等教育。1849年，马萨诸塞州诺福克农业协会联合包含州长在内的许多发起人，要求政府承担起建立农业大学的经费；又于1851年召开会议，建议马萨诸塞州各农业协会会长和秘书召开会议以协调各自政策，促进农业教育的发展。1852年成立的美国农业协会不断向政府施加压力，要求成立获得联邦政府支持的农业学校、学院和示范农场。1855年，密歇根州农业协会帮助说服州行政当局建立密歇根州农业学院，这是世界上第一所教授农业课程的高等学校。在农业协会的影响下，美国农业部的职能也发生了变化，由最初收集农业情报并传播给农民的职能拓展为开展农业教育、科学研究等。此外，各农业协会与州农业委员会密切合作，共同制定促进农业发展的计划等。

第二节 韩　　国

20世纪70年代，韩国在"经济开发五年计划"取得初步成功和经历经济高速发展之后，出现了农村人口大量流入城市、农村劳动力老龄化和弱质化、城乡发展差距加大、社会分配不均等问题，导致农村经济发展滞后，传统文化和道德

---

① 龙震秋. 美国农业高校"教学、科研、推广"体系研究[D]. 重庆：西南大学，2009：10.

② Identifying Conservation Opportunities: Resource Stewardship Evaluation Tool with Will Cannon [EB/OL]. https://nfu.org/2020/06/09/identifying-conservation-opportunities-resource-stewardship-evaluation-tool-with-will-cannon-2/. 2020-06-09.

秩序受到严重冲击。例如，1967—1969 年，韩国的工业生产年均增长 23.1%，而农业生产年均增长仅 2.5%；粮食自给率大幅度下降，进口剧增，工业快速的发展使农业在国民经济中所占的比重逐年下降，从 1962 年的 42%下降到 1971 年的 27.5%，农业发展萎缩现象严重。[①]

为了实现城乡均衡发展，时任韩国总统朴正熙于 1970 年 4 月提出要实施以农村开发为核心的国家战略——"新村运动"（Saemaul Undong），以缩小城乡差距，使落后的停滞的传统村庄发展成先进的现代村庄，从而在全国发起一场自上而下的"农村现代化运动"。"新村运动"取得很大成效，农民的经济收入和生活水平有了较大提高。例如，1970 年农户的平均收入为 25.6 万韩元，按每户 6 口人算，人均收入 4.3 万韩元（当时折合成美元为 137 美元），到 1978 年，每户的平均收入上涨至 3893 美元，人均收入 649 美元，此时农民收入已超过城市劳动者的家庭年均收入。[②]1979 年，农户年均收入达到 223 万韩元，比 1969 年的 22 万韩元增长了 9 倍多。大量外流人口回流到农村，如 1975—1977 年，农村人口比重由 40.8%上升到 48.8%[③]，农村基础设施、居住环境和生态环境等大大得以改善，顺利完成了由农业社会向工业社会的转型，有效地解决了工农之间以及城乡之间的发展失衡问题。"新村运动"作为韩国农村现代化和农村社区发展的重要战略，被国际社会公认为解决农村贫困问题和实现农村开发的成功案例，受到多个国家和地区的关注，被推介到柬埔寨、老挝、尼泊尔等发展中国家。"新村运动"的核心是新村教育，而新村教育的核心又是职业教育，职业教育在塑造职业精神、培育新型农民等方面发挥着重要的功能和作用。

一、大力塑造职业精神

早期的"新村运动"被认为是物质条件的丰富和物质环境的改善，如第一阶段（1971—1973 年）的实施主要是通过提供水泥、钢筋等建筑材料，给予资金的支持和基础设施建设上的指导，扩修道路，修缮房屋，改进饮用水供给系统，完

[①] 青岛大学太平洋研究中心. 韩国概览[M]. 北京：人民出版社，1996：409.
[②] 李山水，赵方印. 中外农民教育研究[M]. 南宁：广西教育出版社，2006：132.
[③] 韩道铉，田杨. 韩国新村运动带动乡村振兴及经验启示[J]. 南京农业大学学报（社会科学版），2019（4）：20-27，156.

善生活基础设施，以提高农村生活环境的质量。但是农村现代化不仅仅是物质条件的丰富和改善，更是一场精神启蒙运动，是精神的革命行动的哲学。[1]随着"新村运动"的持续推进，结合农民广泛存在的消极、懈怠等问题，塑造农民职业精神的重要性越来越彰显。

"勤勉、自助和合作"将传统的价值投射到农村现代化这一新的场域之中，不仅是"新村运动"的指导思想及行动纲领，也是新型农民的职业精神。勤勉是指为了实现美好生活必须勤劳，有了勤劳、俭朴和诚实的态度，虚假和掩饰自然会消失无踪；自助是指靠自己解决问题并积极开拓进取，树立基于自立和自律的主人翁意识，在实践中发挥主观能动作用；合作是指为过上幸福日子必须弘扬团队精神，加强合作。[2]为了塑造农民良好的职业精神，时任总统朴正熙亲自作词作曲，谱写了《新村之歌》[3]。《新村之歌》于每天早上5时45分播放，激励农民勤奋劳动建设美丽家园，以"创造一个富裕的村庄"乃至"建设崭新祖国"。"新村运动"的旗帜是专门设计的，悬挂于全国各个村庄，标识为一个新发的绿芽和两片叶子，其中绿芽代表着新生农民不断增长的希望，激励农民产生脱贫致富、创造美好生活的强烈愿景。1973年1月，韩国颁布《奖励法案》修正案，增加了新村精神奖章，将新村成功纳入国家奖励系列。新村精神奖章分为勤勉奖章、自助奖章和合作奖章三种类型，主要是奖励那些认识到新村精神，积极参与新村运动，对社区发展和提高居民福利作出积极贡献的人。此外，在国家举行的经济月评会议上，都会安排两场有关成功农民的汇报和案例讲解，这对于新村领导人和其他农民职业精神的塑造都有着很大的激励作用。"新村运动"通过职业精神的塑造，既改变了农民的世界观和传统意识结构，使他们树立良好的精神面貌，从根植于极度贫困的闲散和依赖性向更加积极和自强的状态转变，又激发了

---

　　[1] Chung-hee P. Saemaul: Koreas New Community Movement, Seoul[M]. South Korea: Korea Textbook Co., Ltd., 1979: 159.

　　[2] 刘载祐，赵民. 传统价值延续与现代化之路探索的全民实践——论韩国1970年代的新村运动[J]. 国际城市规划，2016（6）：20-24.

　　[3] 歌词具体内容如下：新的一天开始了，咱们快快起床来，去建我们的新农村，用我们的力量建设舒适的新农村。除旧换新茅草屋，修起村里宽马路，建设绿色的家园，精心维护和改善，用我们的力量建设舒适的新农村。大家齐心协作互助，辛勤挥汗而劳作，努力增加收入，建设富裕的新农村。用我们的力量建设舒适的新农村。我们大家无比坚强，英勇奋战、辛勤劳作，辛勤劳作、英勇奋战，创建我们新祖国，用我们的力量建设舒适的新农村。参见：刘载祐，赵民. 传统价值延续与现代化之路探索的全民实践——论韩国1970年代的新村运动[J]. 国际城市规划，2016（6）：20-24.

农民的潜力和信心，使他们积极投身于"新村运动"建设，适应工业化社会发展的要求，成为现代农民。

二、注重新村领导人培训

美国学者罗斯托（W. W. Rostow）认为，"传统社会中形式上起决定作用的弱点在于需求这一方面：缺乏革新者，缺乏那些受经济的及其他的刺激或观念的影响而去积极探索技术革新的人"[1]。韩国深刻认识到新村领导人这一本土化领袖人物群体的重要性，为这些可能对村庄的发展和功能提升发挥重要作用的乡村能人提供大力支持，使他们感受到作为村庄领导人的自豪感和使命感[2]，从而能够在"新村运动"的实践中发挥极其重要的作用。例如，韩道铉和田杨指出，如果说发展型国家韩国的经济引擎是企业家和财阀，那么新村运动中发展型村庄的引擎是新村领导人，他们的作用堪比经济领域的 CEO。[3]韩国学者朴振焕也强调，如果没有对新村领导人进行集中培训，新村运动就不能顺利完成。[4]

新村领导人不仅掌握农业知识和精通农业技术，还具有项目开发、经营管理、组织协调等方面的能力，是引导农民参与"新村运动"不可或缺的影响因素。1972年，朴正熙总统指出新村领导人应该由村民中德高望重、有说服力、有创造力和献身精神的人担当。1975年，内务部制定新村领导人的九大标准，即在所关心的村庄中出生的村民；热心于村庄社区开发；毕业于职业学校，学习过农渔相关课程；具有良好的判断力、耐心、同情心和合作精神；具有创造力的想法；尊重其他人的意见；忠于责任，乐于服务；具有勤劳和诚挚的个性，有良好的身体；具有自给自立的能力。[5]新村领导人标准的确立同时也为这类人的培育

---

[1] [美] W. W. 罗斯托. 这一切是怎么开始的——现代经济的起源[M]. 黄其祥, 纪坚博, 译. 北京：商务印书馆, 2014：29-30.
[2] 李仁熙, 张立. 韩国新村运动的成功要因及当下的新课题[J]. 国际城市规划, 2016（6）：8-14.
[3] 韩道铉, 田杨. 韩国新村运动带动乡村振兴及经验启示[J]. 南京农业大学学报（社会科学版）, 2019（4）：20-27, 156.
[4] [韩] 朴振焕. 韩国新村运动——20 世纪 70 年代韩国农村现代化之路[M]. 潘伟光, 郑靖吉, 魏蔚, 译. 北京：中国农业出版社, 2007：122.
[5] 转引自：胡军. 国家何以成功：家团底色下的韩国"新村运动"研究[D]. 武汉：华中师范大学, 2017：111.

明晰了方向。新村领导人培训项目是"新村运动"的重要内容,并于1972年初启动实施,开设的课程包括五个科目:成功农民的案例宣讲,小组讨论,与国家安全和经济发展相关的问题,农作物生产技术,小桥建造、农舍翻修及自来水供应等工程的基本技能①,以一种非正式的方式开始,之后,专门的新村研修院成立。朴正熙总统多次参观新村研修院,给予新村领导人培训项目极大的关注。培训对象主要选自当地优秀的男性农民,后来又逐步拓展到女性农民。1972—1981年,共开设男性指导者班115期,妇女指导者班100期。统计数据显示,1972—1980年,累计培训男性新村领导人17 965人,女性新村领导人8818人。②通过培训,一方面大大提升了新村领导人的管理水平,另一方面也促进了新思想和新技术的传播,帮助农民转变思想观念,促进了农村的发展。

三、建立专门农民培训机构

为了培养"新村运动"所需要的人才,韩国建立了专门农民培训机构开展新村教育。1972年,新村研修院成立,这是中央层次的农民培训机构,一开始主管部门为农林部,后来升格为内务部,朴正熙总统亲自听取有关授课内容和讲师人选的汇报,并经常到新村研修院视察。新村研修院的培训时间一般为两周,包括集体住宿、集中讨论、生活教育等教学环节,培训内容多元化,如1973—1979年第8—86次的培训主题包括安全和经济、小组讨论、现场培训、新村精神开发、新村项目、成功案例故事等③;开设的培训班种类繁多,主要有新村领导人班、农协管理干部班、土地改良组合长班、农协组合作班等;培训对象既有新村领导人和骨干农民,又有国会议员、部长、工商界领导者和社会精英等,他们穿着同样的衣服,吃着同样的食物,住着同样的宿舍,发现彼此之间的交流隔阂主

---

① [韩]朴振焕.韩国新村运动——20世纪70年代韩国农村现代化之路[M].潘伟光,郑靖吉,魏蔚,译.北京:中国农业出版社,2007:124.

② 刘义强.再识"新村运动":跨越农村现代化关键阶段的韩国案例[J].南京社会科学,2017(2):83-90.

③ 胡军.国家何以成功:家团底色下的韩国"新村运动"研究[D].武汉:华中师范大学,2017:115-116.

要源于对农业和农村问题缺乏了解①；在全国范围内先后成立了82个新村运动精神培育研修院②，主要负责对新村运动的精神培育以及新村运动人才的培养，后期还加入了农民技能培训内容。1980年，国家教育研究与培训学院（National Institute of Educational Research and Training，NIERT）成立，最初的培训对象是教育界和其他专业人员，1981年后扩展到新村领导人等。

从开展"新村运动"的第二年起，农村各地纷纷建立村民会馆。村民会馆是农民互动的公共场所，除了召开会议之外，更是一种新村教育机构，主要发挥着如下五种功能：一是向农民灌输正直诚实的价值观，培养他们勤勉节约的生活方式，开展思想道德教育；二是教授农民如何进行农业收入测算，提升农业规模、农业类型、农业设施等方面的计划和管理能力；三是推广新的农业产品，如"统一号"高产水稻新品种，由此韩国水稻生产水平得到显著提升，跨入划时代的生产阶段，据统计，1970—1977年，水稻的单产量由每公顷3.5吨增加到每公顷4.9吨，平均每公顷增产1.4吨③，实现了国内水稻的自给；四是举办各种农业科技培训班和交流会，提升农民的技能；五是收集包括农业生产和农业收入在内的各种统计资料，帮助农民分析如何更好地利用土地和人力资源增加收入，以及展示村级单位的农村发展计划和蓝图，开展愿景教育。通过参与村民会馆组织的各种活动，农民的综合素养得到了提升。

四、增强女性农民的乡村治理参与能力

正如美国学者弗朗西斯·福山（Francis Fukuyama）所说："传统家庭的稳定常常要付出高昂的代价，这些代价关乎情感和肉体的伤痛以及机会的丧失，并且是不成比例地更多落在女性身上。"④受传统思想的影响，韩国妇女的家庭地位和

---

① 强百发. 韩国农业现代化进程研究[D]. 杨凌：西北农林科技大学，2010：61.
② 薛晓阳. 乡村教育与乡村建设的政策隔离及问题——以农村教育的文化责任和乡村义务为起点[J]. 清华大学教育研究，2018（2）：52-59.
③ 周才云，张毓卿. 借鉴韩国经验加快中国新型城镇化建设——基于新村运动的分析[J]. 世界农业，2013（9）：146-148，157.
④ [美] 弗朗西斯·福山. 大断裂：人类本性与社会秩序的重建[M]. 唐磊，译. 桂林：广西师范大学出版社，2015：124.

社会地位低下，往往局限于洗衣做饭和生儿育女，没有参加农业生产和参与家庭之外公共事务或管理的权利，直到"新村运动"初期，这一状况仍未得以改观。

韩国规定每个村庄选举女性新村领导人1名，与男性新村领导人数量保持一致，独立于现存的村主任。由此产生了大批女性新村领导人，她们基本上来自普通家庭，大大提升了妇女的社会地位。为了增强女性农民的乡村治理参与能力，拓宽社会活动范围，1973年，新村研修院开设女性新村领导人培训班，截至1981年共办100期。女性新村领导人培训班课程与男性新村领导人基本相同，只是更加彰显女性特点，如1973年第一期培训班的8个小组讨论主题具体内容如下：妇女参加新村运动的限制因素，农村妇女可以赚取现金收入的兼业活动，妇女参加新村运动的限制因素，传统婚葬仪式的现代化，家庭主妇可以赚取现金收入的兼业活动，农业合作活动中妇女的作用，农村生活中的儿童教育和家庭福利，家庭储蓄中妇女的作用。①对于女性农民而言，参加培训是她们人生历程中的一大关键性事件，使她们能够了解其他村庄的妇女项目，思考在农村现代化进程中如何更好地发挥自身作用，同时也大大提升了她们参与乡村治理的能力。韩国通过提升女性农民的乡村治理参与能力，发掘了社会潜在的劳动力，培育了具有现代素养的女性人才，使女性农民从传统的家庭劳动中走出来，与男性一样平等地参与农村发展与管理，并且取得了很好的成效，如举行焚烧扑克牌仪式，抵制男性赌博恶习；开办消费合作社商店，经营管理农业合作社；开展"节米运动"，为妇女协会募集资金；经营非正式信用组织，提供信贷；等等。

第三节　日　　本

在日本，乡村是指以从事农林渔业为主要经济活动，相对独立的、具有特定

---

① ［韩］朴振焕.韩国新村运动——20世纪70年代韩国农村现代化之路[M].潘伟光，郑靖吉，魏蔚，译.北京：中国农业出版社，2007：132.

的社会和自然景观特点的地区综合体,又被称为"农山渔村"或者"农村"。①在工业化、城市化进程中,日本面临着因城乡发展不平衡而造成的农村人口减少和内生动力不足的困境,这一特征在1955—1973年的经济高速增长期尤为明显。以东京、大阪和名古屋三大都市产业集群为代表的城市吸收了大量农村劳动力,出现了"过密化"问题,而一些农村地区甚至出现了举家迁徙的现象,致使许多村落荒废。日本《劳动力调查》显示,农林业就业人员自1955年以后一直在减少,尤其在1972年之前的减少程度十分显著,男女均持续每年减少约20万人。农业人口普查结果显示,与1965年20—24岁人口相比,16—19岁人口在1960—1965年大约减少了21万人。与1970年20—24岁人口相比,1965年15—19岁人口大约减少了18万人。②统计数据表明,1960—1984年,农村人口从3441万人减少到2049万人,在全国总人口中的比重从36.8%下降为17%;农业就业人口从1452.2万人减少为565.7万人,在全国总就业人口中的比重由22.3%下降到9.8%;到1994年,农业劳动力减少到338万人,1998年进一步减少到238万人。③城市和农村两极分化局面随着老龄化速度加快和人口总量减少而变得更加严峻,自营农户兼业化或脱农化现象十分突出,农产品自给率也大幅下降。不少日本学者由此提出了"村落消失论"和"村庄解体论"等论断。

为解决乡村衰落这一世界性难题,日本自20世纪60年代起就致力于乡村振兴运动的实施,以促进农业发展、提高农民收入水平和改善乡村生活环境。例如,1961年颁布的《农业基本法》提出要不断完善乡村交通、卫生、文化等基础设施,改善生活、妇女就业环境,提升农民的福祉水平,缩小城乡居民收入差距。2014年实施"地方创生战略",建立人才支援制度,致力于吸引人才进入乡村、创造新的就业机会和推进乡村振兴,并形成良性互动和循环。日本乡村振兴运动经历了由外生式发展向内源式发展的嬗变,主要表现为更加注重发挥农业多功能性,强调城乡共生对流,以及地域资源的可持续利用和多元化增值,致力于

---

① 日本《食物·农业·农村基本法》第六条指出,"鉴于林业和水产业与食物、农业及农村施政关系密切,有必要统筹考虑"。该法所指的"农村"实际上是包含农村、山村和渔村在内的"乡村"概念。此外,由于规模很小,牧业一般被划在农村。转引自:曹斌. 乡村振兴的日本实践:背景、措施与启示[J]. 中国农村经济, 2018(8):117-129.

② [日]酒井富夫,等. 日本农村再生:经验与治理[M]. 李雯雯,殷国梁,高伟,译. 北京:社会科学文献出版社, 2019:215, 217.

③ 杨万江,徐星明. 农业现代化测评[M]. 北京:社会科学文献出版社, 2001:226.

提升环境、经济和社会综合效益①，取得了很大的成效，实现了农业现代化转型，农民老龄化、农村"空心化"和城乡发展不均衡等问题基本上得到解决。具体而言，一是城乡收入差距不断缩小，如1998年，农户户均收入和农民人均收入分别高出城市职工22.8%和4.6%②；二是人员回流农村的趋势加强，自20世纪90年代，农村人口就开始出现回流，城市年轻人移居乡村的"田园回归"现象增多；三是农业经营主体丰富，截至2017年3月，经政府认定的职业农户达24万个，经营土地面积占耕地面积的54%，新型农业经营主体达125万个，其中法人化经营主体达2.9万个③；四是农村生态环境改善，过度使用化肥等造成的环境污染事件大幅度减少，平均森林覆盖率增加，达到67.7%，青山绿水成为周末假期城镇居民向往的去处④。

在乡村振兴运动中，日本充分认识到职业教育的基础性、战略性地位，建立起与现代农业相适应的现代职业教育体系，以培养高质量的农业劳动者为直接目标，培养了大批农业科研、教学、推广人员和农业后继者，为农村发展提供了丰富的人力资源。例如，全国农村青少年教育振兴会的一项调查结果表明，从学校毕业后直接从事农业的人员中，77%的人在有关农业的学校或大学受过专门教育；由其他行业转到从事农业的人员中，39%的人在有关农业的学校或大学受过专门教育；已从事农业的人员中，43%的人曾在农业改良普及中心等公共机构进修或受过训练，38%的人曾在农业协会等有关农业团体进修或受过训练；此外，农民还普遍参加了各种有关农业技术和经营管理等方面的交流活动。⑤

一、建立农业技术推广教育体系

新制度经济学理论认为，政治制度和法律是促进经济增长的重要因素，制度

---

① 顾鸿雁. 日本乡村振兴转型的新模式："地域循环共生圈"的实践与启示[J]. 现代日本经济，2020（6）：48-59.
② 曹斌. 乡村振兴的日本实践：背景、措施与启示[J]. 中国农村经济，2018（8）：117-129.
③ 茹蕾，杨光. 日本乡村振兴战略借鉴及政策建议[J]. 世界农业，2019（3）：90-93.
④ 日本乡村振兴战略概况介绍[EB/OL]. https://hubei.investgo.cn/country/business-environment/detail/466172. 2020-04-08.
⑤ 焦必方. 日本的农业、农民和农村——战后日本农业的发展与问题[M]. 上海：上海财经大学出版社，1997：160.

的演进需要依靠一定的正式政治制度作保障。正如《关于农业改良普及事业的提案》所强调的，"实现农业现代化的前提条件是，提高农民的技术和能力，以提高农户的技术和能力为主要目的开展的工作就是农业改良和推广工作……要想提高农民的技术和能力，就必须要依赖于办教育"①。日本高度重视农业技术推广教育，通过立法建立了完善的体系，提供了相应的制度保障。早在1948年，日本就颁布了农业及其推广事业的根本法律《农业改良助长法》，对农业推广事业的任务、性质、特点、组织形式以及人员管理等作出了具体规定。此后，随着农业的快速发展和农业推广事业实务的不断推进，《农业改良助长法》多次被修订和完善。例如，1983年的修订内容为明确协同农业普及事业运营方针，变更普及员酬金标准；1994年的修订内容如下：增加养蚕业的综合普及指导内容；充实普及事业的内容；变更地域农业普及中心的名称，充实其职能；建立普及协力委员制度；充实研修教育；专门技术员直接对农民实施指导。②

农业技术推广体系由主体组织和协同支援组织构成。主体组织包括农林水产省、都道府县、地域农业改良普及中心和农户，协同支援组织包括国家与都道府县农业教育和研究机构、农业试验研究机构和农业大学校，普及协力委员会和市镇村农业土地组合、农业委员会、保健所和教育委员会等。③依照《农业改良助长法》，各地都设立了地域农业改良普及中心，配备专门技术人员和改良普及员，他们都是公务员职位，与农民直接联系，具体负责农业技术的推广和农业生产水平的提升。专门技术人员相当于高级农艺师，负责对改良普及员进行指导和培训，以及提供农业技术方面的指导；改良普及员相当于农艺师和助理农艺师，直接为农民服务，负责农业技术的改进和农村生活的改善。日本农林水产省普及课统计资料显示，2000年共有地域农业改良普及中心（农业改良普及所）485个，专门技术人员636人，改良普及员9631人。④1991年，日本对《协同农业普及事业指南》进行全面修改，把加强农业推广组织建设和提高农业推广人员的素质放在首位，对专门技术人员和改良普及员有严格的资格要求，需要达到国家规定的学历标准，专门技术人员的要求是大学本科农业或家政专业毕业，改良普

---

① 李水山，赵方印. 中外农民教育研究[M]. 南宁：广西教育出版社，2006：62.
② [日]冈部守，章政，等. 日本农业概论[M]. 北京：中国农业出版社，2004：129.
③ [日]冈部守，章政，等. 日本农业概论[M]. 北京：中国农业出版社，2004：129.
④ [日]冈部守，章政，等. 日本农业概论[M]. 北京：中国农业出版社，2004：130.

及员的要求是大学本科或短期大学、高中的农业或家政专业毕业,并通过国家或地方举办的专门考试。专门技术人员还要有若干年从事农业经验研究、技术推广或教学工作的实践经验。[①]

二、农业经营者培育体系多层次化

日本建立了多层次化的农业经营者培育体系,使农民职业教育长期、持续贯穿于国家各个教育层次,从而能够满足核心农户、普通农户和农业工作者等多个群体的教育需求,很好地解决了农业接班人培育和农民继续教育的问题,为乡村发展提供了多层次人才。总的来说,农业经营者培育体系主要由文部科学省系统(教育部门)与农林水产省系统(农业部门)两部分构成。

(一)文部科学省系统

其一,初等农业教育,主要包括小学农业教育和初中农业教育两种类型,旨在提升学生的农业素养及其对农业的兴趣。在小学阶段,学生主要通过生活科、理科和社会科等课程学习农业知识,生活科为一、二年级小学生开设,理科和社会科为三年级及以上小学生开设。[②]日本的教学大纲强调对初中学生实施与农业相关的教育。初中学生主要通过选修课、艺术课和家政课等学习农业的特点、作物栽培、农业生产技术等内容,同时也开展"推进学校开放""推进绿化运动"等农业生产体验活动。

其二,中等农业教育,主要包括普通高中的农业教育和农业高中两种类型,旨在培养农村从业人员和农业继承者。截至 2003 年底,与农业教育相关的高中一共有 367 所,占全国高中总数的 7.1%;共有 10.6 万名学生学习农业、园艺、生活科学等科目,占全部高中学生的 2.8%。[③]

普通高中的农业教育主要是为计划升入大学后继续学习农业及其相关专业的

[①] 丁志宏. 国外的农民职业培训[M]. 北京:中国社会出版社,2010:30-31.
[②] 齐美怡,曹晔. 日本现代农业职业教育体系建设及对我国的启示[J]. 职教论坛,2014(10):85-90.
[③] 李文英. 日本农业教育的现状、特点及其启示[J]. 比较教育研究,2004(10):63-68.

学生而开展的预备教育。农业高中专业性比较强，除了国家规定的课程基础，还重点开设与农业相关的课程，如农业经济、食品化学、园艺、农业机械等，致力于提升学生解决农业实际问题的能力和增强其担当农业生产经营者的自信，学生毕业后一般直接从事农业生产经营活动。1998年，公立农业高中全部就业者为2.4万人，其中直接参加农业劳动的为1430人，占6%；就职于与农业教育直接相关领域的为7303人，占30.4%。[①]

其三，高等农业教育。总体而言，日本实施高等农业教育的方式分为三大类：一是综合性大学设立农学、生物资源学或者园艺学等学部，这是当前高等农业教育的主要形式，此类学校共有53所；二是以农、农工或水产等命名的农科类大学开展高等农业教育，在高等农业教育中所占比重较小，此类学校共有7所；三是短期大学的涉农学科，是高等农业教育的重要组成部分，此类学校共有23所。[②]截至2003年底，实施农业教育的大学有52所，总计学部数为53个，主要包括农学部、生物资源学部、生物资源科学部、园艺学部、国际粮食信息学部、畜产学部、生物生产学部等；学生人数为6.9万人，占全部学生总数的2.8%。短期大学中有25个专业涉及农业教育，主要是农业科、森林科学科、农业经济学科等，学生人数为2611人。[③]日本还积极开展农业研究生教育，培养高层次人才。在57所国立和公立农业大学中，有14所大学开设有硕士生和博士生课程，此外还有7所私立大学既有硕士生课程又有博士生课程。在国立、公立和私立大学学习农业专业的研究生人数不断增加，硕士生由1970年的1020人增加到1995年的6725人，博士生由1970年的424人增加到1995年的3249人。[④]

（二）农林水产省系统

其一，农业者大学校。农业者大学校于1968年由农林水产省建立，是日本唯一的国立农民研修教育机构，2001年转型为独立行政法人。农业者大学校主要负责现代农业从业人员和农村骨干力量的培养与培训，对学生的入学资格有严格

[①] 李文英. 日本农业教育的现状、特点及其启示[J]. 比较教育研究，2004（10）：63-68.
[②] 张松，刘志民. 日本高等农业教育发展道路及模式探索[J]. 河北农业大学学报（农林教育版），2007（1）：25-28.
[③] 李文英. 日本农业教育的现状、特点及其启示[J]. 比较教育研究，2004（10）：63-68.
[④] 刘英杰，张凯. 日本农业教育的现状、问题与对策[J]. 世界农业，2001（1）：48-50.

要求，具体如下：高中毕业或应届高中毕业生；有一年以上的农业实践经验；应届毕业生考试合格后须先到农业第一线劳动一年，第二年入学；年龄在30岁以下，毕业后确实从事农业者。学习年限为三年，每年定额招生50人，考试分为县知事推荐考试和非县知事推荐考试两种方式。[①]

其二，农业大学校。"农业大学校以服务本地区农业、农村发展，培养具有现代农业经营知识的人才为宗旨。主要开展农业技术、农业经营方法等知识的学习，是实施实践性的培训和进修教育的学校。"[②]农业大学校由地方政府都道府县设立，农林水产省给予一定的经费支持，是以培养农业后继者、造就科技型农民为目的的农业短期大学。该类学校设有培养部和进修部：培养部主要招收高中毕业生，学制两年，采取全部寄宿制的教育管理方式，学生在校学习期间可以获得各种职业资格证书；进修部主要招收区域农业工作者，开展短期进修教育。截至2012年，全国农业大学校的数量达48所[③]，基本上每个都道府县都设置1所，开设农业、园艺、畜牧、经营等专业，把生物工程、电子计算机、农业信息处理等作为主要课程。农业大学校主要开展专科层次的教育，此外还开设有面向区域的农业骨干和务农青少年的短期进修班。

其三，私立学校。私立学校由民间团体设立和经营，对农民实施培训，比较有代表性的有农业实践学园、八岳中央农业实践大学园和鲤渊学院，在经费上受到国家资助。农业实践学园和八岳中央农业实践大学园分别由国民高中协会、农村更生协会主办，开展高中、专科和本科层次的农业教育；鲤渊学院由农民教育协会主办，开展专科和本科层次的农业教育，是农业技术教育的实验校和样板校。这三所私立学校以丰富的教学内容、严格的实践教学、实验和研究一体化成为培养新型职业农民和农业领导人才的基地。除此之外，还存在一些其他类型的私立学校，如务农预备校。它是一种民间的农业培训机构，主要存在于东京和一些主要城市，对刚开始从事农业的各类人员开展最基本的农业知识和技术培训，并在农户家中开展农业实践、实习，使他们能够尽快从事农业生产经

---

① 焦必方. 日本的农业、农民和农村——战后日本农业的发展与问题[M]. 上海：上海财经大学出版社，1997：152.
② 李文英. 日本农业教育的现状、特点及其启示[J]. 比较教育研究，2004（10）：63-68.
③ 张小文. 科技服务机制对农村经济发展的国际经验借鉴研究——以美国、日本为例[J]. 中国集体经济，2012（30）：1-2.

营活动。①

三、开展农民研修教育

1976 年，日本建立"青年农业士"制度，未满 35 岁的有一定农场经营经验的青年农民，通过县农民研修所完成一定时间的专业教育，最后由县知事授予"青年农业士"称号。②研修教育主要分为国内研修教育和国外研修教育两种类型。

（一）国内研修教育

20 世纪 60 年代，日本开始实施国内研修教育，由全国农村青少年教育振兴会具体负责，把未满 30 岁的青年农民或即将从事农业生产的青年派到国内具有"指导农业士"称号的先进农户或农业企业那里，通过传帮带的方式，在农业实习和实践中学习及掌握先进的农业生产、加工、流通等技术和经验，时间为 3—6 个月，政府给予接收研修生的农业经营者一定的财政补贴。后来，接收研修生的范围扩大到流通业、农产品加工企业等。据粗略统计，每年参与国内研修教育者约 600 人次。③另外，针对将来可能从事农业的高中生举办"绿色学园"，主要是利用寒暑假时间组织他们到农户家，通过参观、体验农业生产经营活动等方式，使他们了解农业和掌握农业基本知识，培养他们对农业的兴趣。

（二）国外研修教育

为了培养农业后继者的国际意识和了解国外农业教育的进展情况，日本于 1952 年开始实施国外研修教育，把青年农民作为实习生或进修生派遣到欧美等先

---

① 齐美怡，曹晔. 日本现代农业职业教育体系建设及对我国的启示[J]. 职教论坛，2014（10）：85-90.
② 夏金星，屈正良，彭干梓. 工业化中期农业职业教育发展策略比较研究[J]. 教育发展研究，2005（21）：102-105.
③ 赵芳. 日本农业教育的特点与发展趋势[J]. 现代日本经济，2000（6）：42-46.

进农业国家的农户或团体学习，主要由国际农业者交流协会和全国农村青少年教育振兴会负责。国际农业者交流协会派遣的学生主要有以下三类：①农业进修生，期限为一年或两年，对象国家是美国、丹麦、德国、瑞士和荷兰；②农业研究短期生，期限为3周左右，对象国家是北美、欧洲、大洋洲和东南亚各国；③农村妇女海外农业进修生，期限为10天，对象国家是美国、新西兰和欧洲国家。全国农村青少年教育振兴会派遣的学生主要有两类：一类是农业者大学校毕业生，对象国家是美国；另一类是农村青少年进修生，对象国家是荷兰、德国、法国、澳大利亚等。①

四、农协发挥重要作用

日本农协是日本农业协同组合（Japan Agricultural Cooperatives，JA）的简称，是农业生产者在利益一致的基础上和政府的扶持下，为维护和实现自身利益，在平等、自愿、互利的基础上自发组织结合成的合作经济团体。②《农业协同组合法》于1947年颁布，强调农业协同组合是农民的协同组织，在第一条明确提出"本法的目的是，通过促进农业生产者的合作组织的发展，增强农业生产力及提高农业生产者的社会经济地位，对国民经济的发展作出贡献"③。1948年，日本农协成立。日本农协是集农业、农村、农户三类组织为一体的综合社区组织，属于半官半民组织，与欧美国家的农业协会相比有其独有的特征：一是成员的结合以村为中心，具有很强的地区连带性；二是组织率高，通过基层农协、地方（都道府县）农协联合会和全国农协联合会的阶段性组织，在全国形成一个组织体系；三是经营的业务具有综合性和多样性的特点，几乎包括了与农村、农家相关的生产、生活的所有方面；四是具有很强的政治依存性，农协的组织和业务一直得到政府政策直接或间接的支持。④

---

① 焦必方.日本的农业、农民和农村——战后日本农业的发展与问题[M].上海：上海财经大学出版社，1997：158-159.
② 李新月.若干发达国家农业发展与农业教育互动机制的研究——以美国、日本、荷兰、丹麦四国作典型研究[D].武汉：华中农业大学，2003：16.
③ [日]冈部守，章政，等.日本农业概论[M].北京：中国农业出版社，2004：116.
④ [日]冈部守，章政，等.日本农业概论[M].北京：中国农业出版社，2004：116-117.

日本农协是世界范围内公认的最为成功的农业组织形式之一,是农户与政府、农户与市场之间的纽带和桥梁,已经渗透到农村社会经济的各个层面,职能多元化,并且发挥的作用呈日益增长的态势。按照《农业协同组合法》规定的业务范围,农协除了进行金融活动、农产品销售、农村工业建设、生产资料购买等之外,还要积极开展农业教育活动,通过推广农业技术,对农民开展农业经营、生活福利和文化等方面的教育。全国农协系统设有中央协同组合学园,自1968年建校以来就开展农协职员培养的本科教育和农协骨干职员培养的继续教育;各县的农协设有教育审议会,负责审议农协有关教育基本事宜;基层农协设有农业管理中心,对农民开展营农指导,利用农协设施组织会员进修学习、相互交流等,对农业者素质的提高发挥着不可忽视的作用。[①]农协的营农指导是通过营农指导员实现的,96.8%的基层综合农协设有营农指导员,20.5%的综合农协设有31名以上的营农指导员。截至2013年,所有综合农协共有14 154名营农指导员在岗。[②]营农指导涉及多个方面,具体见表3-1,可以划分为三大种类。一是技术指导,农协与一些科研单位、农业改良普及所加强合作,开发和引进低成本、高效益的技术体系,推广新品种和各种实用农业技术,如耕种、蔬菜、果树种植等,使农民降低农业劳动投入,提高农产品的产量和质量。二是农家经营指导,即提供市场需求信息,指导农民制定生产经营计划、实施农家经营和管理,为他们提供投入等方面的咨询,此外还提供会计业务、税收知识等方面的指导。三是其他指导,主要是对农民开展消费、卫生保健、文化娱乐、环境条件改善等方面的指导,以丰富业余生活和提升生活水平。

表 3-1 营农指导员在不同农业产业从事指导所占比例(%)

项目		1998年	1999年	2000年	2001年	2002年	2003年	2004年
技术指导	耕种	23.8	23.8	24.5	24.3	23.5	23.9	24.0
	养蚕	0.9	0.8	0.7	0.6	0.5	0.5	0.5
	畜产	16.0	15.4	15.0	14.5	14.0	14.1	13.1
	蔬菜	26.6	26.6	27.5	26.7	27.5	28.5	29.7
	果树种植	11.6	11.7	11.6	11.5	11.5	11.9	11.6
	农业机械技术指导	2.9	2.9	2.8	2.6	2.1	2.2	2.0

① 赵芳. 日本农业教育的特点与发展趋势[J]. 现代日本经济,2000(6):42-46.
② 杨红亮. 浅析农协对日本农村经济发展的影响[D]. 北京:中共中央党校,2015:10.

续表

项目	1998年	1999年	2000年	2001年	2002年	2003年	2004年
农家经营指导	10.0	10.1	9.7	9.6	9.7	10.3	10.2
其他指导	8.0	8.7	8.3	10.2	11.2	8.5	8.8
合计	100.0	100.0	100.0	100.0	100.0	100.0	100.0

资料来源：日本农林水产省《综合农协统计表》

转引自：于秋芳. 战后日本农协发展史研究[D]. 南京：南京农业大学，2009：144-145

随着《农业改良助长法》实施的推进，农协除了单独开展营农指导之外，还积极与地方（都道府县）行政机构和基层（市町村）行政机构合作开展各种技术指导。此外，针对农村高龄化日益攀升的现象，各地农协举办高龄者对策研修班，培训家庭护理员，为老人提供在家看护服务。

第四节 法　　国

正如法国学者埃德加·莫兰在《整体性思维：人类及其世界》一书中所说，"法国在第二次世界大战时还是一个一半农村、一半城市的国家，现在[①]国土很大部分成为城市，导致农村地区荒漠化的有害后果"[②]。法国是欧洲大陆较为传统的农业国，与一些欧美大国相比较，其城市化进程相对较为缓慢，只是在第二次世界大战后才逐渐加速，城市化率由1946年的53.2%陡增至1975年的72.9%[③]，这一时期也被称为"光辉30年"。同时，在这一时期，大量农村人口外流和老龄化加剧，如布龙（Barou）将法国1950—1970年的农村地区人口变化划分为两个

---

① 指20世纪前10年。

② ［法］埃德加·莫兰. 整体性思维：人类及其世界[M]. 陈一壮，译. 北京：中国人民大学出版社，2020：31.

③ 汤爽爽，冯建喜. 法国快速城市化时期的乡村政策演变与乡村功能拓展[J]. 国际城市规划，2017（4）：104-110.

阶段，即外流阶段（1950—1960 年）和老龄化阶段（1961—1970 年）[1]，1954—1980 年，农业人口由 514 万人降到 180 余万人，减少了约 65%，在从业总人口中，农业人口的比重由 26.8%缩小到 7.9%[2]，从而导致农村凋敝现象严重，以至于社会各界对农村发展的前景一度作出过于悲观的预期判断。例如，法国学者孟德拉斯在《农民的终结》一书篇首中写道"……农民站在工业文明的入口处：这就是 20 世纪下半叶，当今世界向社会科学提出的主要问题"[3]，指出整个农民群体在加速的人类历史进程中趋于消亡。

在社会经济发展转型的推动和政策的积极干预下，法国重新确立了农村地区内部结构和城乡关系，自 20 世纪 70 年代中期以来，农村发展获得了"惊人复兴"，成功地实现了人口增长、经济复兴和社会重构，成为"生长的乡村"，具体表现在以下四个方面。一是农村地区人口大量回升。法国国家统计与经济研究所（The National Institute of Statistics and Economic Studies）的统计数据表明，1975—1982 年，有 55%的农村空间出现人口增长，之后继续扩大；1982—1990 年，农村地区人口增长 6%，同期城市地区人口增长仅为 3.6%。[4]二是农村地区人口结构复杂化。农村地区人口不仅包括传统意义上的农业劳动者，还包括工人、职员等。一项对洛特省 67 个村落进行的抽样调查结果显示，新迁入的村民职业按比例从高到低分别为雇员和管理人员（占 34%）、退休人员（占 21%）、工人（占 16%）、手工业者（占 13%）、商人（占 6%）、失业者（占 6%）以及农民（占 4%）。[5]三是经济体多元化。农业顺利实现由传统农业向现代农业的转变，专门从事手工艺经营和新式农民经营的营利企业出现，从事多种就业或活动的家庭经营成倍增加，占所有经营的 50%左右。[6]法国生态农业发展和促进署（L'Agence BIO）发布的统计数据显示，2018 年，生态农业的生产经营者数量增至 61 768 个，比 2012 年增长 68.0%。其中，生产者数量增至 41 623 个，比 2012 年增长 70.4%；

---

[1] Barou J. Néo-ruraux britanniques et ruraux français[J]. Hommes & Migrations，1994，1176：9-14. 转引自：范冬阳，刘健. 第二次世界大战后法国的乡村复兴与重构[J]. 国际城市规划，2019（3）：87-95，108.
[2] 张朋浩. 法国农业发展的历史现象（上）[J]. 世界农业，1992（11）：3-5.
[3] [法] H. 孟德拉斯. 农民的终结[M]. 李培林，译. 北京：社会科学文献出版社，2010：3.
[4] 范冬阳，刘健. 第二次世界大战后法国的乡村复兴与重构[J]. 国际城市规划，2019（3）：87-95，108.
[5] Barou J. Néo-ruraux britanniques et ruraux français[J]. Hommes & Migrations，1994，1176：9-14. 转引自：范冬阳，刘健. 第二次世界大战后法国的乡村复兴与重构[J]. 国际城市规划，2019（3）：87-95，108.
[6] [法] H. 孟德拉斯. 农民的终结[M]. 李培林，译. 北京：社会科学文献出版社，2010：214-215.

加工、分销、进出口等运营商数量增至 20 145 个，比 2012 年增长 63.3%。[①]四是农民生活方式现代化。传统"农民"（paysan）成为现代意义的"农业生产者"（agriculteur），其物质条件和生活方式与城市市民相差无几。正如 2003 年的法国国土研究报告所指出的，"乡村国土空间"已经从以生产性功能为主转变为兼具居住、休闲旅游、环境保护和景观遗产四重功能，农村基本上完成了复兴与重构。[②]

在法国复兴与重构的过程中，职业教育发挥了不可忽视的作用。一方面，职业教育提升了农村劳动力的素质。2005 年，法国接受过基本或者完整的农业培训的农民比例高达 54.3%，远远高于欧盟 27 国的平均水平。2009 年，法国 70%的成年人达到中等或高等教育水平，尽管农村为主的地区受教育的比例略低于城市为主的地区，但是增速较快，比 2005 年增长了 4.4%，高于后者的 2.7%。另一方面，职业教育提高了农业劳动率。统计数据显示，2003—2007 年，农业劳动率有了很大提升，平均每年增长 1.8%。这是职业教育发挥作用的结果。[③]

一、农业教育体系完备[④]

法国的农业教育有 100 多年的历史，1848 年在图鲁兹建立了法国历史上第一所农业技术学校。20 世纪 60 年代以来，法国对农业教育进行调整和改革，构建了一套完备的以中等农业职业教育、高等农业职业教育、高等农业教育和农民职业培训为主要内容的农业教育体系。法国的农业教育主要由三类学校开展：一是农业中学和农业教育中心，其中公立农业中学 216 所，私立农业中学 214 所，农业之家 365 个，农业医学教育中心 11 个；二是高等院校，其中公立院校 12 所，私立院校 6 所；三是远程农业教育院校，共计 2 所。[⑤]2014 年，法国农业类院校学生总人数超过 22.5 万人，其中，技术学校在校生人数为 171 374 人，高等院校

---

① 张莉，张敬毅，程晓宇，等. 法国生态农业发展的成效、新措施及启示[J]. 世界农业，2019（11）：18-23，130.
② 范冬阳，刘健. 第二次世界大战后法国的乡村复兴与重构[J]. 国际城市规划，2019（3）：87-95，108.
③ 赵明. 法国农村发展政策研究[D]. 北京：中国农业科学院，2011：29.
④ 马吉帆，曹晔. 法国现代农业职业教育体系及对我国的启示[J]. 教育与职业，2012（32）：19-22.
⑤ 许浙景，杨进. 法国农业教育的发展和特色[J]. 世界教育信息，2019（15）：44-49.

在校生人数为 16 452 人，学徒教育在校生人数为 37 701 人。①

（一）中等农业职业教育

其一，农业职业高中。农业职业高中分为两年制和三年制，招收对象分别是初中毕业生和学完初中二年级课程的学生，侧重于农业职业技能的培养，主要颁发职业高中毕业文凭、农业职业能力证书、农业职业学习证书和农业职业高中会考文凭。

其二，农业技术高中。学制为两年，招收义务教育毕业的学生，培养目标是农业技术员，同时也为高级技术院校输送人才。农业技术高中并非单独设置，而是在高中技术班中实施，在高中二年级开展农业技术教育。

其三，学徒培训中心。主办机构一般为地方政府、行会、企业协会等，招收接受过 10 年义务教育、已经工作、已获得或未获得文凭的 15—26 岁青年，学制为 1—3 年，个人与农业企业签署"学徒合同"和"指导合同"，通过半工半读或工学交替方式开展学习。

（二）高等农业职业教育

其一，农业高级技术员班。大多数农业高级技术员班附设在条件较好的技术高中，分为公立和私立两类，学制一般为三年，主要招收获得农业高中会考文凭或农业技术员证书者，毕业后授予"农业高级技术员证书"，证书的水平与效力等同于法国综合大学和其他高等教育形式所颁发的两年制高等教育文凭。

其二，短期大学技术学院。短期大学技术学院是设置在大学内的短期高等农业教育机构，属于二级学院，但是自成体系，独立办学，实施介于技术高中和大学之间的教育，主要招收高中普通班学生，培养目标为高级技术员，并可获得"大学技术文凭"。

其三，大学职业学院。学制为三年，主要培养工业和经济领域高水平的技术与管理人才，毕业后授予"大学职业学习文凭"和"大学职业学院学士文凭"，可取得"工程师-技师"资格。

---

① 肖云上，薛晟. 法国农业教育体系概况[J]. 中国职业技术教育，2015（10）：57-60.

（三）高等农业教育

其一，农业工程师教育。这类教育由农渔业部所属及认可的高等农业学院承担，培养对象以农田工程师和畜牧兽医工程师为主。公立高校的培养主要分为两个阶段：第一阶段在重点高中的大学校预备班学习两年，或通过综合大学 1—2 年的学习，且通过严格的考试；第二阶段经过 2—3 年的专业教育，经统考录取就读，毕业颁发工程师文凭，如果继续学习一年，还可同时授予硕士学位（即农业深入研究文凭）。

其二，研究生教育。这类教育由普通高校独立或与国立高等农业学校、高等农业研究机构联合承担，分为农业专员和农学博士两种类型。农业专员招收大学生物科学方面的学士、高等农业学院的工程师文凭获得者，毕业后颁发"高级专业学习文凭"（相当于硕士学位）；农学博士主要招收硕士学位（即农业深入研究文凭）获得者。

（四）农民职业培训

农民职业培训主要是对没有受过农业教育、没有接受农业继续教育的农民实施培训，培训对象主要包括农业徒工、农村青年、农村妇女和农场主等，培训方式灵活多样，如开设讲座、现场教学、工学交替等，培训类型有短期培训班（20—120 个小时）和长期培训班（120 个小时以上）[1]，旨在提升农民的农业技能和经营管理水平，使他们获得一定的职业资格证书或者晋级。

二、建立严格的农民资格证书制度

为了促进农民参加职业教育和培训，法国建立了严格的农民职业资格证书制度，与学历教育证书分离，并对获得证书的条件作出了具体规定。总的来说，农民职业资格证书分为以下四种类型：其一，农业职业教育证书，要求具有 3—5

---

[1] 郭徽. 法国农民培训教育状况及对我国农民教育的启示[J]. 河北大学成人教育学院学报，2007（3）：28-29.

年的农业实践经验，接受至少 200 个小时的培训；其二，农业专业证书，在某一农业专业领域接受 680—920 个小时的培训，并由政府确认具有该专业能力；其三，农业技术员证书，申请者是成年农民且经过两年的培训；其四，高级技术员证书，农业技术员经过 2—3 年的培训，达到农业专科水平。①资格证书的获得采取层层递进式，只有在获得上一级资格证书的基础之上，参加一定时间的培训并且达到能力要求，才能获得下一级资格证书。此外，法国还建立了严格的农民职业资格证书考核制度，考核由主管部门或机构设立的考试委员会负责，成员一般由主管部门负责人、农场主以及教师三方代表构成，负责对农、林、园艺等技能的测试。

对于农民来说，职业资格证书不仅仅是对其职业素养的一种硬性要求抑或是其职业技能的体现，还与相关的优惠待遇有关，主要包括以下七个方面：有权购地租地，申请建立自己的农业企业和经营农场；获得政府提供的低息贷款；创办农场的第一年能够获得政府提供的一些资助和补贴；初始的几年，政府可以对农场减免税收；向共同市场理事会贷款，促进农场现代化；国家派农业顾问对农场提供技术援助；受过农业教育的子女在继承农场上享有优先权。②具体而言，在农业经营方面，只有经过职业培训，且获得一定资质的农业资格能力证书的人，才能具有从事农业生产的资格，并且不同资格证书的持有者所从事农业生产的程度也不同，如农业职业证书和农业职业学习文凭持有者只能在农村或农业企业中当雇工；只有农业技术员证书持有者或通过农业职业和技术会考者，才具有独立经营农场的资格。③在享受国家优惠贷款方面，如要获得农民青年后继者补助金制度下的大额政府无息贷款，条件之一是具有农业技术员资格或同等水准以上。

三、重视青年农民的农业教育

青年农村劳动力资源的优化是发展现代农业和促进农村发展的重要保障，法

---

① 北京农业大学农业教育研究室. 欧洲农业教育[M]. 北京：北京农业大学出版社，1984：113.
② 张雅光. 法国农民培训与证书制度[J]. 中国职业技术教育，2008（3）：27-28.
③ 李水山，赵方印. 中外农民教育研究[M]. 南宁：广西教育出版社，2006：10.

国政府颁布了一系列法律政策，强化对青年农民的农业教育。1962 年颁布了《农业指导补充法》①，改善对农村青年的培训是其五大内容板块之一。1967 年，法国实施乡村更新区政策，强调要优化劳动力培训。1995 年 11 月，法国总理与各大农业协会主席签署《青年就业国家宪章》，明确规定政府每年要筹集 34 亿法郎基金，支持农业教育与培训，每年帮助 12 万名青年农民就业。2007 年，法国实施《2007—2013 年法国农村发展计划》，提出开展职业培训、培养青年农民。1972 年以来，法国每年培训青年农民 9000 人左右，且对农业后继者的选拔标准逐渐提高，1992 年之前的学历要求是初中毕业，之后则要求为高中以上学历。自 1960 年起，法国政府一方面改革农业教育，把义务教育的年限由 6 年延长至 9 年；另一方面，为了使农民尤其是农民子女能够在农业部门的新职业岗位上就业，政府给予一定的助学金，开展职业再培训。"整治农场结构社会行动基金会"和"全国整治农场结构中心"先后负责落实这项措施。根据《农业指导补充法》的规定，可享受培训者的年龄为 18—45 岁。②为保证农业学徒工参加技术培训，法国通过颁布相关法律规定农业学徒工参加培训是一种权利，学徒工可以到政府就业委员会确认的培训中心学习，在培训期间可以获得工资。学徒工参加 500 个小时以下的培训，由雇主承担 160 个小时或前 4 周的工资，超过部分由国家补贴。此外，相关法律还规定可由雇主和徒工共同组成委员会，协商处理培训中出现的问题。③

除了实施农民职业资格证书制度、与参加培训时间相挂钩之外，法国还将资金支持与教育培训有机结合起来，激发青年农民参与的积极性，以不断提升他们的农业技能和经营管理水平，同时也可以增强农业教育的吸引力。以针对农民青年后继者建立的补助金制度为例，在他们开始创业时，政府无偿提供 10 万—20 万法郎，对于山区等偏僻地区则提供 10 万—25 万法郎，还提供 3%的低息贷款 65 万—70 万法郎。对于具有农业职业高中以上学历，已从事 3—5 年农业工作，拥有 12 公顷以内农地的青年农民，政府提供购买农田和经营农场的资金，这类资金的构成为购买农田资金以及基建、农机具、经营农场的资金等。购买农田资

---

① 《农业指导补充法》的主要内容包括建立农业结构行动基金、为农民发放退休养老金、改善对农村青年的培训、建立生产合作组织、加强与欧洲共同体的合作。
② 袁振龙，等. 农民问题国际比较研究[M]. 北京：知识产权出版社，2010：79.
③ 北京农业大学农业教育研究室. 欧洲农业教育[M]. 北京：北京农业大学出版社，1985：115.

金年息为 8.25%，25—30 年内分期偿还；基建、农机具、经营农场的资金年息为 4.6%，10—15 年内连续提供。而要获得上述资金支持，除了对年龄、经营计划、经营规模、预定收入目标等有具体要求之外，还要求申请者具有农业技术员资格或同等水准以上，接受过半年以上的培训。另外，在农业部部长批准的教育培训机构中接受过不少于 40 个小时的农业入门培训者，优先享受优惠政策。[1]

四、农业合作组织发挥重要作用

1947 年，法国参照英国"公平先锋合作社"的基本原则制定《合作总章程》，规定合作社可以在农业、工业、商业和银行等各个领域存在。此后，法国政府先后于 1962 年和 1967 年颁布《农业指导法》《合作社调整法》，并于 1972 年颁布《农业合作社条例》。在上述法规的大力推动下，农业互助与合作运动获得较快发展，几乎遍及农业生产、消费、供应、销售、运输、信贷、保险等各个领域，并逐渐形成以服务为导向的各种组织、行业协会及服务企业，采取多元化形式服务于农业生产的各个环节，构成比较完备的合作社体系，在农业生产、农产品流通、农村社会化服务以及食品工业中起着决定性的作用。[2]法国农业合作组织达到了很高的发展水平，数目众多，按照不同的分类标准，可将其划分为不同的类型，如按照区域可分为全国性农业合作组织和基层性农业合作组织，按照服务目的可分为农业互助组织、农业合作社和农业互助信贷组织，按照经营活动可分为生产性的合作组织和流通环节的合作组织。当前，农业合作组织成为法国农民广泛参与的组织，90%以上的农民至少加入了一个农业合作组织。统计数据表明，截至 2009 年底，农业合作社企业达 2900 个，成员 50 万人；地方农业互助信贷银行达 2540 家，成员 650 万人；共同使用农业生产资料合作社达 1.34 万个，约 50%的农民为其成员。[3]

正如法国农业部官员所指出的："今天法国农民的富裕，很大程度上是合作

---

[1] 李水山，赵方印. 中外农民教育研究[M]. 南宁：广西教育出版社，2006：10-11.
[2] 范丽珍. 法国农民组织研究探微[D]. 武汉：华中师范大学，2009：11.
[3] 李先德，孙致陆. 法国农业合作社发展及其对中国的启示[J]. 农业经济与管理，2014（2）：32-40，52.

社带来的。"①作为农业社会化服务的主体和农业产业化经营的重要载体,农业合作组织发挥着多种经济功能,如减少农业生产成本、增加农民收入和实现农业现代化等,并且在现代化知识教育培训和农业技术推广方面也扮演着极其重要的角色,如提升农民的农业技术素养、开发农村人力资源等。以法国农业经营者工会联盟为例,该联盟经常协助各类农业院校与职业农民培训工程制定重点培训计划和详细内容,并参与培训过程的行政事务管理工作。为深入开展农业技术研究、实验和推广,法国农业经营者工会联盟专门设置农业技术研究推广所。农业技术研究推广所分工很细,基本上每一类产品就设置一个农业技术研究推广所,其中谷物和牧草技术所的规模最大。农业技术研究推广所的任务之一就是将实验与地方生产有机结合起来,向农户推广最新的农作物品种、种植技术等,以提升农业生产水平。②统计数据表明,法国有 13 000 多个农业合作社,3800 多家农业合作企业,这些合作社覆盖了 90%以上的农民③,通过指导调整土壤钙含量、提供技术和专业性资料、开展农业生产咨询服务等途径,对农民实施多种形式的农业教育。

农业合作组织还通过组织技术交流、座谈会、成果展览、培训班及发行杂志等多种方式,提供农作物和畜禽良种以及最新的农业政策和信息,指导农户进行科学合理的农业生产决策,避免农产品生产过剩或者短缺,有力地促进了农业科研成果的普及和推广,使其能够迅速转化为生产力,促进了农村经济的发展。

第五节　德　　国

第二次世界大战后期,随着城市化和工业化进程的加快,德国城乡之间发展

---

① Grant W. The Common Agricultural Policy[M]. London：Macmillan Press Ltd.，1997：60.
② 范丽珍. 法国农民组织研究探微[D]. 武汉：华中师范大学，2009：31.
③ 法国休闲农业模式：合作社模式；专家表示：未来农业需跨界融合[EB/OL]. https://www.sohu.com/a/351601420_100020266. 2019-11-04.

的差异也越来越大，大量的农业从业者流入城市谋生，导致农村人口大幅度减少。例如，1950年农村人口占全部人口的25.5%，1980年降为6.1%；从事农林业的人口比重由1950年的22.1%降到1980年的5.9%。1996年农村人口已降至5.4%，从事农林业生产的人口只有2.8%。[1]1991—2013年，德国东部地区人口减少200多万人，超过东部地区总人口的10%，乡村地区流失人口更高达20%以上，且呈现出高度的老龄化、空心化特征。[2]人口外流致使农村地区失去发展的内生动力，农业生产值下降，公共服务和生活水平较弱，生态环境遭到破坏，村庄凋零现象较为严重，城乡社会经济差距巨大。

针对这一状况，汉斯-赛德尔基金会提出"等值化"理念，指出在农村地区生活并不代表会降低生活质量，通过土地整治和村庄改革等方式，实现农村与城市生活不同类但等值，促进农村与城市平衡发展。[3]德国遵循"等值化"和可持续发展理念，实施"村庄更新"计划，使土地利用、生态环境、村庄整治等方面得到了极大改善，农村以粮食生产为主逐步发展为满足生态、文化、休闲旅游等多元需求，取得了良好的经济、社会和生态效益，创造性地解决了农业、农村和农民问题。虽然农业产值占国内生产总值的比例较低，为1%左右，但是农业生产高效率、高机械化率居世界前列，并支撑着国民经济的健康发展。1979年，1个农民的产出营养可以供养10人，1996年可以供养17人，2015年则增加到150人。[4]2013年，家庭农场约达到38万个，其中经营规模在100公顷以上的大型农场有2.93万个，30—100公顷的中型农场有10.4万个，2—30公顷的小型农场有21.85万个，2公顷以下的微型农场有2.67万个。[5]农民收入高，年人均收入约合4万欧元。[6]产业和人口"逆城市化"的发展趋势已经形成，很多大企业的总部都设在小镇。高素质的专业化农业从业人员是德国乡村发展成功转型和农业现代化实现的源泉，他们都接受过良好的职业教育。据统计，95%的农民都受过规范性的职业教育。其中，受过农业高等教育的占10%；受过职业进修教育的占

---

[1] 王章辉，黄柯可. 欧美农村劳动力的转移与城市化[M]. 北京：社会科学文献出版社，1999：170.
[2] 黄璜，杨贵庆，菲利普·米塞尔维茨，等. "后乡村城镇化"与乡村振兴——当代德国乡村规划探索及对中国的启示[J]. 城市规划，2017（11）：111-119.
[3] 朱道才. 我国农村空心化问题的治理研究[M]. 北京：经济科学出版社，2016：15.
[4] 王玉斌，郭娜英，赵铁桥. 德国农民合作社考察及其启示[J]. 华中农业大学学报（社会科学版），2020（5）：160-167，176.
[5] 宋洪远，赵海，等. 中国新型农业经营主体发展研究[M]. 北京：中国金融出版社，2015：231.
[6] 刘英杰，魏琦，王凤忠. 德国农业科技创新与启示[M]. 北京：中国农业出版社，2015：6.

59%；具有中等职业教育学历的占 31%；在农民总数中，持有"专业农民证书"或"农业师傅证书"的比例达到 22%。[①]

一、法律保障制度健全

"立法之业，益为政治上第一关键，觇国家之盛衰强弱者，皆于此焉。"[②]立法能够确立农业职业教育的法律地位，明晰各个利益相关者的权利和义务，确保财政拨款，为其持续发展提供有效的保障。20 世纪 60 年代以来，德国颁布了多部职业教育法律，建立了完备的职业教育法律体系，为农业职业教育的发展提供了很好的法律保障。

1951 年，德国就"农业师傅证书"考试出台了相关规定，对考试的内容、方式、证书和相应的认证进行了详细规定。1960 年，《青少年劳动保护法》颁布，并于 1976 年通过修订法案，对正在接受培训的青少年的工作时间、休息、休假等作了特殊的具体规定，要求企业保证青少年履行接受职业义务教育这一法律义务所需要的时间，且不得因之而克扣其报酬，从而保障了青少年享有接受职业培训和完成法律规定的职业义务教育的权利。1965 年，《手工业法》颁布，对手艺业学徒的训练主体、训练对象、训练合同、训练规范、监督考核等作了规定。1969 年，《联邦职业教育法》颁布，确立了"双元制"（dual system）职业教育培训的法律地位，并对企业职业教育的指导思想、方针、权利和职责、组织形式等作了明确规定。[③]2001 年，教育部发布《21 世纪农业职业教育发展报告》，提出要建立和完善一套面向未来、机会均等、办学机制灵活的高水平农业职业教育体系。[④]2005 年，新修订的《联邦职业教育法》规定，职业教育期限为 2—3 年，部分内容可以在教育机构以外的合适场所实施（跨企业职前教育）；招收他人接受职业教育（教育提供者），必须与其签署职业教育合同；还赋予联邦农业部门在其法律框架内制定农业职业教育的基本规范和职责标准的权力。[⑤]

[①] 丁声俊. 德国：培育现代职业农民很用心[N]. 中国经济导报，2015-07-08（A04）.
[②] 范忠信. 梁启超法学文集[M]. 北京：中国政法大学出版社，1999：11.
[③] 贺国庆，朱文富，等. 外国职业教育通史（下卷）[M]. 北京：人民教育出版社，2014：48.
[④] 王景妍. 发达国家农业职业教育发展模式的比较与借鉴[J]. 世界农业，2018（1）：183-188，219.
[⑤] 姜大源，刘立新.（德国）联邦职业教育法（BBiG）[J]. 中国职业技术教育，2005（32）：51-59.

此外，德国颁布了多部法律，明确规定农民如果没有接受职业教育，没有获得国家颁发的农业职业资格证书，就不能经营农场。部分地区的农业行业协会制定了《毕业考试条例》，对农业类专业毕业考试程序、合格标准等方面作出了规范。针对农业职业教育，各州农业部门也制定了农林类全日制学校型职业教育法律，如《巴伐利亚州农林类学校职业教育法》。

二、开展"双元制"职业教育培训

"双元制"是在传统的学徒培训制基础之上形成的一种职业教育模式或制度，以培养应用型专业人才为目标，强调学校与企业、理论知识和实践技能的有机结合。"双元制"是德国职业教育最为典型的特征，目前已经发展成为支撑国家经济社会发展的重要人才培养模式，被德国前总理科尔（Helmut Kohl）誉为"德国经济腾飞的秘密武器"[1]，同时也成为世界职业教育的典范。"双元制"不仅被应用在一般实用性技能人才培养上，在农民职业教育方面也被广泛应用，得以持续、健康发展。

德国政府规定中学毕业文凭者要成为农场主，必须参加两年以上的"双元制"职业教育培训，并获得毕业证书。在"双元制"农业职业教育领域，农业企业发挥着主导作用，一般设有专职教学人员和培训基地，强化实践操作技能培训，在很大程度上以生产性劳动的方式进行。职业学校提供专业理论知识教育，直接服务于农业企业的实践。学生具有双重身份，既是职业学校的学生，又是农业企业的学徒，可获取一定的报酬。农业协会拥有监督权和管理权，代表政府对参与职业培育的企业进行资质审查，制定职业教育合同标准文本，组织或管理"专业农民证书""农业师傅证书"考试，监督日常教学活动，提供咨询服务等。以莱法州为例，该州建有8个农民职业技术教育培训学校及实验基地，学员每年在校上课时间为13周，其余时间在具有资格的农场学习，学员在校三年学习期间必须到2个以上经州农业协会审核合格的农场进行为期15个月的生产实习，

---

[1] 张峻颖，林军. 基于行业标准的高职院校人才培养模式改革研究[J]. 职教通讯，2015（29）：15-17.

实习期间必须有详细的生产记录，学员每月可以从农场获得330欧元的津贴。[①]为了适应农业内部各分支产业交叉性日益增强的态势，德国在"双元制"职业教育的基础上，实施企业联合职业培训的人才培养模式，通过联合培养，将各类型农业企业的资源进行整合，达到培育高素质的复合型人才的目的，顺应农业集成化、信息化的发展趋势。[②]以"双元制"为核心的农民职业培训，以培养高素质的技术农民为旨归，将农业理论知识习得与技能实践培育无缝对接起来，使农民具备专业化、职业化素质，为家庭农场的企业化、规模化经营和农业现代化提供了重要支撑。

三、实施严格的职业农民准入制度

虽然职业农民在德国总人口中所占的比例较低，如2010年，农业人口为129.5万人，占总人口的1.58%，农业从业人口为63.2万人，占总人口的0.77%[③]，但是，德国却建立了非常严格的职业农民准入制度，并且是梯队培养，这为农业发展提供了强有力的人才支撑。

德国依据农业人才需求情况，将农业职业教育所涉及的职业划分为14个类别，分别为农业服务专业人员、农民、渔民、牲畜养殖户、养马专业户、园艺师、猎户、林业农民、葡萄种植户、酿酒师、农业技术助理、奶制品技术员、奶制品实验员、园艺工人。不同的职业类别又可细分为不同的职业方向，如园艺师包括园艺及景观建造、坟墓园艺、观赏性植物培植、灌木培植、苗圃、水果种植、蔬菜种植七个方向，牲畜养殖户包括养蜂、牧羊、养猪、养牛、养家禽五个方向。[④]

农业职业资格证书又称"绿色证书"，呈阶梯状被划分为五个等级，代表着不同的农业技能水平和从业资格：①一级证书，即学徒工证书，为最低层次等级

---

① 向伯先. 对德国农民职业技术教育与证书培训的思考[J]. 四川畜牧兽医，2002（11）：11-13.
② 柳一桥. 德国农业职业教育对我国新型职业农民培育的启示[J]. 农业经济，2018（4）：64-66.
③ 马瑜，周静. 德国高等农业教育服务社会的特点与启示[J]. 云南农业大学学报（社会科学），2018（4）：102-106.
④ 苗晓丹，刘立新，刘杰. 德国农业职业教育体系及其主要特点[J]. 中国农村经济，2015（6）：85-95.

证书，需要通过一定的考试；②二级证书，接受三年的农业职业教育，并通过一定的考试可获得此证书，成为专业农民，但是没有独立经营农场的资格；③三级证书，二级证书获得者接受一年的高等职业教育，并通过一定的考试可获得此证书，成为农业师傅，可招收学徒和经营管理农场（农业企业），享受政府对农业实行的各种补贴政策；④四级证书，三级证书获得者接受两年的农业专科教育，并通过一定的考试可获得此证书，成为农业企业技术员或农业企业领导；⑤五级证书，四级证书获得者通过附加考试进入农业高等院校学习，毕业后获得由欧盟颁发的证书，成为农业工程师。农业职业资格证书的考试要求十分严格，由主管部门或机构设立的考试委员会专门负责。考试委员会一般由雇主（农场主）、雇员（农业工人）和职业学校的教师三方代表组成，三者各占一定的比例。考试分为企业实践考试和笔试两部分，通过考试可以同时获得考试证书、培训合格证书和职业学校毕业证书。2010 年，参加"农业师傅证书"考试的人数为 1935 人，通过 1542 人。①

四、农业推广教育主体多元化

在德国，推广被定义为一种咨询活动，目标是帮助农民改变自己的行为以解决或缓和所面临的问题，手段是沟通，关系是自愿合作、合伙（即没有强制、操纵或控制）。②承担农业推广教育的主体呈现出多元化的特征，并且在不同的州也存在着差别。从社会角度来说，德国政府、州政府的推广组织、私人部门、自助群体和组织等都在不同的社会环境中存在并且相互补充与协作。③

（一）政府农业推广教育机构

公共部门的农业推广教育体系在德国占据着主要地位，上至联邦政府和州政府的农业部，下至地方的县农业局，都设有专门的推广教育机构。公共部门的推

---

① 苗晓丹. 德国农业教育体系概况[J]. 中国职业技术教育，2015（10）：53-56.
② 高启杰. 德国的农业推广咨询服务[J]. 农业经济问题，1995（11）：61-63.
③ 李婷，张成玉，肖海峰，等. 全球化中的大国农业：德国农业[M]. 北京：中国农业出版社，2014：293.

广教育是免费的，如巴登-符腾堡州的《农业与农业技术法》第九条规定，由州食品农业部为各种农林企业及各种合作组织和农民无偿提供推广咨询服务。[①]

农业推广教育的内容极其广泛，包括与农民生产及生活有关的各种技术和信息。一是农业生产方面，如如何生产优质产品和掌握先进的生产技术，以提高经济效益，维护生态环境；二是企业管理方面，如如何科学合理地利用土地、劳力资本、技术等生产要素以及制定企业发展计划，开展合作及生产组织；三是社会经济方面，如帮助农户尤其是低收入农户科学决策，以增加收入和改善生活状况；四是家庭经济与家政方面，如提供组织、劳动经济、财政、农家资源管理与家庭消费等咨询；五是市场营销方面，如提供相应信息，指导农民如何理性地进行市场购买和销售。[②]

（二）农民协会

德国被称为"结社之邦"，这一特征在农民群体中也得以充分体现。《合作社法》明确规定，各地都要建立合作社，农民都应加入这一组织。在全国层面，有德国农业协会（Deutsche Landwirtschafts-Gesellschaft，DLG），该协会是德国最主要的农民组织，成立于1885年，是各州农民协会以及跨地区的农业和林业专业协会的联合会。在地方层面，每个州都建立了农民协会，并且数量不一。从地方层次的协会到联邦层次的协会，从专业性质的协会到行业性质的协会，从法人协会到非法人协会，种类繁多，体系完善，在全国形成了纵横交叉的组织网络，同时也为农民加入协会提供了很大的选择余地。德国约有50万农户和130万名农民，其中约有80%的农户参加了不同类型的农民协会，一些农户还参加了多个农民协会，甚至一些非农人口也参加进来，农民协会成员达230万人[③]，从而大大提高了农民和农业的组织化程度。

作为农民和农业利益的代表，农民协会具有明确的章程和机构组成办法，除了协助解决技术问题、设置行业标准、推动农业发展等，在国家与社会的良性互动循环中产生重要影响之外，还担负着开展农业技术推广教育的职责，成为农业

---

① 罗伟雄，丁振京. 发达国家农业技术推广制度[M]. 北京：时事出版社，2001：139.
② 高启杰. 农业技术创新理论模式与制度[M]. 贵阳：贵州科技出版社，2004：75-76.
③ 张海涛，张凯. 德国与丹麦的农民专业合作组织简介[J]. 中国农技推广，2005（11）：18-19，21.

社会化服务体系的重要构成部分。以德国农业协会为例，该协会由工程师马克斯·艾特（Max Ait）参照英国皇家农学会于1885年创建，在农业技术推广教育方面发挥着以下四个方面的功能：①开设培训班，在吉森大学设有培训中心，举办动物饲养、农机操作、计算机应用等方面的培训，满足农业从业人员进修学习的需要；②举办专题研讨会，每年举办150次以上的专题研讨会，让会员获得农业生产、农业企业经营管理、食品安全等方面的专业知识；③组织学习和交流，如"欧洲养猪、养牛和种植业俱乐部"是德国农业协会的一个业余活动组织，每年组织400多名会员到法国、荷兰、比利时等欧洲国家的农业专业学校接受培训，并在附近的农业企业实习和交流经验；④出版发行，德国农业协会出版社每年向会员赠送4期《DLG通讯》，介绍协会的活动信息和农业科技知识，还出版发行《小麦种植》《植物医生》《养羊手册》《绿色的挑战》等多种农业科普图书和音像资料。[①]

（三）私人农业推广教育机构

私人农业推广教育机构由个体或公司举办，但必须在州政府注册登记，并获得一定额度的政府补贴。梅克伦堡-前波莫瑞州的公共有限公司由农民个人和农民团体共同成立并持有一定股份，政府也持有一定比例的股份，主要为农民提供农业咨询服务，费用的多少主要取决于咨询服务的内容和时间的长短，州政府也会提供一定的补贴。[②]

私人农业推广教育机构也通过"咨询圈"（Advice Circle）提供推广教育服务。"咨询圈"是一种民间组织，由农民和农场主自愿组织起来并成立理事会，由理事会雇佣一个咨询员作为"咨询圈"的业务经理，咨询员同时也在州政府农业部任职。农业推广教育的费用由"咨询圈"成员（加入"咨询圈"的农业企业或农场主）和州政府承担，如在下萨克森州和石勒苏益格-荷尔斯泰因州，政府对"咨询圈"的员工及其运行提供最高达50%的补贴。[③]1950年之后，汉堡州、

---

① 贾生华，张宏斌. 农业产业化的国际经验研究[M]. 北京：中国农业出版社，1999：127-128.
② 李婷，张成玉，肖海峰，等. 全球化中的大国农业：德国农业[M]. 北京：中国农业出版社，2014：297.
③ 李婷，张成玉，肖海峰，等. 全球化中的大国农业：德国农业[M]. 北京：中国农业出版社，2014：300.

不莱梅州、下萨克森州和石勒苏益格-荷尔斯泰因州陆续成立了"咨询圈"。1986年，汉诺威地区的"咨询圈"达131个，拥有150个咨询员，覆盖的农场面积达806 973公顷，参与的农场企业有15 804家，"咨询圈"成员所支付的咨询费为每公顷10马克左右。推广教育内容主要是企业管理和生产技术，还包括环境保护。"咨询圈"成为公共部门农业推广教育机构的必要补充，二者密切合作和交流。一方面，"咨询圈"将农业企业或农场主的咨询信息反馈给公共部门农业推广教育机构，使其能够有效掌握他们的需求；另一方面，公共部门农业推广教育机构为"咨询圈"提供各种便利。[①]

（四）其他农业推广教育机构

除了上述主要三种农业推广教育机构之外，自助生产者组织和市场合作组织也向农民提供信息和建议。化肥、种子或农药生产商，以及生产过程管理或营销组织、银行和信贷机构、保险公司、能源销售企业、农业研究机构、地区发展机构、就业办公室等在某种程度上也扮演着农业推广教育者的角色。[②]

五、开展乡村竞赛活动

德国的乡村竞赛起源于第二次世界大战后村民自发性的美化家园活动。1961年，为了更好地促进农村经济、文化、社会发展，创造更宜居的生活环境，联邦食品和农业部在全国实施乡村竞赛计划，并于1975年出台农村更新计划，将乡村竞赛计划作为乡村发展的政策基础。乡村竞赛以推动经济创新、创造新的就业机会、保护乡村文化和生态、实现乡村永续发展为目的，每三年举办一次，具有不同的主题，1961—1997年的主标题均为"我们的农村应更美好"，1998年添加了"我们的农村有未来"的副标题，2007年起主标题改为"我们的农村有未来"。农村竞赛由联邦食品和农业部主办，德国园艺协会承办，地方乡镇社团联

---

① 高启杰. 农业技术创新理论模式与制度[M]. 贵阳：贵州科技出版社，2004：76-77.
② 李婷，张成玉，肖海峰，等. 全球化中的大国农业：德国农业[M]. 北京：中国农业出版社，2014：297-298.

盟、德国农村妇女协会等代表各行各业的非营利组织协办，采取三级竞赛制度，分别是初赛（县级）、复赛（州级）和决赛（联邦级）[①]，对获奖村授予奖牌和荣誉证书，并在全国范围广泛宣传。

乡村竞赛不仅激发了乡村的内生发展动力，强化了乡村的自我改善动机，还发挥着重要的职业教育功能。一是形塑农民参与乡村建设的职业精神。虽然乡村竞赛的奖励以精神奖励为主，并无实质性的奖金发放，但是能够获得奖励尤其是联邦级的奖励属于至高无上的荣誉，同时也能增加村庄的知名度，产生溢出效应。因此，这有助于农民树立主人公精神，使他们积极投身于乡村建设之中。二是促进农民的职业技能提升。要在乡村竞赛中获胜，乡村需要提高农产品质量和种类，开展农业服务或乡村旅游等，这往往倒逼乡村经济、文化、社会等方面的转型，对农民的职业技能提出新的要求。以获得德国2007年乡村竞赛金牌奖的雷苓豪森村为例，该村发展社区民宿与观光旅游服务，由农业生产向旅游发展转型，为村民创造了165个就业机会，而如果要获取就业机会，就需要参加培训以提升民宿经营、旅游管理方面的技能。[②]三是提升农民的乡村治理能力。乡村竞赛以竞赛主题引领发展目标，评审内容主要包括发展构想与经济创新（占25%）、社会文化生活（占20%）、建造构成与发展（占20%）、绿色构成与发展（占20%）以及景观中的农村乡村功能（占15%），涉及乡村建设的各个方面。乡村竞赛确定的目标、标准发挥着"指挥棒"的作用，能够有力地引导村民在乡村建设中做什么、如何做，为他们乡村治理能力的提升明晰了方向。例如，雷苓豪森村的农民成立了射击社、林业合作社、水资源社、狩猎合作社、青年社等10个农村社团，并以此为平台共同讨论社区的文化建设、休闲、青年培训与生活照顾等公共事务[③]，大大提升了他们的乡村治理综合能力。

[①] 朱金，陈可石，诸君靖. 德国乡村竞赛计划发展及其对我国大陆乡村建设的启示[J]. 规划师，2015（12）：145-149.

[②] 朱金，陈可石，诸君靖. 德国乡村竞赛计划发展及其对我国大陆乡村建设的启示[J]. 规划师，2015（12）：145-149.

[③] 朱金，陈可石，诸君靖. 德国乡村竞赛计划发展及其对我国大陆乡村建设的启示[J]. 规划师，2015（12）：145-149.

第六节 英 国

  18世纪下半叶开始的工业革命把英国推上了工业化道路，同时也改变了英国的社会经济结构和劳动力分布。随着工业革命的推进，农业在国民经济中的比重呈逐渐递减的趋势，在国民生产中的份额由工业革命前的40%下降到1851年的20.3%，1901年则降到6.1%。[①]同时，大量农村人口和农业劳动力向城市流动，农村人口相对和绝对减少，如从事农林渔业的劳动力比重由1770年的42%、1801年的35.9%、1851年的21.7%下降到1901年的8.7%，大批农村劳动力流入制造业、采矿业和建筑业。[②]20世纪中后期之后，随着"城市病"的彰显，英国出现"逆城市化"现象，大量城镇人口向农村地区迁移，造成对乡村生态的不可逆破坏，同时城乡发展之间的差距进一步拉大，引起人们的担忧。英国乡村联盟指出，如果不对目前的政策进行调整，也不采取有效的乡村行动，乡村社区将逐步沦为不可自足和不可持续的"半卧城"。[③]

  针对乡村发展存在的问题，英国采取了加大农业投资、推行小型农场集中化运动、提高农业机械化水平、重视农业科研和教育等多种举措，以推动现代农业发展，缩小城乡发展差距，实现城乡经济社会关系的再造，从而成为全球乡村建设与城镇化发展的典范。英国的农业劳动生产率仅次于美国，领先于其他发达国家。2014年，英国农业总产值为258亿英镑，净增加值（总产值减去中间消费品价格）为99亿英镑，农业占经济总体比重约为1.4%；从事农业的人员为47.6万人，占总就业人数的1.43%，人均净增加值达到2万英镑，从事农业的人员中有雇佣人员18.1万人，占38%；农业生产主体为农场，2014年达21.2万个，平均面积为81公顷。[④]在促进乡村发展的进程中，职业教育也发挥了重要的作用，提

[①] 王章辉，黄柯可. 欧美农村劳动力的转移与城市化[M]. 北京：社会科学文献出版社，1999：6-7.
[②] 王章辉，黄柯可. 欧美农村劳动力的转移与城市化[M]. 北京：社会科学文献出版社，1999：7.
[③] Milbourne P. Rural Poverty: Marginalisation and Exclusion in Britain and the United States[M]. London: Routledge, 2004: 18.
[④] 毛世平，龚雅婷，刘福江. 英国农业补贴政策及对我国的启示[J]. 农业现代化研究，2017（1）：31-37.

升了农业从业者的素质。农业从业者以农场主和职业经理人为主,多数是经过培训且有职业资格证书的职业农民。他们熟练掌握农业技能,了解农业政策,职业素质较高,为乡村的发展提供了强有力的人力资本保障。以邓斯登绿色农场(Dunsden Green Farm)为例,其耕地面积为 1000 公顷,管理人员只有职业经理人 1 人和长期雇员 2 人,工作范围包括从各类农业补贴申请到运用精准技术开展田间作业及市场销售的全过程,农忙时也会临时雇佣 1—2 人。[1]

一、健全农民职业化培训法律保障制度

英国注重根据社会经济发展需要,及时颁布和修订相关法律法规,为农民职业教育提供了有力的法律制度保障。1601 年,《伊丽莎白济贫法》颁布,规定凡是贫民子弟,不论性别都要接受学徒培训。[2]1870 年,《福斯特教育法》(又称《初等教育法》)通过,规定国家继续拨款补助教育,在缺少学校的地区设立初等学校;对 5—12 岁的儿童实行强迫义务教育,为农业职业教育的实施奠定了基础。[3]1947 年,《农业法》颁布,后经历多次修改,该法通过市场干预、提供生产补助金和补贴以及强化技术应用等政策手段,增加粮食产量,保障农民的生活条件,创造稳定高效的农业产业,为农业教育的实施提供了很好的条件。[4]1964年通过了《产业培训法》,强调所有就业者都需要接受训练,不限于高技术行业的雇员,肯定了农民职业培训的法律地位。[5]1967 年颁布了《农业教育法令》,指出需要引导农村地区开展农业培训与职业教育。[6]1982 年颁布了《农业培训局法》,规定了教员或辅导员的条件,严格落实考核制度,对于参加培训班并经考

---

[1] 张辉,崔泽民,宋玮,等. 英国现代农业发展的启示与建议[J]. 中国农业资源与区划,2016(4):62-68.
[2] 蒋平,吴建坤. 英国职业农民培育的经验与启示[J]. 江苏农村经济,2014(5):69-71.
[3] 樊改霞,王嘉毅. 从价值颠覆到价值改造——论公共教育转型中的精神气质重塑[J]. 兰州大学学报(社会科学版),2012(5):152-158.
[4] 张晨,肖大威. 从"外源动力"到"内源动力"——二战后欧洲乡村发展动力的研究、实践及启示[J]. 国际城市规划,2020(6):45-51.
[5] 贺国庆,朱文富,等. 外国教育史(下卷)[M]. 北京:人民教育出版社,2014:14.
[6] 王凯. 发达国家现代农业职业教育体系的特色及对我国的启示[J]. 农村经济与科技,2016(21):272-274.

试合格的学员颁发"国家职业资格证书"。①1986 年，英国政府向议会提交了题为《教育与培训并重》的白皮书，强调农村职业教育要与经济和农业科技进步协调发展，从而有利于农村职业教育的普及。②1981—1995 年，英国发表和颁布了五个与农业职业教育有关的白皮书及政策法规，为农业职业教育的健康发展提供了有力保证。由此，每年几乎有 1 万名农民能够参加国家主导的职业技能培训，并且从涉农企业到个人都会得到国家不同程度的补贴。③

2013 年，英国商务创新与技能部、环境食品农场事务部和国际发展机构联合颁布《英国农业技术战略》，为政府相关部门、农业产业界和科学界提供了一系列行动计划，强调了大数据对于推动农业发展的巨大潜力，旨在帮助现代农业和食品行业将科技成果应用于生产实际，提高农业产业的竞争力，从而为农民获得农业科技知识和使用创新技术提供了很好的保障。④为了确保农业、园艺、林业等行业能够获得足够和适当的熟练劳动力，2018 年，《健康与和谐：绿色脱欧，食品、环境及农场的未来》报告发布，提出强化职业农民培训，具体包括为农民提供更多的学徒机会、放款学徒条件等举措⑤，以充分发挥其可持续生产的潜力。需要强调的是，在英国各种产业培训中，农民职业教育与技能培训是唯一能够得到政府资助的项目，农场工人参与培训时间的工资由农业培训委员会的政府基金支付，农场主不用支付。

二、建立系统的农业推广教育机构

19 世纪后期，英国最早使用"推广教育"一词，经过多年的发展，建立了系统完善的农业推广教育机构。

---

① 英国现代农业发展的六大经验启示[EB/OL]. http://www.jhs.moa.gov.cn/zlyj/201904/t20190418_6181035.htm. 2016-06-24.
② 王凯. 发达国家现代农业职业教育体系的特色及对我国的启示[J]. 农村经济与科技，2016（21）：272-274.
③ 程宇航. 发达国家农民教育培训一瞥[J]. 老区建设，2011（13）：56-59.
④ UK Strategy for Agricultural Technologies：Executive Summary[EB/OL]. https://www.gov.uk/government/publications/uk-agricultural-technologies-strategy/uk-agricultural-technologies-strategy-executive-summary.
⑤ 许竹青. 英国农村科技创新政策的阶段重点与启示[J]. 科技中国. 2019（10）：17-19.

（一）国家农业推广教育机构

1946年，英国成立国家农业咨询局（National Agricultural Advice Service，NAAS），主要任务是向农民和农场主提供有关农业生产、科学技术和农业教育方面的免费咨询。1965年，国家农业咨询局共有2075名经过专门训练的专业咨询推广人员，其中综合性农业咨询推广员580名，畜牧业咨询推广员520名，园艺咨询推广员170名，奶业咨询推广员340名，另外还有120名咨询推广员分散在各地实验农场工作。[①]1971年，农业发展咨询局（Agricultural Development Advice Service，ADAS）成立，由国家农业咨询局、国家兽医局、排水局和土地（调查）局合并组建而成，是农业部下设的一个专业局。农业发展咨询局设置农业处、土地处、农业科学处、排水处和兽医处五个部门，除了充当农业部和政策决策部门的顾问，审定农业推广计划和为制定农业技术政策提供建议，协助执行农村经济发展的有关政策之外，还在农业推广教育方面担负着重要职责。农业发展咨询局拥有5000多名顾问，涵盖农业的各个领域，包括经营管理、病虫害防治、家畜日粮配给制（包括饲料分析）、肥料政策（包括土壤分析）、排水、房舍建筑和道路、供水等，为农户和土地所有者提供技术指导及担任业务顾问。[②]

（二）地方农业推广教育机构

地方农业推广教育机构是按照区域划分的，在爱尔兰和威尔士设8个大区，下设24个分区，分区又下设基层小区，每个小区有大约500个农户。平均每个基层小区有一个农户讨论小组和专家讨论小组，以及特别小组会，负责讨论和研究各种农业问题。大区和分区设有咨询推广站，由一名咨询官员负责并按专业配备农业专家。地方农业推广教育机构的主要任务是按照上级的工作计划和部署，组织和领导本地区的农业推广教育工作。苏格兰的农业推广教育工作由三所地区性大学承担，每所大学联系大约6000个农户，并派有专门负责农业推广教育工作的高级官员，且配备各专业的兼职专家和教授，以开展各种形式的农业推广教

---

① 王文玺. 世界农业推广之研究[M]. 北京：中国农业科技出版社，1994：402-403.
② Dawson P，胡藕祥. 英国的农业推广工作——介绍英国农业渔业及粮食部农业发展咨询局[J]. 世界农业，1983（3）：32-33.

育。北爱尔兰的农业推广教育工作由北爱尔兰农业部的农业执行官领导，在郡和乡镇设立农业推广教育中心，开展农业推广教育工作。另外，该地区的农学院、科学实验中心、民间企业和公司、部属研究机构都参与农业推广教育工作。[①]农业推广教育工作开展一般采取以下三种具体途径：一是提供咨询，解答农民生产、经营等方面的问题；二是提供技术培训，开展农业职业教育；三是通过举办农业展览会，进行示范表演和经验交流，推广先进的农业生产技术。

（三）农业科研机构

实施农业推广教育的农业科研机构主要分为两种类型：一种是专门的农业科研机构，如萨里农业研究中心、皇家园林学会、苏格兰农学会、渔业辐射生物研究所等，1999年，这类机构的数量就已经达到46个；另一种是高等农业院校的农业科研机构，如牛津大学的农业实验站、剑桥大学的植物育种研究所、爱丁堡大学的家畜遗传研究所、北爱尔兰女王大学的农业食品科学研究所等。农业科研机构利用自身的优势，向农业从业人员提供生产技术咨询，建立小型农业科技推广站，普及与推广基础农科知识和技术，转化科研成果，还采取示范、召开现场成果介绍会、举办短期培训班和讲习所，以及运用电视、广播、刊物等多种手段普及农业知识，提高农业从业人员的文化素质。[②]

（四）农民协会

早在18世纪中期英国就成立了农民协会，研究农业生产中存在的问题，并推广新的农业技术和方法，有的还设有实验室，开展土壤分析、饲料成分测定和植物病虫害诊断等，提供信息咨询服务。作为农民利益的代言人与维护者，农民协会发挥着多元化的功能，如作为农民集团利益的代表，与英国政府及欧盟进行有关农村和农业发展方面的谈判，说服政府是否实施某些政策；提供法律、税务等方面的系列服务；代表农民进行市场方面的讨价还价，提高农民谈判和竞争的地位与能力；保护本土农业。[③]农民协会还是重要的农业推广教育机构，在种植

---

① 王文玺. 世界农业推广之研究[M]. 北京：中国农业科技出版社，1994：418-419.
② 赵卫. 今日英国的农村教育[J]. 外国教育研究，1988（3）：37-41.
③ 丁士军，史俊宏. 全球化中的大国农业：英国农业大国[M]. 北京：中国农业出版社，2013：350.

养殖规划、农技推广、农业营销经营、信息提供等方面发挥着重要功能。例如，英国全国农民协会（National Farmers Union，NFU）成立于1908年，是英国最大的农民协会。全国农民协会在英格兰和威尔士的各个地区建立了当地办公室，不仅收集农民意见，代替农民进行市场调研，还为农民提供种植养殖规划、营销策划、农技推广、行业信息等方面的咨询服务。此外，还成立了青年农民俱乐部，免费吸纳青少年学生成为会员，大力开展农业教育。又如，苏格兰农业和农村教育联合会在农业推广教育中发挥着重要作用，如提供信息咨询服务，举办展览会，开展与农业有关的竞赛活动，为中小学提供各种教育资料，推行"区域农村联系计划"，开展促进"在农村中学习"方面的研究等。[1]全国青年农民协会还积极开展国际农业交流活动，每年组织青年农民到国外参观访问，学习国外农业经营的经验。

三、完整的农业职业教育体系

为了培养多层次、多规格的农业技术和管理人员，英国建立了完整的农业职业教育体系，形成了农民职业教育网络，根据农业发展需求输送不同类型的农业人才。

（一）高等农业职业教育

高等农业职业教育的实施机构是大学和地区农学院。有15所大学提供与农业和食品有关的课程，如牛津大学、剑桥大学、诺丁汉大学、英国女王大学等。还有一些单科学院提供与农业有关的大学和研究生课程。本科层次课程的学制为3—4年，研究生层次课程的学制为1—2年，学生毕业后主要从事农业顾问和教学科研工作。此外，牛津大学和剑桥大学还招收已取得高级国家农业证书的学生，学制为一年，毕业后授予"高级国家经济证书"或"高级国家科学证书"。[2]农学院提供高级国家农业证书课程，实行"三明治"培养模式，即第

---

[1] 贾生华，张宏斌. 农业产业化的国际经验研究[M]. 北京：中国农业出版社，1999：148.
[2] 北京农业大学农业教育研究室. 欧洲农业教育[M]. 北京：北京农业大学出版社，1984：32.

一、三学年在校学习，第二学年在企业与农场实习，学生毕业后主要从事农业顾问和农业教师工作。

（二）中等农业职业教育

中等农业职业教育的实施机构主要是县农学院、农场职业中学、技术中学和现代中学等。县农学院在每个县都有设置，共有81所，主要开设国家农科文凭课程，经费由地方财政提供资助，每个学生的资助金额在3000英镑左右。学制为三年，要求学生有1—2年的农业实践经验，采取"三明治"培养模式，学生毕业后一般担任农业技术人员和农业企业管理人员。农场职业中学的主要招生对象为农场劳动者子女，入学率为86.1%，专门培养农业技术工人、农场独立经营者以及日后准备升入高等农业院校深造的学生。据统计，1980年，英国已有农场职业中学2000多所。许多技术中学和现代中学都开设农业、农机和畜牧方面的专业及课程。[①]

（三）农业职业培训

农业部的农业培训局、地方教育局与农学院联合，在全国设置了200多个农业培训中心，负责15公里半径之内的农民职业培训，大量招收具有普通教育基础和1—2年农业实践经验的青年接受专业教育，学制长短不一，形式为半工半读或函授，培训合格后授予国家农业证书。[②]各地还出现了大批社会、团体和个体兴办的业余农业学校及短训班，如农工夜校、农民夜校、农技训练班、农业冬季讲习班、农业青年培训学校、农业函授学校和农业广播学校等，学制一般为1—3年，有的为3—6个月，时间上分为全日制、半日制、夜校制以及农读交替制。[③]

[①] 赵卫. 今日英国的农村教育[J]. 外国教育研究, 1988（3）：37-41.
[②] 李山水, 赵方印. 中外农民教育研究[M]. 南宁：广西教育出版社, 2006：2.
[③] 赵卫. 今日英国的农村教育[J]. 外国教育研究, 1988（3）：37-41.

四、建立完善的职业农民资格证书制度

英国的职业农民资格证书主要包括技术教育证书和职业资格证书两大系列，技术教育证书分为四种类型，包括农业工程技术员证书、养禽技术员证书、食品技术员证书和农业技术员证书；职业资格证书的设置则更为细致，分为11种类型，包括农业机械证书、农业工程证书、奶牛证书、农业证书、林业证书、农场管理证书、农场秘书证书、园艺证书、庭院证书、养禽证书和畜牧证书。无论何种类型证书，均分为五个等级，如表3-2所示。①

表3-2 英国职业农民资格对应职务及认定标准

等级	对应职务或证书类型	认定标准
1	半熟练工	具有在一定范围内从事常规的、可预测的工作活动的能力
2	熟练工	具有在较大范围和变化条件下从事一些复杂的、非常规的工作活动的能力
3	技术员，技工初级管理人员	具有在广泛领域从事各种复杂多变的、非常规的工作活动的能力，对他人的工作进行监督和指导
4	工程师，高级技术员，高级技工，中级管理人员	具有在广泛领域从事技术复杂、专业性强、条件多变的工作活动的能力，对他人的工作和资源的分配负责
5	工程师，高级工程师，中、高级管理人员	具有在广泛的、通常是不可预见的条件下独立运用基本原理和复杂技术的能力；具有个人独立分析、决断、设计、规划、实施和评估工作结果的能力

农民职业资格认证由14家社会认证机构负责，采取培训与认证相分离的方式，培训结束后由认证机构根据职业特点和所申请的资格等级，采取日常表现考核、理论考试、实践评价、理论+实践等多样化方式进行评价鉴定，还采取完成小课题、现场笔试、面试等形式。②为了避免滥发职业资格证书，政府专门成立了农业职业资格评审委员会，由农业培训局、学校、国家职业技能考核委员会、农民协会以及政府部门的代表组成。获得职业资格证书的农民可以在土地、税收、金融、技术援助、农场继承等方面获得一定的优惠和支持，从而大大调动了农民获得职业资格证书的积极性。

---

① 胡静，闫志利. 中外新型职业农民资格认定标准比较研究[J]. 职教论坛，2014（10）：57-62.
② 苏娜，牛静. 英国农业职业资格证书制度现状[J]. 世界农业，2012（10）：126-128.

第四章
职业教育促进农村"空心化"治理的国内个案

作为一种探究理论形成和发展的重要研究方法，个案研究法（case study）又称典型研究法，是指对具有某种代表意义及特定范围的单个或多个研究对象进行深入而细致的描述与分析的方法，具有以下基本特征，如通过聚焦在特别的事例上研究一种现象，对每一个事例进行深入研究，研究在自然背景（脉络）下的现象[①]，能够更好地保留研究对象的特征，研究过程具有跟踪性，揭示个案代表的类别或蕴含的抽象机制。职业教育作为"教育的一个多样化的领域"，具有鲜明的地域性和生产性特征，尤其是农村职业教育，在培育技能型人才、促进产业深度融合、增强农村的生计恢复力和内生动力等方面的优势愈加凸显。在促进农村"空心化"治理的具体实践中，职业教育因地制宜，与各地的地理环境、资源禀赋、乡土文化等因素有机地融合在一起，取得了很大成效，农村发展焕发出新的生机，并且涌现出许多别具特色的鲜活个案。

管中窥豹，可见一斑。依据典型性和理论抽样原则，本章选取国

[①] 潘苏东，白芸. 作为"质的研究"方法之一的个案研究法的发展[J]. 全球教育展望，2002（8）：62-64.

内6个不同省份的职业教育促进"空心化"治理的典型个案，以便能够清晰、透明地观察到研究问题。这6个个案分别是河北省内丘县岗底村、浙江省安吉县鲁家村、山东省曹县丁楼村、陕西省礼泉县袁家村、贵州省遵义市花茂村以及湖南省花垣县十八洞村，这些地方的"空心化"现象曾经都非常严重，如村集体经济入不敷出、人口大量外流、产业与文化日渐凋敝、大片宅基地闲置等。这些个案在近几年的乡村治理中，通过开展职业技能和职业精神培训、注重产教融合等多种方式融入职业教育因素之后，有力地提升了农民的职业能力和综合素质，有效推进了供应链、价值链与创新链的"三链同构"，破解了发展难题，重新焕发出生机与活力，取得了具有辨识度的治理成果，并形成了独具特色的治理经验，成为当地农村"空心化"治理的样板村。本章依托上述个案，通过分析职业教育促进农村"空心化"治理的措施以及成效，为探索加强和改进乡村治理提供一定的典型经验与路径方法。

第一节 河北省岗底村

一、岗底村概况

河北省邢台市内丘县岗底村因在九龙岗山脚下而得名，南连邢台县，西临山西省昔阳县，北靠临城县，处于太行山深处的侯家庄乡，在当地有"三沟两峪一面坡"之说。20世纪80年代，岗底村是远近闻名的贫困村，被称为"九龙岗下穷山庄，穷傻愚名传四方"[①]。"一旦乡村居民受到压制和变得贫困起来，一旦耕种土地不足以维持和保证住在乡下的人们的生活资料，他们就会流入大城市。"[②] 由于人多地少，粮食产量又低，基本的温饱问题难以得到保障，村民抱怨"生错了地方"，只能选择外出打工谋求生路，大量农村劳动力外流，导致岗底村的"空心化"问题日趋严重。

1984年以来，在村党支部书记杨双牛的带领下，经过治山治水、发展林果产业和多元化经营不同阶段的治理，岗底村发生了翻天覆地的变化，昔日的荒山、秃岭、小山村变成了生态、社会、经济三大效益协同发展的"花果山"和"聚宝盆"，昔日的穷山沟变成瓜果飘香的"金窝窝"。进入21世纪后，岗底村8000亩山场全部绿化，栽植苹果3500亩、板栗2000亩，村民生活水平大大提高，几乎家家户户都买了小汽车，成为太行山靠绿水青山起家的富裕村、乡村旅游名村，被称为"太行山最绿的地方"。2001年，侯家庄乡政府迁到岗底村。为把苹果做成产业，岗底村成立了集生产、服务、销售为一体的河北富岗食品有限责任公司，直接带动周边35个贫困村的1481户贫困户增收致富，人均增收3000元以上。"富岗苹果"连锁基地也发展到太行山和燕山11个县、369个村，带动7万

[①] 张士英. 果树盛开科技花——岗底村科技脱贫致富调查[J]. 中国果菜, 2017 (8): 81-82.
[②] [法] 弗朗索瓦·魁奈. 魁奈经济著作选集[M]. 吴斐丹, 张草纫, 选译. 北京: 商务印书馆, 1979: 163.

多名山区群众走上了致富路。① "岗底模式"作为科技扶贫的一个典型成功案例备受社会关注，《人民日报》《农民日报》《中国教育报》《中国食品安全报》《河北日报》等多家媒体多次进行报道。岗底村先后获得全国科教兴村先进单位、国家级农业标准化示范区、全国农业旅游示范点、全国科普教育基地、全国文明村、中国特色村、全国乡村治理示范村、河北省乡村旅游重点村、全国乡村旅游重点村等多项荣誉，并入选 2021 年全国乡村特色产业亿元村名单。

二、职业教育促进岗底村"空心化"治理的措施

（一）高校提供智力支持

每一个较大规模的现代社会，无论它的政治、经济或宗教制度是什么类型的，都需要建立一个机构来传递深奥的知识，分析、批判现存的知识，并探索新的学问领域。②高校作为知识的生产者和创新者，拥有技术、人才、资源、公信力等多种优势，具有科学研究、人才培养、社会服务、文化传承创新等功能，能够通过整合农业教育、科学研究、农业技术推广等多层次推进乡村振兴。在促进岗底村治理过程中，高校积极提供智力支持，传递先进的农业科技和管理知识，为岗底村的持续发展注入了不竭动力，村民们亲切地把来自高校的科技专家称为"科技财神"。

总体而言，高校为岗底村提供智力支持主要体现在以下四个方面。一是治理荒山。早在 1985 年，著名水土保持专家河北农业大学于宗周教授就在岗底村开展治山方面的培训，指导科学治山。在高校专家的指导下，岗底村本着整体优化、主导产业、集约经营、可持续发展的原则，在山下河套筑起高标准的拦洪护村大坝，在山场全面推行"水土保持林戴帽、耐旱经济林挡腰、高效水果住坡脚"的植被模式，建立包括鱼鳞坑、梯田、排水沟和塘坝等在内的水土保持系统和排灌系统，以及与整体规划相协调的道路系统③，进行山水林田路综合施治，

---

① 任光阳，齐彦红. 岗底村：又是一年苹果红[N]. 河北经济日报，2020-11-17（003）.
② [美] 约翰·S. 布鲁贝克. 高等教育哲学[M]. 王承旭，等译. 杭州：浙江教育出版社，1998：13.
③ 内丘县岗底村村民：留住绿水青山 方得金山银山[EB/OL]. https://www.sohu.com/a/110578291_119930.2016-08-15.

取得了很好的效果，林木覆盖率高达90%以上[①]，其小流域治理成为河北省山区建设的典范，被三次来村考察的德国经济学家鲁道夫（Rudolph）称为"岗底模式"。二是推广种植技术。由于大部分是山地，岗底村的产业是林果业，主要种植苹果、板栗等林果类经济作物，并在种植技术推广方面加强合作。1995年，岗底村在中国人民大学的支持下，建立了本地区第一家培植优良苗木的"百花园"，成为日后培育优质果树苗木的试验田。以"太行山上的新愚公"河北农业大学李保国教授为领头人的"太行山生态景观设计"课题组于1997年入驻岗底村，在做好课题研究的同时，向果农传授果树栽植、整形修剪、水肥管理、病虫害防治等技术知识。三是制定苹果生产标准。中国农业大学和河北农业大学的专家为富岗苹果量身定做生产标准，"运用'统一、简化、协调、选优'的原则，使产前、产中、产后各个环节纳入标准化生产和标准化管理的轨道"[②]，生产出来的苹果就像是从一个模具里刻出来的一样。四是旅游规划设计。岗底村与高校加强旅游规划设计方面的合作，进行全面的景观生态建设，还根据当地的旅游发展规律和市场特点制定目标，对各项旅游要素进行统筹规划和具体安排，发展具有当地特色的乡村旅游，如观光游和苹果采摘游等。

（二）加强苹果种植技术培训

2007年中央一号文件《中共中央 国务院关于积极发展现代农业扎实推进社会主义新农村建设的若干意见》提出，"开发农业多种功能，健全发展现代农业的产业体系"，强调农业功能的多元性，即"不仅具有食品保障功能，而且具有原料供给、就业增收、生态保护、观光休闲、文化传承等功能"。农业的多元功能正是农业技术的社会反映。通过对农民开展多种农业技术培训，将现代农业实用技能传递给他们，全面提升他们的人力资本水平，这能够在很大程度上提高农业生产效率，减少脆弱性，为"空心化"治理提供强有力的保障。

岗底村十分注重村民农业技术素养的培训，致力于人力资本的提升。1986年，在村党支部书记杨双牛的带领下，全村集资10万元，创办了村成人技术学

[①] 邢台内丘县岗底村：挑起"金扁担"端上"金饭碗"[EB/OL]. https://www.sohu.com/a/472719721_120078003. 2021-06-18.

[②] 刘庆国. 岗底村的绿色崛起之路[N]. 张家口日报，2013-05-15（003）.

校，制订了正规的教学和培养计划，从河北农业大学、邢台农业学校[①]、邢台市林业局聘请专家和技术人员对村民进行果树等方面的技术指导。岗底村村委会根据村民要求，每年组织10—12次果树培训，培训内容主要包括如何有效防治病虫害、如何高效率打理果树等，还传授先进的果树种植技术，推广新品种。村民积极参加培训，平均每次有180—200人参加，能达到每户有1人参加。[②]李保国教授根据岗底村的海拔高度、温差和土壤特点，培育出红富士苹果"富岗一号""富岗二号""富岗三号"。他为富岗苹果量身定做了《富岗苹果128道标准化生产工序》，将生产过程各环节纳入标准化生产和标准化管理轨道，形成了果农通俗易懂的128道生产工序，标准化生产使富岗苹果富含18种氨基酸，其中15种高于国家标准。[③]此外，邢台农业学校派出专业教师，对村民进行刻芽、扭梢、环割、摘心等果树栽培和管理技术方面的培训。通过参加苹果种植技术培训，村民对苹果种植各个环节的工作有了清晰的认识和把握，并且纷纷化身为"果树专家"，将所学的果树管理技术运用到苹果生产实践中，切实提高了果品质量，进而带动了岗底村经济的发展。目前岗底村成为河北省闻名的苹果专业村，生产的"富岗苹果"被评为"中国驰名商标"，每年前来参观考察、旅游的人络绎不绝。岗底村建起李保国学校，聘请郭素萍等专家不定期对果农开展培训。

（三）注重村民的扶志

习近平总书记指出，"要把扶贫同扶志结合起来，着力激发贫困群众发展生产、脱贫致富的主动性，着力培育贫困群众自力更生的意识和观念，引导广大群众依靠勤劳双手和顽强意志实现脱贫致富"[④]。在农村"空心化"治理中，要注重引导村民树立自强的理念，转变"等、靠、要"思想，通过自力更生和辛勤劳动改变贫困落后的面貌，这在岗底村得以充分体现。科技人员在帮扶岗底村的过程中不仅传授果树种植技术，更注重激发村民的自觉性、能动性与创造性，以实

---

① 现更名为邢台现代职业学校。
② 纪朋涛."岗底模式"促进农民行为转变的效果分析[D]. 保定：河北农业大学，2013：25.
③ 姚岚，石巍. 富岗苹果插上"科技的"翅膀[N]. 中国食品安全报，2022-08-04（A03）.
④ 习近平春节前夕赴河北张家口看望慰问基层干部群众[EB/OL]. http://cpc.people.com.cn/n1/2017/0125/c64094-29047469.html. 2017-01-25.

现自信、自立和自强。例如，村民梁山林"过去穷，37岁了还打光棍①"，感觉前途无望，李保国对他说："你包几亩果园吧，我教你。种好苹果，盖房、娶媳妇都没问题。"在李保国的激励下，梁山林有了脱贫致富的意识和信心，"每天起早贪黑，泡在4亩半果园里"，后来又承包了1亩半果园，年收入达15万元，"现在特别满足，过上了小康生活，很幸福，日子也过成了歌"。②

（四）培育高素质农民

当前我国农村经济发展和生计资本增长的"瓶颈"是农村劳动力的素质与创新能力低，由此培养一批立足农村、服务农村的应用型人才，是职业教育促进农村"空心化"治理的出发点与落脚点。岗底村注重有知识、懂技术、善管理、会经营的高素质农民培养，致力于人力资本水平的提升。岗底村前党支部书记杨双牛身体力行，带头积极钻研果树技术，参加相应的培训，先后参与完成了科技成果20多项，其中9项获省、市山区创业奖，7项获河北省科学技术成果证书，6项获省、市科技进步奖，成为广大群众学科技的典范。2009年，岗底村借邢台农业学校"送教下乡"的机会，让100名村民攻读在职中专，以提升学历层次。2010年，岗底村与邢台农业学校签订协议，对全村18—55岁的208名果农进行技术培训，其中191名农民顺利通过考试，获得农业部等部门颁发的初、中级果树工技能证书。此外，岗底村还制定了"持证下田"制度，明确规定村民必须参加培训，只有达到一定水平并取得相关证书后，才能"下田"。岗底村成为农民"持证下田"全国第一村，也被称为"职业农民村"。为调动村民参与培训的积极性，岗底村将证书与苹果收购价格、个人养老金挂钩，并对参加培训考试成绩优异者给予一定现金奖励，同时还制定了鼓励本村学生考大学的奖励办法，在全村营造了崇尚科技、积极参加学习培训的良好风气。③在富岗苹果生产基地，每个果园都竖立着一个牌子，上面写着果园经营者的学历、获得级别证书以及果农的承诺等，所有果园全部建立日志档案，真正做到了"无证难上岗，持证好下田"。此外，岗底村还派村民到日本学习考察果树科技和果树管理等。

---

① 指1995年。
② 齐彦红，郭硕，魏亚慧. 岗底村：科技赋能发"生态财"[N]. 河北经济日报，2021-04-26（002）.
③ 张士英. 果树盛开科技花——岗底村科技脱贫致富调查[J]. 中国果菜，2017（8）：81-82.

高素质农民成为"土专家""土教授",吃上科技兴农的"技术饭",被称为太行山果树技术推广的"播种机",他们除了管好自家果园和服务本村其他村民之外,还积极到外地提供果树栽培、病虫害防治、老果园改造等技术服务。例如,2016年成立的苹果种植技术服务队活跃在邢台、邯郸、石家庄、保定、承德、张家口、唐山等地区19个乡镇的371个行政村,培训当地村民5000多人次,接受技术咨询8000多人次,发放林业技术资料2万多份,服务果园面积达到5.8万亩,优质果产量达9000万公斤,使2万多名果农年人均增收2700元。①

三、职业教育促进岗底村"空心化"治理的成效

一是产业兴旺。岗底村形成了"以果品业为主,多元化发展为辅"的产业体系。苹果产业成为岗底村的支柱产业,年产优质果为750万斤,产量高达2800万斤左右,富岗苹果基地带动太行山区周围种植苹果5.8万亩,辐射石家庄、邯郸、承德等市300多个行政村。②除此之外,岗底村还有农副产品加工业、白酒加工业、旅游业和房地产开发业等,如利用富岗品牌,开发山葱花、山韭菜花、柴鸡蛋等绿色食品。又如,岗底村开设"李保国先进事迹教育基地餐厅、辰岗托梦苑、半山斋、龙岗山庄、阳光美食城等高中低档酒店、餐厅、民宿30多家,集观赏、餐饮、会议、休闲度假于一体,每日可为上千人次提供餐饮、住宿等服务"③。二是外出人员回流。岗底村的发展吸引了大量外出务工的村民返乡创业或从事苹果种植业。例如,为了维持生计,村民王叶霞之前在外打工,现在已经不再出去打工,而是在村里经营着一家民宿,一年下来,比在外打工挣钱强多了。④三是生活质量显著改善。经过治理,岗底村成为太行山靠绿水青山起家的

---

① "李保国128技术服务队":农民需要啥,我们就干啥![EB/OL]. https://www.sohu.com/a/327543309_120206825. 2019-07-17.
② 邢台市内丘县岗底村:传承太行山"新愚公"精神 走好科技致富路[EB/OL]. https://www.163.com/dy/article/G6B7G32A0545GN9P.html. 2021-03-30.
③ 张明明,李三虎,焦欣. 乡村旅游,好风景带来好前景[N]. 邢台日报,2021-08-12(003).
④ 张明明,李三虎,焦欣. 乡村旅游,好风景带来好前景[N]. 邢台日报,2021-08-12(003).

富裕村，村民的收入大大增加，2022年的年人均收入为4万多元。①村民住上新民居，村庄设施完善，街、路、巷都有标牌和路灯，饮水排水管网全覆盖，建有供村民健身、娱乐的小广场，银行、超市、诊所、酒店和农家乐等一应俱全，生活质量显著改善。

第二节　浙江省鲁家村②

一、鲁家村概况

鲁家村为浙江省湖州市安吉县递铺街道下辖村，为行政村，土地资源并不丰厚，可谓"七山一水两分田"。虽然地处城郊，距离县城中心很近，但是鲁家村先天的自然优势并未得到开发，也不具有发展先进产业的优势。过去，鲁家村的农田山林出现大量荒废弃置现象，以种养业为主，一些村民办养猪场、养鸡场，只能基本实现自给自足，基本没有第二、三产业，产业结构层次低。2011年之前，鲁家村是一个远近闻名的"脏乱差"村、"空心村"、贫困村，村里大部分劳动力以外出打工为主，劳动力老龄化、人才流失、村庄空心化和农业副业化等问题突出。很多人在外闯出名堂后不愿意回来，村庄日渐凋敝。村庄房前屋后垃圾遍地、污水横流，找不到任何一个垃圾箱；村里全是泥巴路，路况很差，每逢下雨时，道路泥泞不堪；土坯房屋建筑，简易厕所随意搭建。鲁家溪是鲁家村的"母亲河"，河床里都是垃圾，每到雨季就会发大水，淹没河边的农田。由于环境极端"脏、乱、差"，在安吉县的187个村（社区）卫生检查中，鲁家村排名倒数第一。鲁家村集体经济收支不平衡，资不抵债，村委会还在20世纪五六十年

---

① 邢台岗底村：让山水更美村民更富[EB/OL]. https://www.sohu.com/a/609121171_121073658. 2022-11-23.

② 本部分内容出自笔者指导的硕士研究生学位论文《成人职业教育促进农村"空心化"治理研究——以浙江省L村为例》，作者为陈科，内容有改动。

代建的大会堂办公。2011年，村集体经济收入1.8万元，村集体资产30万元。"没有名人故居，没有古村落，没有风景名胜，没有主要产业"，这是对鲁家村当时"空心化"的真实写照。①

鲁家村的逆袭转折发生在2011年，当时新上任的村两委领导摒弃过去传统"老旧"观念，带领团队启动美丽乡村建设工程。在不断探索的过程中，鲁家村从现有的自然资源中挖掘亮点，以创新思路开展乡村建设，不做其他乡村案例的"复制粘贴"，探索出一条美丽乡村建设和经营创新之路。近年来，鲁家村坚持"未来农场·农业之花"的发展定位，以发展特色农场为核心，提升农村基础设施建设，创新村庄经营发展新模式，农民的生活变得富裕起来。2011年以来，鲁家村年人均收入增幅显著，截至2020年底，村集体经济收入达到572万元，农民年人均收入超4万元，村集体资产达2.9亿元。②如今，鲁家村已蜕变为"开门就是花园，全村都是景区"的中国美丽乡村新样板，以"公司+村+家庭农场"模式启动了全国首个家庭农场集聚区和示范区建设，呈现出美丽乡村田园综合体"有农有牧，有景有致，有山有水，各具特色"的独特魅力。③鲁家村先后被财政部、国务院农村综合改革工作小组办公室列入全国首批国家田园综合体试点项目，成为国家发展改革委等七部委批准的首批国家级"星创天地"，获得全国农村优秀学习型组织、全国十大乡村振兴示范村、2018年度中国乡村振兴先锋十大榜样、国际旅游名村联盟单位、首届"乡悦杯"美丽浙江乡村创客大赛金奖、浙江旅游总评榜之年度人气旅游景区村、省级模范集体、省级卫生村、省级森林村庄、省级美丽宜居示范村、省级民主法治村、市级美丽乡村、市级先锋示范村党组织等多项荣誉，还多次被中央和地方电视台、报纸杂志、网络媒体等作为乡村振兴的典型优秀范例进行报道。如今的鲁家村不仅是美丽乡村精品示范村、全国首个家庭农场集聚区，还代表浙江省领取了联合国最高环保荣誉"地球卫士奖"，书写了一个乡村振兴的绿色奇迹。④

---

① 方沁怡. 乡村振兴战略背景下产业振兴研究[D]. 杭州：浙江理工大学，2022：39.
② 浙江湖州"三农"故事：从"点上开花"到"面上结果"[EB/OL]. http://www.zj.chinanews.com.cn/jzkzj/2021-06-28/detail-ihanruav0577084.shtml. 2021-06-28.
③ 高虹. 小村庄变成大景区[J]. 今日海南，2017（9）：55-56.
④ 安吉鲁家村缘何代表浙江领取联合国最高环境荣誉？[EB/OL]. https://town.zjol.com.cn/czjsb/201810/t20181011_8452947.shtml. 2018-10-11.

二、职业教育促进鲁家村"空心化"治理的措施

（一）开展生活技能培训

"民惟邦本，本固邦宁。"（《尚书·五子之歌》）农民是整治农村人居环境、建设美丽乡村的重要主体，直接关系到农村人居环境整治成效如何，美丽乡村建设得如何。[1]为了营造生态宜居的美丽乡村，做好生态环境、卫生环保工作，鲁家村积极开展生活技能培训。为了动员广大村民治理村容村貌，在日常生活中引导村民对垃圾、污水进行分类处理，并通过教会他们实用技术使具有二次利用价值的垃圾转化为有机肥料、建筑材料等，以做到变废为宝，鲁家村利用已有的文化礼堂，邀请外界相关的专业教师开展相关教育培训，"就是我们利用鲁家村的，原来我们叫文化礼堂，进行培训。这个文化礼堂里边有老师，老师对村民进行（培训），一个自然村一个自然村地把他们请过来进行培训，培训的时候，比如今天讲垃圾处理，我们就请农办的负责垃圾的这一块（老师给农民做指导）。我们还会请相关的一些专业老师（来培训），比如讲污水处理怎么干，庭院保洁怎么干等，这个叫'田园卫生'"[2]。通过参加培训，村民的环保意识增强了，"渐渐地，鲁家村人适应了新的垃圾处理方式。村里的河流变清澈了，房前屋后变整洁了"[3]。生态宜居的优美环境，成为鲁家村可持续发展的保障和基础。此外，鲁家村通过团委、妇联等，开展一系列提高妇女"做家务""为人处世"等生活技巧的培训，引导她们养成健康文明的生活方式。

（二）加强职业技能培训

乡村振兴战略的总要求是"产业兴旺、生态宜居、乡风文明、治理有效、生活富裕"，要实现农业全面升级、农村全面进步、农民全面发展，离不开有思想、有能力、有素质的新型农民。为此，鲁家村十分注重村民职业技能的提升，

---

[1] 建设生态宜居的美丽乡村【2】[EB/OL]. http://opinion.people.com.cn/n1/2018/1118/c1003-30406409-2.html. 2018-11-18.
[2] 访谈鲁家村支部书记内容。
[3] 让村庄成为诗和远方的田野|奔小康[EB/OL]. https://www.sohu.com/a/440235253_100063825. 2020-12-24.

在提高村民自身经济收入的同时，也为村庄治理投入了可持续的人力资本。一是开展农业生产和乡村旅游技能培训。2018年，鲁家村利用培训学校平台，聘请专业教师为村民讲解不同方面的内容，如白茶种植、民宿和农家乐经营、酒店管理等。在前期的培训中，村民的学习态度不积极，缺席或迟到的现象较为常见，为此鲁家村采取了许多激励的措施方法。"我们的'小火车'开通了。就是，村民来参加培训，我们发'火车票'。一开始的时候，村民也不愿意来，我们就送他们一张'火车票'，一张'火车票'就是50块钱。我们考虑的是，本身'小火车'是村集体的，那么，村民来参加培训的话，就给他们发张票。比如一家来五个人，那就给他们五张票，但是他们必须拿身份证，签到的时候证明自己确实是到了，不可以代领。一开始，村民不是来培训的，他们是冲着'火车票'来的，村民领完火车票后就回去了。培训的时候，有一半人回去了。那么我们又想到了一个办法，先签到，培训结束后再给他们发'火车票'，迫使他们听完这门课。其实，静下心来听啊，这个内容是挺好的。不过就是一开始心静不下来，村民没有这样的学习习惯。我们通过这样的方法，来引导我们的村民参与培训。"①鲁家村通过奖励"火车票"的方式循序渐进地引导村民参与培训，使他们已有的文化知识结构潜移默化地发生转变，形成良好的学习习惯，获得实用知识。二是提供员工技能培训。鲁家村对所经营公司的员工开展培训，提升他们的职业素养。"在上岗前是有培训的。员工这一块，我们公司现在有70个员工，包括火车驾驶员、导游等，也进行专业培训，这种培训很有技术性，比如礼仪服务、游客接待等，还有我们的火车驾驶员，除了送他们去火车站接受培训之外，另外我们也请一些老师到现场进行指导。培训这一块，我们想到了很多办法。因为员工的素质培训如果不跟上去的话，我们这个景区会出现很多问题。"②除了岗前培训之外，还有专门的技能性提升培训，以促进员工技能素养的持续提升。"目前，参与培训的村民达1000余人次，形成'全员就业、全村创业'的良好氛围，创业人数350人，享受创业政策200余人。"③

---

① 访谈鲁家村支部书记内容。
② 访谈鲁家村村民内容。
③ 张鹏."无中生有"激发"山乡巨变"：找准"两山"理念转化路径的鲁家村实践[N]. 焦作日报，2020-07-09（003）.

（三）注重职业精神培训

近年来，鲁家村党支部通过实施组织建在农场、党课上在农场、党员赛在农场、实绩亮在农场、活动放在农场、服务落在农场"六大田园党建"活动，发挥党员带头作用，定期或不定期地对村民进行职业精神方面的培训，使他们踏踏实实为村庄的发展"做点事情"，并留住乡愁。"工资的话，就是稍微少一点，但是离家近，方便一点，所以就成立了乡土公司。原来这里（指乡土公司所在地）是我们自己生产队的土地，现在租给村里了，乡土公司给村民提供培训，吸引村民回来打工……百分之九十的人都是我们自己村的村民，他们还是舍不得离开自己家啊。"①鲁家村建立新时代文明实践站，通过实践站的成员和"超级农民"等外聘专家开展"鲁家村的创业故事""说说鲁家村故事"等方面的培训，激发村民的开拓进取精神。通过一系列的宣讲，规范公司员工的职业道德行为，提升他们的幸福感和使命感。鲁家村还投资兴建党员使命教育馆，寓意不忘初心、牢记使命。核心馆区约 300 平方米，展示内容有使命起航、使命聚力、使命传承三大部分，详细地展示了鲁家村的美丽乡村建设情况，生态战略的实施、发展历程以及未来发展规划，不断强化党员的先锋带头作用和党组织在乡村振兴中的领导作用，突出抓好改变农民知识结构、增加收入富裕起来这一根本要务。②

（四）建立专门培训基地

2016 年，鲁家村与安吉浙北灵峰旅游有限公司合作成立安吉乡土职业技能培训有限公司，为鲁家村村干部、村民、创业者和就业者提供美丽乡村建设、乡村旅游、创业创新等方面的培训，以提升他们的专业技能和综合素养，使他们胜任管理、导游、营销和服务等工作。2017 年，"田园鲁家"田园综合体申报成功后，鲁家村在安吉乡土职业技能培训有限公司基础之上启动"两山"学院建设。"两山"学院总投资 1200 万元，总占地面积 2400 平方米，于 2018 年正式开班。③"两山"学院不仅是"绿水青山就是金山银山"理念的具象化和物质化表达，更是专门的培训基地，除了承担一些基本的村民培训、农场主培训以及安吉乡土农

---

① 访谈鲁家村支部书记内容。
② 刘正武. 安吉鲁家村发展对乡村振兴的启示[J]. 江南论坛，2019（1）：13-15.
③ 鲁家"两山"学院开班啦！[EB/OL]. http://ajnews.zjol.com.cn/ajnews/system/2018/08/20/031085546.shtml. 2018-08-20.

业发展有限公司员工培训之外，还面向全国基层干部开展培训。例如，2018年，鲁家村村委会主任裘丽琴为前来参加由中央党校（国家行政学院）、国家开发银行联合举办的脱贫攻坚领导干部培训班的人员讲述鲁家村的乡村振兴故事，这标志着"两山"学院正式开班。①

在师资来源上，"两山"学院的授课教师主要分为两类：一类是浙江省委农办的领导、专家；另一类是鲁家村的支部书记、村主任等。②此外，为了使授课内容更接地气，鲁家村还组建了一支"草根讲师团"。讲师团成员来自各个层面，既有县农办、递铺街道的相关领导，也有鲁家村村干部、经营公司相关人员，还会邀请县内其他村的村干部加入。培训内容除了专业知识外，还包括乡村旅游发展、村级项目申报、台账管理等。③ "两山"学院与省委党校、市委党校以及省内外高校开展深入合作，成为它们的研学基地，如"两山"学院已经被列为浙江省委组织部和省委党校千名好支书的现场培训基地。比如，浙江大学要举行乡村振兴之类的培训，就会将鲁家村作为它的考察基地或者教学基地，并根据自身需求和行程安排，在"两山"学院办班进行相关培训。④ "两山"学院通过接手原先村委会承接的考察团、培训团等，收取一定的费用，为村集体经济创造收益，其"未来的培训收入将十分可观，随之衍生出来的模式化输出，还将为外地的美丽乡村建设，提供从设计、建设、技术到资本的全方位服务"⑤。

（五）注重"模式化"输出

近年来，慕名前来鲁家村的党政考察团络绎不绝，他们都对鲁家村的发展模式很感兴趣，这也让鲁家村萌发了灵感——可不可以将自己的模式对外系统推介和输出。基于此，鲁家村抓住时机，积极开展"美丽乡村建设百村联盟"行动，即在全国寻找100个村开展联盟合作，在乡村规划、培训、人才输送等方面开展

---

① 鲁家"两山"学院开班啦！[EB/OL]. http://ajnews.zjol.com.cn/ajnews/system/2018/08/20/031085546.shtml. 2018-08-20.
② 访谈鲁家村支部书记内容。
③ 鲁家"两山"学院开班啦！[EB/OL]. http://ajnews.zjol.com.cn/ajnews/system/2018/08/20/031085546.shtml. 2018-08-20.
④ 访谈鲁家村支部书记内容。
⑤ 师慧, 季中扬. 决胜小康：探索乡村振兴之路（鲁家村卷）[M]. 北京：北京美术摄影出版社，2020：170-171.

深度交流合作，将它们打造成和鲁家村一样的美丽乡村。早在2017年，鲁家村就与陕西省礼泉县袁家村结为"兄弟村"，让"美丽乡村建设百村联盟"有了雏形。截至2019年，鲁家村的结对共建村数量已达12个，涉及内蒙古、安徽、湖南和云南等多个省份。①鲁家村为签约的村安排专家开展现场指导，制定详细的发展规划，帮助招商，加大对村民的培训力度等。"模式化输出，就是我们的理念，我们的策划团队和规划设计团队指导村民怎么干。因为我们鲁家村原来这个叫'四没有'的一个村——没有名人故居，没有古村落，没有风景名胜，没有特色产业，就是很普通的一个山村。别人就在想，我们能做起来，之后就不能教教他们吗。当然，我们可以教他们怎么做，我们可以提供我们的团队，包括原来的策划团队到规划设计团队，还有包括浙大（浙江大学）农学院的专家、原来农业大学②的校长，以及一些'三农'专家，我们叫他们'超级农民'，在浙江来说，他们是很有名的，也是我们专家组的成员，这些都是我们拥有的资源。"③

为了让"鲁家模式"的系统输出更为品牌化、产业化和市场化，鲁家村于2019年成立安吉乡村振兴产业促进会，由村支部书记任会长兼法人代表，集聚社会各方力量，充分发挥政产学研平台的桥梁作用。例如，在与湖南省韶山村结对后，安吉乡村振兴产业促进会多次对其进行实地指导，根据当地"每年游客接待量不低，但就是留不住人"的问题，提出发展乡村民宿的规划；为宁夏东永固村制订前期规划方案，并通过"两山"学院对村民实施培训。2019年，安吉乡村振兴产业促进会与广州乡村振兴产业基金签订战略合作协议，在产业投融资、产业导入运营实施、乡村振兴人才培训等多个方面开展深入合作，共同组建招商、策划、培训等多支专业团队力量。截至2019年10月，乡村振兴产业促进会的人员已达到30多人，有策划、品牌、培训、招商、产业规划等多支专业团队。④2019年11月，安吉乡村振兴产业促进会与广州乡村人才学院签约，以乡村振兴人才教育培训为主线，统筹资源要素配置，深化人才培育合作，以"如何在乡村振兴发挥党建作用，如何做好一名村支书，如何发展村集体经济，如何实现两山理念

---

① 百村联盟，乡村振兴的一道别样风景[EB/OL]. http://ajnews.zjol.com.cn/ajnews/system/2019/10/10/031956624.shtml. 2019-10-10.
② 指浙江农林大学。
③ 访谈鲁家村支部书记内容。
④ 百村联盟，乡村振兴的一道别样风景[EB/OL]. http://ajnews.zjol.com.cn/ajnews/system/2019/10/10/031956624.shtml. 2019-10-10.

转化"为主线开展课程培训①，取得了很好的效果。

三、职业教育促进鲁家村"空心化"治理的成效

（一）村强民富

产业兴旺是基础，是治理农村"空心化"的核心。鲁家村通过分层次、分类别的专业技能培训，有效提升了村民的整体职业素养和专业技术，不仅能够使他们顺利适应岗位的需要，还带动了整个村集体的产业效益。2013年中央一号文件《中共中央 国务院关于加快发展现代农业进一步增强农村发展活力的若干意见》首次提出"家庭农场"这一概念，强调"坚持依法自愿有偿原则，引导农村土地承包经营权有序流转，鼓励和支持承包土地向专业大户、家庭农场、农民合作社流转，发展多种形式的适度规模经营"。鲁家村根据当时现有的一些较为分散的小型农场和上千亩可供开发的丘陵，在全村范围内建设18家差异化的特色农场，成为中国首个家庭农场集聚区和示范区。②在"绿水青山就是金山银山"的指引下，鲁家村独创"公司+村+家庭农场"的经营管理模式，通过家庭农场的建设及美丽乡村经营公司的落实，将自身打造成集"游、吃、住、购、娱乐"于一体的旅游大景区。"我们现在已经落地的18家家庭农场，其中有9家是我们本地的村民，以及邻近的村民投的，另外9家是外面招商引资引进来的。其中最大的一家，是由深圳园林股份有限公司投资将近5.8个亿的花园，这个花园的占地面积是目前为止农场当中最大的一家，大概是1200亩，边上是上海一家药业投资将近2亿的一个重要农场。现在我们鲁家村也是作为浙江省首家休闲农业合作社，'公司+村+家庭农场'三方共同建设、共同经营、资源共享，从而达到三方共赢的一个状态。"③通过对鲁家村"空心化"进行治理，2017年，村集体经济收入达333万元，村集体资产达2亿元，年人均纯收入达3.5615万元④，很难想

---

① 师慧，季中扬. 决胜小康：探索乡村振兴之路（鲁家村卷）[M]. 北京：北京美术摄影出版社，2020：189-190.

② 穷山村，用"公司+村+家庭农场"模式，一口气建18个农场，9年资产发展到2.9亿![EB/OL]. https://travel.sohu.com/a/499924812_121124401. 2011-11-08.

③ 访谈鲁家村支部书记内容。

④ 方沁怡. 乡村振兴战略背景下产业振兴研究[D]. 杭州：浙江理工大学，2022：39.

象到曾经凋敝穷困的鲁家村能够实现村集体经济的迅速壮大和农民收入的显著增加。2017年，鲁家村被财政部和国务院纳入15个田园综合体项目之一[①]，以"一核、二溪、三区、四村"为总体布局，重点建设"一院、一环、三区"。

"在我们村，村民可以拿到三金：薪金、租金和股金。薪金就是指打工的收入，就像我一样到公司里面来上班，年纪大的可以去农场里干活，最低是120元一天，最高是200多元一天。租金的话，我们现在流转了8000多亩土地，每年为我们当地村民产生的租金至少在500万元，平均分配到每户大概是8000元。股金的话，在2014年的时候，村里对我们村的集体经济进行了一个评估，当时是按照人口所持股份来分的，当时有2100人，所以当时分成了2100股，并且也给我们村民发放了一本股权证。在2014年的时候，每股价值只有375元，说实话当时是不值钱的，但是到了2018年也就是去年的时候，每股价值已经涨到25 500元了，可以说增值了将近67倍。打个比方说，如果一家是4口人，那么他们这本股权价值是多少呢？大概是10万元了。"[②]

（二）生态宜居

实现农村"生态宜居"是我国生态建设的重点，也是广大农民的梦想。农村人居环境如何，美丽乡村建设得如何，直接关系到广大农民生活幸福与否。广大农民积极参与乡村环境整治和保护，不仅使乡村人居环境和生态状况得到了显著改善，还养成了爱护环境的良好生产生活习惯和卫生习惯，使美丽乡村建设分步骤、分阶段、可持续地有序推进。[③]在充分发挥村民主人翁的作用，动员他们积极参与治理村容村貌，特别是关于农村建设的规划设计、实施、监督之后，鲁家村的生态环境得到了较大改观。2013年，鲁家村耗资300万元聘请上海一家专业景观设计公司和广州一所美术学院对村庄发展进行了专门规划，具体包括村庄规划、产业规划和旅游规划，三者融为一体，称为"三规合一"。在设计规划团队的指导下，鲁家村始终坚守生态底色，提升人居环境，成功创建美丽乡村示范村，实现"开门即花园、全域皆景区"，成为远近闻名的村域大景区，被评为4A

[①] 山村有了小火车 安吉鲁家村打造国家"田园综合体"试点[EB/OL]. https://zj.zjol.com.cn/video.html?id=823212. 2017-12-07.
[②] 访谈鲁家村支部书记内容。
[③] 吕福新. 增强主人翁意识 建设美丽乡村[N]. 人民日报，2018-11-18（007）.

级景区。在村容村貌上，鲁家村相比之前也有了较大的改观。"2011 年前，我们村班子都在一个老村委的办公楼里面办公。在 2011 年的时候，我们要建造美丽乡村，就需要一个像样的办公大楼。于是，2011 年的 7 月份动工，在年底的时候办公大楼就完成了。现在的村委办公楼已经改造成了一个两山酒店了。后面就是我们村现在的村容村貌。"①在之后的卫生评比中，鲁家村也由全县倒数第一变为正数第一。"我是 2017 年嫁过来的，我感觉嫁过来蛮好的。像我们这边是看不到垃圾的，环境也非常好。"②

（三）人气兴旺

一是村民回流。快速发展的经济为鲁家村创造了导游、环卫、保安、项目工人、服务人员等多个就业岗位，也为创业创收营造了很好的空间，由此吸引了大量外出村民回流，实现了从"外出打工创业潮"到"返乡就业创业潮"的巨大转变，为鲁家村的可持续发展注入了持久动力。例如，300 多名村民返乡，或到农场、旅游公司工作，或把自家房屋改造为民宿、农家乐，开启了创业之路。③2016 年、2017 年和 2018 年，鲁家村各类人才返乡人数分别为 43 人、35 人和 32 人。④返乡村民发挥创业者"领头羊"作用，逐步成长为职业农民、职业经理和职业农场主，成为鲁家村发展的中坚力量。例如，姚明月是土生土长的鲁家村人，年轻时外出打工创业，2014 年回乡投资农场，把一片 40 多亩的荒山荒地建成了一个绿水青山环绕的农场。⑤二是外来人员入驻。鲁家村不仅吸引了本村外出务工人员大批返乡，还通过土地流转，使土地资源变为资本，吸引了越来越多外来的企业和工商投资。三是游客云集。以"田园鲁家"为名的鲁家村旅游区正式对外营业之后，大批游客参观旅游，现在一辆观光小火车往返穿梭在 18 个家庭农场，每天接待游客达数千人，成为名副其实的"网红打卡地""诗和远方的田野"。⑥

---

① 访谈鲁家村支部书记内容。
② 访谈鲁家村村民内容。
③ 沈晶晶. "火车头"书记的发展经——记浙江安吉鲁家村党委书记朱仁斌[J]. 新农村，2019（7）：19-20.
④ 胡巧莲，杨君，邵劲松，等. 田园综合体建设初期土地利用效益综合评价——以鲁家村为例[J]. 浙江农业学报，2020（8）：1485-1492.
⑤ 齐波. 鲁家村：美了乡村富了乡亲[N]. 人民政协报，2019-07-26（012）.
⑥ 裘丽琴. 鲁家村的"逆袭"之路[N]. 经济日报，2019-08-15（015）.

2019年，鲁家村共接待游客54万余人次，旅游综合收入超过2500万元。①

（四）治理有效

在实践中，鲁家村形成了"政企民"合作兴村模式，使治理成为一种"集体行动"，在乡村振兴中更加强调多主体的作用和更加尊重乡村本土本色的基础之上，改变由政府单方建设的传统，多方面、多角度进行共商共建，达成利益共识。具体而言，中央和省市（县）各级政府的政策支持与产业引导以及鲁家村基层组织，对于鲁家村的乡村振兴起到顶层设计的关键作用；安吉乡土农业发展有限公司、安吉浙北灵峰旅游有限公司鲁家分公司和安吉乡土职业技能培训有限公司等企业负责资本导入、构建产业体系、培训经营者和管理者等；村民对鲁家村的建设规划和设计等提出建议。②村民发挥主体性作用，主动参与鲁家村治理，自愿成立各种志愿服务队伍，进行理论宣讲、移风易俗、平安巡防、科技科普、便民服务等工作。多种多样的志愿服务在村庄征地拆迁、招商引资、扶危助困、保护环境以及文化传承等工作中发挥了重要的作用。③

第三节 山东省丁楼村

一、丁楼村概况

丁楼村位于山东省菏泽市曹县大集镇，该村既无工业基础，又无资源优势，

---

① "无中生有"激发"山乡巨变"！找准"两山"理念转化路径的鲁家村实践[EB/OL]. https://www.thepaper.cn/newsDetail_forward_8204943. 2020-07-09.

② 张洁. 乡村振兴中的集体行动机制研究——基于鲁家村"政企民"合作兴村模式的考察[D]. 杭州：浙江财经大学，2020：16-17.

③ 师慧，季中扬. 决胜小康：探索乡村振兴之路（鲁家村卷）[M]. 北京：北京美术摄影出版社，2020：121-122.

是一个偏远落后的农村，村民传统上靠种植小麦、玉米等农作物谋生，是方圆几十里出了名的贫困村，村民的生活贫困。20世纪90年代，丁楼村的一些村民开始从事影楼布景、摄影服饰加工，但由于是家庭小作坊式的零散加工，生产规模维持在较低水平，并且采取上门推销的方式，发展非常缓慢，实际收入寥寥无几。对于丁楼村村民来说，村庄难以为他们提供致富的资源和机会，已经丧失了经济上的重要地位，不再是一个利益共同体，村民只能自谋出路，因此青壮年劳动力纷纷外出寻找就业机会，村里只剩下老人和妇女，致使丁楼村面临着人力资源短缺的发展困境，引发了空巢老人和留守儿童等问题，村庄日渐萧条，人情寡淡，乡村治理也处于"真空"状态，这些都大大加剧了丁楼村的"空心化"程度。

近年来，丁楼村的"空心化"现象得以大大缓解，主要得益于大力发展电子商务产业。电商带头人凭借淘宝店致富的成功经验，通过熟人社会关系网络被快速复制，网店如雨后春笋般在丁楼村开始进发。借此机遇，在工业化、信息化深度融合发展的条件下，丁楼村实现了跨越式的产业进步和经营模式转型，由穷乡僻壤华丽蜕变为"最美淘宝村"，一跃发展为全国知名的首批"淘宝村""淘宝镇"所在地。2020年9月26日，在第八届中国淘宝村高峰论坛上，丁楼村被评为"最美淘宝村"，是菏泽市唯一获此殊荣的乡村，此前丁楼村连续8年被评为"中国淘宝村"。截至2016年底，丁楼村300户农户中有280多户开设淘宝网店，注册表演服饰公司40家，年销售收入过100万元的服饰加工户有40多家，过500万元的有10家，吸引周边村庄及乡镇近万名村民从事服饰加工行业，18家物流公司在此设点，22户贫困户、67人通过电商产业实现脱贫致富。① 2017年10月，《人民日报》发表了报告文学作家、人民日报社山东分社社长的作品《芝麻开门》，讲述了丁楼村村民依靠电商销售演出服脱贫致富的生动故事。② 2018年12月，庆祝改革开放40周年政论专题片《筑梦之路》展示了丁楼村紧抓时代机遇，努力打造"中国淘宝第一村"的巨大演变。2019年7月，在中央电视台纪录片频道播出的中国首部农村电商系列纪录片《淘宝村》，详细介绍了丁楼

---

① 菏泽"农村淘宝第一人"带出"中国淘宝村"[EB/OL]. http://sd.dzwww.com/sdxwjxs/hz_132275/201702/t20170217_15551677.htm. 2017-02-16.

② 小县城开拍汉服"网络剧"电商让曹县变得"不一般"[EB/OL]. https://www.163.com/dy/article/FHQIGVSR0514CAC9.html. 2020-07-18.

村的电商发展历程。①

二、职业教育促进丁楼村"空心化"治理的措施

(一)建立专门培训机构

2015年,曹县成立电子商务公共服务中心,该机构除了提供资金帮扶、品牌建设、办公场地等服务之外,还承担着技术培训的职责,以提升农民的电子商务技能。电子商务公共服务中心多次聘请阿里研究院、中国社会科学院、清华大学等相关专家学者,为包括丁楼村在内的曹县淘宝村发展提供技术支持,为商户进行免费授课,对电商经营过程中的工具使用、交易流程、网店装饰等关键环节进行技术培训。2018年以来,丁楼村共举办培训150次,培训人员超过10 000人次,同时实施电子商务"领头雁"项目,以返乡农民工、大学毕业生等群体为重点培训对象,培养了一批乡村电子商务带头人,促进了电子商务的发展。②

(二)精准实施培训

"互联网+农村"的核心在于专业性人才培养。针对农民文化素养较低、知识结构单一、互联网应用意识淡薄等问题,曹县抓住发展电子商务的契机,对农民精准实施培训,为农村互联网商务的持续发展提供了有力的人才支撑。一是针对有发展电子商务意愿的村庄和农民,举办各种形式的电子商务培训班。二是针对已经发展起来的淘宝用户,开办电子商务基础培训课程和提高培训课程,从打字、淘宝用语、工具使用、交易流程起步,在农民达到一定基础后,再为他们提供实战场所,提升实际操作能力。三是针对大型加工户,到周边镇村开办裁剪培训班,对于培训合格的农民直接招收为员工。四是针对老弱病残等学习能力较弱

---

① 今日首播!中国首部农村电商系列纪录片《淘宝村》——丁楼村的故事[EB/OL]. https://www.sohu.com/a/329642917_99947052. 2019-07-26.
② 罗震东. 新自下而上城镇化:中国淘宝村的发展与治理[M]. 南京:东南大学出版社,2020:82.

的群体，培训他们做一些产业链上的基础工作，如盘扣子、粘绣花、裁剪等。①此外，曹县政府还拿出专项资金对大学毕业生、返乡青年、家庭妇女等潜在的创业群体开展创业等方面的集中培训。经过培训，农民掌握了新技术、新工具，不再单纯依靠土地而生存。

（三）农村能人积极引领

作为村域经济和社会发展的带头人，农村能人通常呈现出以下特征：是农村新技术、新品种的最先尝试者和传授者；有能力率先接受并消费新产品，成为农村新的生活方式的示范者；在村里开展多种经营并对外销售产品，是农村就业机会的创造者。调查结果显示，对于农村能人的致富行动和结果，村民高度认同，表明农村能人是中国农村地区村域经济发展的骨干力量。②在丁楼村"空心化"治理这一场域中，农村能人在带动村域电子商务发展中发挥了先锋模范作用和号召呼吁作用，产生了扩大示范效应。

2010年3月，丁楼村村民周爱华中专毕业后在同学的帮助下，以当地特色演出服饰与电子商务相结合的方式进行创业，在阿里巴巴旗下的淘宝网上注册了网店，随后成功签下第一笔表演服饰产品订单，后来网上生意越做越大，成为全村"淘宝店"的领军人。在周爱华的带动和示范下，丁楼村的村民纷纷学习如何开设网店来销售摄影和演出服饰，从零散的实体销售阶段迈入网络销售、电商创业阶段。丁楼村原党支部书记任庆生是村里较早从事电子商务的人，开网店致富后，许多村民纷纷向他"取经"，他首先带动了一批年轻人，又让这批年轻人带动更多的人，从而促使网店不断裂变和分立，形成电商产业扩散的"滚雪球效应"。例如，2012年从事"服装生产+网络销售"的村民达37户，2013年从事电商相关产业的户数增加到78户。2014—2016年，户数增速有所放缓，但新增户数仍以近20%的速度增加。③正是在农村能人的引领带头，积极向村民传播网上销售门路和技巧的作用下，越来越多的村民加入网商队伍当中，丁楼村逐步迈入"互联网+演艺服饰"的快车道。

---

① 解维俊，高红冰. 中国淘宝村优秀案例精选[M]. 北京：电子工业出版社，2017：99-100.
② 符钢战，韦振煜，黄荣贵. 农村能人与农村发展[J]. 中国农村经济，2007（3）：38-47.
③ 李硕. 电子商务作用下的曹县丁楼村空间重构研究：以宅基地功能演变为视角[D]. 济南：山东建筑大学，2020：4-5.

（四）引入人才

在外务工青年和大学毕业生文化素质较高、年富力强、见多识广、头脑灵活，能够将先进生产理念、管理理念和先进技术与原有村域产业基础实现迅速融合，是农村"空心化"治理不可多得的人力资本。曹县积极发挥引导扶持作用，采取多元化措施鼓励在外务工青年、大学毕业生回乡创业。例如，2014年春节前夕，曹县县长亲自在火车站向返乡探亲的外出务工人员发放《县委县政府致曹县在外务工及创业人员的一封信》，希望他们成为农村电商的主力军。曹县县委、县政府相继颁布了《全民创业实施方案》《关于支持创业带动就业的实施办法》等一系列优惠政策，对放宽市场准入、培育创业主体、打造创业载体等作出了详细规定，让返乡创业者回得来、留得住、做得好。统计数据显示，截至2017年，曹县返乡创业能人达15 698人，其中大学生4268人，返乡创业农民工11 430人；发展农业合作社856个，各类企业8616家，注册个体工商户7070户，发展电子商务淘宝商家48 000家，涌现出了一大批返乡创业典型，直接或间接带动、安置就业13.5万人。[①]2013年，大集乡[②]乡政府结合农村经济发展趋势提出"伊尹故里，淘宝兴乡"的发展理念，并成立以乡党委书记任组长的乡淘宝产业发展办公室。2013—2015年，乡政府连续发出《大集乡致返乡务工青年朋友的一封信》，提出"在外东奔西跑，不如回家做淘宝"，号召外出务工的年轻人积极回乡创业，还出台了《关于鼓励电子商务经济发展的优惠政策》，在人才引进、资金扶持、物流配送、证照办理等方面给予大力支持。

此外，越来越多的专家学者、研究人员到曹县进行调研考察，越来越多的高端人才入驻曹县，为曹县电商发展出谋划策，提供智力支持。例如，中国传媒大学马克秀博士在大集镇调研几次后，就将博士工作室"之美工作站"设在丁楼村村头，一方面以丁楼村社会变迁为案例撰写博士论文，另一方面组织团队，开展美工、优化设计等电商服务工作。[③]

[①] 曹县万人返乡创业带动13万人就业[EB/OL]. http://epaper.hezeribao.com/shtml/hzrb/20171124/387824.shtml. 2017-11-24.

[②] 2015年，经山东省人民政府批准，撤大集乡建大集镇。

[③] 解维俊，高红冰. 中国淘宝村优秀案例精选[M]. 北京：电子工业出版社，2017：102.

三、职业教育促进丁楼村"空心化"治理的成效

在职业教育要素的作用下，丁楼村的持续发展注入了巨大活力，实现了城乡之间要素流动，一二三产业有机融合，吸引了大批年轻人返乡，农户的生活质量得到了显著改善，"空心化"治理取得了很大成效。一是人员回流。2009年之前，丁楼村的青壮年劳动力大部分都在外地打工。2009年以后，在家就业和返乡创业的人数增加，"多的时候全村1100多口人超八成的壮劳力、大学生在外面，现在除了个别开发商、建筑老板，基本都回来了"①。丁楼村新诞生了数十家生产各种演出服饰和摄影服饰的服装公司，吸纳返乡大学毕业生40多名，返乡务工青年近400名。②丁楼村从一个"空心村"转变为村民不离乡不离土生活和工作的新型乡村，从而有效地解决了长期存在的"空巢化"问题。电子商务的快速发展还吸引了大量的外来人口，他们在丁楼村就业和创业。③二是产业多元化。"农民+网络+工厂"的产业模式突破了丁楼村传统产业对土地、资源等传统要素的依赖和束缚，创造了全新的经济发展模式，形成了物流、设计、加工、印染等一系列行业的产业链条。三是生活富裕。村民除了衣食支出外，聚餐、日常休闲活动等消费日益增多，部分家庭对于汽车、智能手机等的需求增加，总的特征是恩格尔系数逐年下降。村民在文教娱乐、交通通信和医疗保障等方面的支出大幅度增加。④村民的生活好了，几乎都在城区买了楼房，7成以上的家庭每年都会出去旅游一次，3成以上家庭每年旅游多次。⑤四是治理有效。村民通过接触数字化手段，了解淘宝的运行方式，不断地提升自身文化知识水平，传统思想观念得以转变。过去一到农闲就打牌、闲聊的村民，如今都守在电脑前通过阿里旺旺销售他们的产品。连最难处理的婆媳关系，也在一家人共同努力开店致富这一统一目标下变得融洽，家庭生活更为和谐美满。由于"人人有事做，家家有钱赚"，村里的治安状况明显好转，村民都开始关心和参与村里的公

---

① 张志龙，王阳. 被电商改变的鲁西南丁楼村[N]. 国际商报，2015-08-10（A08）.
② 马兴凯. 山东曹县大集镇"淘宝村"农村青年创业模式研究[D]. 蚌埠：安徽财经大学，2017：17.
③ 汪向东，高红冰. 电商消贫：贫困地区发展的中国新模式[M]. 北京：商务印书馆，2016：83.
④ 汪向东，高红冰. 电商消贫：贫困地区发展的中国新模式[M]. 北京：商务印书馆，2016：84.
⑤ 曹县丁楼村：从普通乡村到"最美淘宝村"的华丽蜕变[EB/OL]. http://heze.dzwww.com/qx/cx/202011/t20201109_7001131.htm. 2020-11-09.

共事务，镇干部一到村里，村民就主动围过来，积极提意见和建议，探讨发展思路。①

第四节 陕西省袁家村

一、袁家村概况

袁家村为陕西省咸阳市礼泉县烟霞镇下辖村，地处关中平原腹地，是唐太宗昭陵所在的九嵕山南麓的一个传统村落。袁家村的乡村振兴之路是一个较为曲折的过程，20世纪70年代以前，由于干旱贫瘠、资源匮乏，袁家村"地无三尺平，沙石到处见"，是当地有名的贫困村。20世纪70年代以后，在村党支部书记郭裕禄的带领下，袁家村逐渐甩掉贫困的帽子，大力发展村办企业，由传统的农业生产向工业生产转型，走上"五小工业"②之路，于20世纪80年代成为闻名十里八乡的"小康村"。后来随着国家产业政策调整，袁家村的部分工业企业因高污染、高排放被要求限期淘汰和关闭，导致大量劳动力、资金外流，村集体资产只剩下一座旧水泥厂房，留守人口只有老人、妇女和儿童，于21世纪初成为一个濒临消亡的"三无空心村"，发展处于停滞状态。

2007年，在村党支部书记郭占武的带领下，袁家村利用村庄原有房屋和古建筑大力发展民俗旅游，通过打造八大作坊街、小吃街和农家乐街等，将关中地区的传统民俗文化与乡村特色旅游相结合，开始了乡村文化旅游的第三次转型。经过10多年的发展，袁家村成为驰名中外的"关中民俗体验地"，不仅扭转了衰落的局面，而且实现了振兴，成为中国最美乡村和全国乡村旅游发展的典范。2022年，袁家村年接待游客量达660万人次，旅游总收入突破10亿元，村民年人均

---

① 阿里巴巴（中国）有限公司. 中国淘宝村[M]. 北京：电子工业出版社，2015：53-54.
② "五小工业"指小机械厂、小化肥厂、小煤矿、小钢铁厂和小水泥厂五种工业企业。

纯收入达 15 万元以上。①近年来，袁家村先后获得全国生态示范村、中国最具魅力休闲乡村、国家特色景观旅游名村、全国一村一品示范村、中国十大美丽乡村、国家 4A 级旅游景区等 20 多项国家级荣誉。袁家村的发展带动了周围十余个村庄，产业链惠及上万名农民，成功实现了村域经济发展和社会转型。袁家村成为礼泉县美丽乡村建设的成功典范，其发展模式被陕西省委、省政府确定为陕西发展新型农村社区的推广模式，是关中地区乃至全国乡村振兴的模范样本。

二、职业教育促进袁家村"空心化"治理的措施

（一）注重技能培训

2018 年，《国务院关于推行终身职业技能培训制度的意见》指出，"职业技能培训是全面提升劳动者就业创业能力、缓解技能人才短缺的结构性矛盾、提高就业质量的根本举措，是适应经济高质量发展、培育经济发展新动能、推进供给侧结构性改革的内在要求"。2021 年，中共中央办公厅、国务院办公厅印发《关于推动现代职业教育高质量发展的意见》，强调"建设技能型社会，弘扬工匠精神，培养更多高素质技术技能人才、能工巧匠、大国工匠"。职业技能培训是扩大农民创业和就业的根本路径，是乡村实现蓬勃发展的必由之路。通过教授农民所需的职业知识和技能，他们的技术和能力能够得到有效提升，从而为乡村振兴提供强有力的人才支撑。

袁家村在实现乡村振兴的过程中非常注重村民技能的培训，将其视为第一要务。一是建立创业就业工作服务站。除了向创业者和就业者提供日常生活的衣食住行、办证、贷款等咨询外，创业就业工作服务站还开办了创业培训班，教授他们有关创业的方法和知识，帮助他们实现自主创业。二是外出参加培训。为了打造"全域旅游"新格局，袁家村每年都会组织商户外出学习，学习成功案例的发展模式和思路。"国内旅游发展得好的地方，几乎跑了个遍。"2016 年，袁家村组

---

① 丝博会见闻|袁家村，一场逆时针方向的"突围"[EB/OL]. https://news.rednet.cn/content/646755/66/13285733.html. 2023-11-22.

织 300 人，分 6 批到日本考察学习，目的是学习在服务上对人的尊重，在产品上精益求精的精神，效果十分明显，学习回来后村民的素质得到大幅度提升。①外出参加培训不仅提升了村民的职业技能，还大大拓宽了他们的视野。三是开设夜校。为了对村民进行系统培训，袁家村于 2018 年开设了专门的夜校，授课教师既有外地请来的专家教授，又有村里经验丰富的经营户。晚上 7 点，人声鼎沸的袁家村渐渐归于宁静，很多商户忙完一天的工作后，走进村委会旁的夜校教室，学英语、学营销，习知识、增才干，去晚了就会没有座位，只能站在走廊里听课。②授课内容既有英语，还有"民宿里的人情味""为事业找平台，为经营找方法""用照片为产品代言"等各类服务于实践的内容。正如陕西袁家村教育科技有限公司前总经理车明阳所说，"农民夜校是具有时代感的一个词，我们希望把它延续下去，并且赋予新的内涵和形式"③。此外，袁家村设有"乡村振兴研究课题组"，为袁家村及来自外地的创业者讲授旅游接待礼仪、旅游食品安全等内容，还与高校科研机构合作，邀请北京大学、中国人民大学等高校有关乡村建设、"三农"领域的专家开设讲堂，分享乡村社会发展经验。④

（二）激发农民的主体意识

2018 年，中共中央、国务院印发的《乡村振兴战略规划（2018—2022 年）》明确指出，要充分尊重农民意愿，切实发挥农民在乡村振兴中的主体作用，调动亿万农民的积极性、主动性、创造性。其中的关键就在于增强主体意识。农民主体意识是指农民作为社会和历史的主体对于其主体地位、主体能力与主体价值的一种自觉意识，是农民自主活动与自由活动的意识。⑤大量实践证明，主体意识与农民参与自身发展的积极性和自觉性呈正相关，农民的主体意识越强，其对自

---

① 乡村旅游创新驱动下的袁家村发展路径——陕西省咸阳市袁家村[EB/OL]. https://www.163.com/dy/article/FAUSO1V005148IM8.html. 2020-04-24.
② 焦点｜培训开到家门口，"扶贫夜校"成村民致富增收好帮手[EB/OL]. https://www.sohu.com/a/332983398_100036680. 2019-08-11.
③ 刘书云，王颖，李浩. 这个火爆的关中农村办起"农民夜校"[N]. 新华每日电讯，2018-11-27（04）.
④ 王彩彩，徐虹. 乡村旅游创业生态系统构建研究——以陕西省袁家村为例[J]. 干旱区资源与环境，2019（12）：201-208.
⑤ 秦旭慧，梁剑峰. 乡村振兴战略中农民主体意识的培育[J]. 沈阳农业大学学报（社会科学版），2018（6）：737-742.

身发展的自知、自控和自主程度也就越高，其主体性发展水平也就越高。"在袁家村，强大的集体主义和集体荣誉感，强化了一脉相承的集体主义文化，让身处其中的每个人都将社区视为共同的家园"①，致力于村庄的发展。在实现乡村振兴的过程中，袁家村有效地把村民组织起来，调动他们的主动性和积极性，"乡村自己建，自己当老板，钱为自己挣，自己当家作主"，成为村庄持续发展的内生动力。

一方面，传承自立自强的精神。在发展初期，秉承打造"关中民俗文化体验地""做百年袁家村"的理念，郭占武和村干部逐家登门做村民的思想工作，鼓励他们大力发展乡村旅游，将其作为主要生计来源。在没有外来专业人员参与的情况下，袁家村"两委"自组团队、自己策划、自己施工、自谋发展，带领村民在一片荒沟荒地和旧厂区的废墟上建成关中印象体验地。②在关中印象体验地开业前，郭占武带头先开办农家乐，带领村干部开着宣传车，走街串巷介绍村庄旅游规划，并推出补助政策，劝说村民将眼光放长远一些，考虑农家乐的前景和长远利益。③

另一方面，激发创业发展意识。袁家村夜校每周除了聘请优秀领域专家授课，讲授生态农业、产业升级、消费升级、电脑技能、团队协作等产业发展和个人发展所需的知识与技能之外，还邀请优秀商户现身说法，分享他们的成功经验，以激发村民的创业发展意识。

（三）引人聚才

人才振兴是乡村振兴的基础和原动力。习近平总书记指出，"要推动乡村人才振兴，把人力资本开发放在首要位置，强化乡村振兴人才支撑，加快培育新型农业经营主体，让愿意留在乡村、建设家乡的人留得安心，让愿意上山下乡、回报乡村的人更有信心，激励各类人才在农村广阔天地大施所能、大展才华、大显

---

① 张红，杨思洁. 乡村社区营造何以成功？——来自关中袁家村的案例研究[J]. 西北农林科技大学学报（社会科学版），2022（1）：15-22.

② 张红，杨思洁. 乡村社区营造何以成功？——来自关中袁家村的案例研究[J]. 西北农林科技大学学报（社会科学版），2022（1）：15-22.

③ 彭小兵，彭洋."参与-反馈-响应"行动逻辑下乡村振兴内生动力发展路径研究——以陕西省礼泉县袁家村为例[J]. 农林经济管理学报，2021（3）：420-428.

身手，打造一支强大的乡村振兴人才队伍"①。

为"聚天下英才而用之"，袁家村主要采取以下四个方面的具体措施。

一是鼓励本村村民投身家乡建设。如上所述，除了让村民接受夜校开展的各种培训和外出参观学习之外，袁家村还制定了优惠政策，让村民分期分批低成本或无成本经营，参与集体分红，从而吸引了大批年轻人返乡创业。例如，返乡经营农家乐的王某一脸自豪地说："我入股了小吃街20万元、作坊15万元、城市体验店15万元，仅体验店这一项，每月分红就有9000元左右，这个月有1.1万元。我们啥也不用做就有钱，能不高兴吗？"②

二是引进外来技能型人才。在发展乡村旅游的初期，为了吸引具有一定技术特长的手艺人进入村庄，袁家村制定了一系列优惠政策，规定村集体所经营项目的股份采取"六四"原则，即本村村民入股占60%，外来经营者和务工者等入股占40%；免费提供经营场所；提供一半的装修费用；免收房租、水费等。例如，自2007年起，袁家村先后吸引近400家各具特色的商户入驻，而在2015年之前从未向它们收取任何租金或者提成，免租长达8年。农民经营者根据特殊的饮食评定方式入驻袁家村，每月只需缴纳电费，补贴力度很大。③由此，大量周边村庄、县镇甚至大城市的外来技能型人才被吸引了进来。例如，书院街的投资商邓经理最初来村庄旅游，对袁家村非常有好感，就投资买了一套住宅，之后修建了两栋新的住宅，后来在这里做了更大的投资，与村书记商量项目计划，建设了以魁星阁、书院和烟霞镇草堂等文化产业为主体的书院街。④又如，外村村民王大姐是附近做粉条的能人，于2010年加入袁家村，开办了粉条加工厂。⑤

三是引进"创客"。2015年，国务院印发的《关于大力推进大众创业万众创新若干政策措施的意见》指出，推进大众创业、万众创新，是培育和催生经济社会发展新动力的必然选择，是扩大就业、实现富民之道的根本举措，是激发全社会创新潜能和创业活力的有效途径。培养乡村创客人才，激发乡村文化创新

---

① 把人力资本开发放在首要位置 为乡村振兴提供坚实人才支撑（治理之道）[EB/OL]. http://theory.people.com.cn/n1/2023/0215/c40531-32624034.html. 2023-02-15.
② 倪坤晓，何安华. 袁家村兴盛的六大机制[J]. 农村经营管理，2021（10）：12-14.
③ 张嘉轩. 乡村振兴战略探讨——袁家村模式可持续发展研究[D]. 厦门：厦门大学，2018：26-27.
④ 郭占锋，李轶星，张森，等. 村庄市场共同体的形成与农村社区治理转型——基于陕西袁家村的考察[J]. 中国农村观察，2021（1）：68-84.
⑤ 马荟，庞欣，奂云霄，等. 熟人社会、村庄动员与内源式发展——以陕西省袁家村为例[J]. 中国农村观察，2020（3）：28-41.

创造活力，是当前乡村振兴战略实施背景下提升乡村建设格局的重要路径。[1]袁家村积极搭建创业、创客、创新"三创"平台，鼓励和吸引大学生创客、青年创业团队、文化企业、广告公司、建筑设计师等入驻创业，采取"零租金入住"的方式，对艺术长廊、农家书屋、咖啡酒吧、创意工坊等新业态免收一切费用，成功吸引了1000多名创客投资、开店和做生意，成为"大众创业，万众创新"的经典范本。[2] 2014年，袁家村推出"袁梦计划"，将"毕业于艺术类院校，体制内工作5年左右，无晋升空间的艺术专业人员"作为招募对象，为袁家村引进了更多专业人才和文化资源。[3]例如，学美术的陈嘎与郭占武长谈后，于2014年创立了袁家村第一个创艺手工工作室，成为袁家村"艺术联盟"的发起者。[4]

四是招聘实习村主任。"火车跑得快，全靠车头带。"村干部作为农村工作事务的领导者和实践者，是贯彻落实党和国家政策方针的"神经末梢"，也是全面实施乡村振兴战略的重要抓手。为进一步充实村干部队伍，2018年，袁家村面向全球招募实习村主任，不论是职场老手、刚毕业的大学生、华侨，还是对中国感兴趣的外国人，都可以报名参加。实习村主任在任期内需要发挥自身的专业经验和技术，参与和协助村主任的各项工作，与社区村民互动，每周撰写一篇实习报告分享给大家。[5]实习村主任为袁家村居民带来了新的思想、理念，使他们在村里就可以接触到最优秀的人才，反响非常好。[6]

（四）培育职业精神

所谓职业精神，就是与人们的职业活动紧密联系，具有自身职业特征的精神。[7]它并非与生俱来，而是需要经过后天的教育才能够逐渐被人们所掌握和

---

[1] 刘传喜. 新时代背景下乡创运动与新型乡村人才培育的创新机制研究[J]. 成人教育，2019（12）：57-61.

[2] 强化三个引领推进乡村振兴——礼泉县乡村振兴经验交流[EB/OL]. https://page.om.qq.com/page/OMmOMWRuok5Xsnpe2DiWd0uQ0. 2019-06-19.

[3] 袁家村"关中民俗体验地"[J]. 建筑创作，2018（3）：122-131.

[4] 张凌云. 袁家村密码[J]. 新西部，2017（14）：9-13.

[5] 袁家村：乡村自主振兴的范本丨四十年再出发·三农[EB/OL]. https://www.jiemian.com/article/2745708.html. 2018-12-28.

[6] 倪坤晓. 陕西袁家村兴盛密码[J]. 当代农村财经，2021（11）：49-52.

[7] 严肃，陈先红. 职业精神[M]. 合肥：合肥工业大学出版社，2013：2.

"内化于心"。袁家村将职业精神培育作为村民教育的重要内容,设立了专门的道德讲堂,讲授个人品德、职业道德、社会公德等,对职业精神的培育主要集中在诚信和合作共赢两个方面。

一方面,诚信。"民以食为天,食以安为先。"小吃街是袁家村产业中重要的一部分,由此,保证食品安全、守住诚信底线自然是首要任务。袁家村开展诚信服务教育,要求村民尤其是小吃街的经营户认真学习《中华人民共和国食品安全法》。通过学习相关的规章制度,村民逐渐意识到食品安全的重要性,并将原材料和食品安全承诺书进行悬挂公示,如所有食品现做现卖,不允许隔夜;所有的制作过程必须直观地展示给游客,不允许有暗档和死角;食材只要当地作坊能够生产,就必须从作坊采购等[①];在小吃街店铺门口显著位置竖立"发誓牌",用介于道德和法律之间的乡约民规和最朴素的方式建立起诚信监督的信用体系,如老吕粉汤羊血在店门口挂着起誓内容:"店主发誓承诺,如果羊血掺假,甘愿祸及子孙。店主吕伟。"[②] "店主重誓承诺:如做不到以上几点甘愿后辈远离仕途坠入乞门。"[③]在县级层面,袁家村邀请省市专家对全县213名村级食品安全信息员进行集中培训和针对性的授课,指导袁家村书院街、祠堂街的60多户经营户办理了《食品经营许可证》,为50户文明诚信经营户授予荣誉牌匾。[④]经过多元化、全方位的培训,村民的诚信意识大大增强,把诚信当作"生命线"并且身体力行,打造"舌尖上的安全",赢得了广大游客的信任和好评,餐饮业规模不断扩大。

另一方面,合作共赢。村民、商户和投资者按照季度周期,参加由专业技术人士和专家组成的指导交流会,对各自的从业经验与经营理念进行总结反思,彼此建言献策,即学即用。例如,小吃街等街区通常每周一召开工作例会,围绕对利益共同体的理解、个体矛盾冲突化解、经营环境维护等内容展开交流,旨在解决问题,塑造良好的共商氛围,强化集体意识并形塑共建的价值认同。此外,为

---

① 咸阳:打造乡村产业融合发展的"袁家村"模式——三产融合绘"丰"景[EB/OL]. https://www2.shkp.org.cn/content.html?type=lc&id=238491. 2023-06-03.
② 倪坤晓. 陕西袁家村兴盛密码[J]. 当代农村财经,2021(11):49-52.
③ 袁家村:"烂杆村"的破局之路[EB/OL]. https://cj.sina.com.cn/articles/view/6410513871/17e18adcf00100yiqn. 2021-04-02.
④ 礼泉:突出四个重点打造"舌尖上的安全"[EB/OL]. http://www.sxxynews.com/2020/0618/97166.shtml. 2020-06-18.

了建立起一套共享的价值体系，袁家村还开展周期性商户教育，教育的内容主要有政治理论学习、经营理念解读、模范商户经验分享等，从而激励每一个商户都参与到村庄的发展与经营之中，增强了村民对村庄的归属感并提高了整个产业的凝聚力，最终实现了成果共享、共同富裕。[①]

（五）加强发展模式输出

乡村振兴战略是我国现代乡村发展理论与实践的创新，尽管由于自然资源禀赋、社会经济发展水平、产业发展趋势和民俗文化传承等不同，各地所形成的乡村振兴模式不尽相同，但总能够提供一定的思路和借鉴。[②]为此，在全面实施乡村振兴战略的时代背景下，袁家村模式受到全国各地的广泛关注，成为区域发展样板，前来考察和学习的单位及个人络绎不绝。例如，2023年11月，由中央广播电视总台、澎湃新闻、安徽日报、西部网等全国各地60家主流媒体编辑、记者等组成的媒体团先后来到袁家村村史馆、民宿街、小吃一条街、回民街等处进行考察。[③]以此为契机，袁家村创办了"袁家村美丽乡村建设培训中心"，陆续开办了"袁家村乡村旅游培训学校""袁家村'三农'工作村干部培训学校""袁家村乡村振兴研习社"，除了进行经验总结和理论研究之外，更主要的是开展培训和发展模式输出，让更多的乡村受益。授课教师由袁家村村干部、村民和商户担任，由袁家村人讲袁家村模式，采取案例分析、实地考察、座谈等多元化的授课方式。授课内容主要包括袁家村组织农民的方法、步骤和形式，袁家村特色小镇、美丽乡村建设的思路和经验，袁家村发展乡村旅游的思路、做法和经验，袁家村资源变资产、资金变股金、村民变股民的做法和经验，袁家村三产融合发展的特点和经验，袁家村进城出省走出去的战略布局，袁家村的股份合作制和集体经济，等等。当前，袁家村已经具备乡村旅游、特色小镇和美丽乡村建设的策划、规划与设计能力，可提供咨询、系统策划和规划设计等多种服务业务，以向

[①] 郭占锋，李轶星，张森，等. 村庄市场共同体的形成与农村社区治理转型——基于陕西袁家村的考察[J]. 中国农村观察，2021（1）：68-84.

[②] 杨园园，臧玉珠，李进涛. 基于城乡转型功能分区的京津冀乡村振兴模式探析[J]. 地理研究，2019（3）：684-698.

[③] "相约丝博会 全国主流媒体看陕西"主题采访活动走进礼泉县袁家村[EB/OL]. http://www.liquan.gov.cn/xwzx/bmxz/202311/t20231120_1700628.html. 2023-11-20.

外输出智力成果。[1]2018 年，袁家村牵头成立了乡村振兴"百村联盟"，搭建了村庄及行业间交流、合作、共创的平台，召集了全国第一批乡村振兴领域的排头兵，通过结对帮扶、相互交流、取长补短、深化合作，共同推动中国乡村振兴进程。[2]

三、职业教育促进袁家村"空心化"治理的成效

（一）产业兴旺

袁家村从一个贫瘠的传统农区发展到年营业收入达 10 多亿元、辐射带动周边 10 个村的全国美丽乡村，持续创新发展的产业业态是支撑其转型升级、集聚人才的核心因素。[3]产业兴旺是乡村振兴的重点，而要成功实现这一点，需要构建系统的一二三产业融合发展体系。以发展乡村旅游产业为抓手，袁家村的产业形成了"店铺-工场-农田"融合格局，成功实现了逆向发展，即从手工作坊到加工工厂再到连锁加工企业，做大、做强第三产业，带动第二产业的发展；随着第二产业的发展，对农副产品原材料的需求不断增加，刺激了种植养殖基地和订单农业的发展，由此促进了第一产业规模不断扩大。在此模式的带动下，村中许多小作坊依托旅游业发展成为大型工厂。例如，现在孵化成大工厂的酸奶厂是从商户家里养的几头牛起步，在旅游业的带动下升级为股份制公司，酸奶成为袁家村的"网红产品"。仅在 2018 年，酸奶的销售额就超过了 3000 万元。[4]截至 2021 年，袁家村共有菜籽油、豆腐、醪糟、酸奶等加工企业 10 家，停车场、观光小火车、客运公司等服务企业 6 家，建成菜籽、玉米、大豆、红薯、蔬菜、辣椒等

---

[1] 创新与共享：袁家村的乡村振兴之路[EB/OL]. https://www.zgxcfx.com/sannongzixun/112391.html. 2020-08-15.

[2] 郭占武：2020 年袁家村旅游综合收入超过 10 亿元[EB/OL]. http://news.cnwest.com/bwyc/a/2021/09/24/19979972.html?utm_source=UfqiNews. 2021-09-24.

[3] 纪丽娟. 农民自组织视角下的乡村振兴地方性探索与创新——基于陕西袁家村的动态跟踪研究[J]. 中国集体经济，2021（28）：1-3.

[4] 《袁家村的创与赢》新书连载（一）[EB/OL]. https://www.163.com/dy/article/FEF86G1G0524VIIK.html. 2020-06-06.

优质农产品基地 14 个①，不仅吸引了肯德基、星巴克等国际品牌入驻，还建起了五星级酒店。

2015 年以后，袁家村实施"走出去"战略，截至 2021 年已经在西安、咸阳、宝鸡等地开设了 17 家城市体验店，打造了青海河湟印象·袁家村、河南同盟古镇·袁家村、山西忻州古城·袁家村、海南博鳌印象·袁家村、江苏宿迁印象·袁家村 5 个具有地方特色的民俗旅游体验地。②

（二）人气兴旺

袁家村曾经严重的人口"空心化"现象已经一去不复返，商户和人才的到来，使袁家村的常住人口由 20 世纪 70 年代前的 200 多人增加到 2021 年的 4000 人左右③，实现了真正意义上的人气兴旺，具体体现在以下四个方面。一是原住民及周围村庄农民。原住民即袁家村村民，依靠自家居住用房经营乡村特色餐饮和民宿客栈。周围村庄农民是指附近 10 个村的贫困户和外来务工人员。二是返乡人员。在袁家村村委的大力鼓励和号召下，越来越多的年轻人选择返乡创业，袁家村发展的新鲜血液越来越多。例如，王琪曾经在一家央企工作，工资待遇挺高，由于村里的旅游事业发展给年轻人提供了更多机会，他决定回来建设自己的家乡。④三是外来商户。截至 2021 年，袁家村有商铺 1000 余家，外来人口开办的商铺占总量的 70%。⑤四是创客。袁家村吸引了大量创客，文创坊、书屋客栈、酒吧街等新业态应运而生，提升了旅游品质，被国家旅游局评为"中国乡村旅游创客示范基地"。袁家村原住民和新住民共栖化，"人人可为、人人有为"，在专业分工与合作中转化为实实在在的乡村动能，形成了生产、生活、文化及娱乐综合发展的空间格局。此外，自发展乡村旅游之后，袁家村成为中国乡村旅游的一个"超级 IP"，成为网红打卡地，2022 年的年游客接待量达 660 万人次。

---

① 农村新型集体经济的实现形式与运行机制研究——以陕西省袁家村为例[EB/OL]. https://weibo.com/ttarticle/p/show?id=2309404706723947741310. 2021-11-23.
② 刘坤. 在袁家村探寻乡村旅游"密码"[N]. 陕西日报，2021-07-26（001）.
③ "袁家村模式"给中国乡村振兴带来了什么？[EB/OL]. http://www.xybtv.com/web/e/b/content_31864.shtml. 2021-05-21.
④ 刘坤. 在袁家村探寻乡村旅游"密码"[N]. 陕西日报，2021-07-26（001）.
⑤ 狄东睿，Huang G W. 基于多源数据多决策模型定量分析民俗文化旅游发展影响因素及对策——以陕西省咸阳市袁家村为例[J]. 林业经济，2021（12）：77-92.

2023年前三季度，袁家村游客接待量已超过 600 万人次，年底有望突破 1000 万人次。①

（三）治理有效

袁家村从一个环境受污染的村庄变成一个环境优美的新农村社区，村容村貌不断得以优化、美化，道路上几乎没有食物包装袋或者废纸，一旦出现垃圾，村民就会在很短的时间内清扫干净。②在一系列非正式制度的指引和约束下，袁家村本地商户经营行为更加规范，作坊街、小吃街、农家乐街的所有商铺都按照村委会的意见定价，并且都在醒目位置明码标价。尽管游客量增速迅猛，但肆意抬价、价格歧视等现象几乎没有发生过。③在村干部的思想工作动员和相关制度的保障下，商铺股份制由"强制要求"到"个体自觉"，将多元主体纳入村庄经济共同体之中，平衡和调节了村民与商户之间的利益关系，建立起了村庄内部的联结纽带，确保了袁家村的整体利益和长远利益。袁家村还设立了明理堂，由德高望重的人主持处理矛盾纠纷等事宜，组织村民教育，使村集体与村民共治的治理状态得以形成，一个凝聚力较强的共同体得以形成。袁家村成为无人游手好闲、无奢侈消费、无酗酒滋事、无打架斗殴、无吸毒嫖娼、无赌博涉黄、无上访告状、无违建乱占的"八无村"，数十年无刑事案件发生。④

（四）生活富裕

袁家村从传统农业型村庄发展为旅游型村庄，村民生活也实现了从温饱不足到富裕小康的质性飞跃。例如，67 岁的村民张文西和老伴经营农家乐，仅此一项，一年收入就有 30 万元。这样的收入，是袁家村村民家庭年收入的平均水

---

① 丝博会见闻|袁家村，一场逆时针方向的"突围"[EB/OL]. https://news.rednet.cn/content/646755/66/13285733.html. 2023-11-22.
② 翁立悦. 乡村振兴视域下乡村旅游可持续发展探析——以袁家村为例[J]. 西部学刊，2021（18）：70-73.
③ 刘婷婷，保继刚. 旅游吸引物的非垄断性与目的地市场秩序的形成——以陕西袁家村为例[J]. 旅游学刊，2021（12）：114-126.
④ 张宝贵. 陕西袁家村发展模式调研报告[EB/OL]. https://new.qq.com/rain/a/20221123A00RUQ00. 2022-11-23.

平。①村里已形成了豆腐、酸奶、醪糟、辣椒等 30 多个作坊和小吃街股份合作社，均由村委会下属公司经营，根据收益情况进行利润分红。2020 年，村民最低分红为 50%，多的高达 160%。②村庄旅游总收入逐年递增，截至 2022 年，旅游收入达 10 多亿元，村民年人均纯收入达 15 万元以上，村民财产性收入更是成倍增长。③另外，袁家村还带动了周边 10 多个村庄持续稳定脱贫，甚至出现了一村一产业的情况。

第五节　贵州省花茂村

一、花茂村概况

花茂村地处云贵高原，位于贵州省遵义市播州区枫香镇的东北部。花茂村原名"荒茅田"，是当时茅草遍地、日子荒凉的写照，1955 年改名为"花茂村"，寓意花繁叶茂。花茂村共有 26 个村民小组，下辖白泥、红岗、中心等村组，有汉族、苗族、水族、仡佬族、土家族、壮族、侗族等民族，共计 1345 户 4950 人，其中少数民族 40 户 90 人，属于行政村。④村域属喀斯特地貌，气候宜人，景色优美。地势西北高、东南低，中部为山间盆地，地下黄泥资源丰富，是传统土陶制品的主要生产原料。花茂村传统文化底蕴浓厚，在清朝光绪年间就已经进行土陶制作，2019 年，花茂土陶被认定为贵州省级非物质文化遗产。红军在长征期间，曾经在花茂村停留和住宿，并在相邻的苟坝村召开会议。

---

① 刘坤. 在袁家村探寻乡村旅游"密码"[N]. 陕西日报，2021-07-26（001）.
② 庄晨阳. 从"阳光下"到"月光里"：咸阳市礼泉县袁家村旅游小镇探秘[N]. 榆林日报，2021-05-27（003）.
③ 袁家村走出乡村振兴新·路径[EB/OL]. http://www.sxxynews.com/2023/0911/321373.html. 2023-09-11.
④ 昝雪梅. 多维联结：乡愁与乡村治理共同体的形塑机制研究——以贵州省花茂村美丽乡村实践为例[D]. 武汉：华中师范大学，2022：16.

花茂村曾经是"出行难、饮水难、村民增收难"的典型贫困村。正如村民所说:"晴天一身灰,雨天一身泥,村里连一条像样的路都没有;电网结构差,遇到雷雨天气经常停电,难以满足正常的生产生活需要。"[①]村民赖以生存的传统农业易受天气影响,很难获得收入。由此,大量年轻人纷纷外出打工,2012年外出打工者多达3000余人,村里只留下老人和小孩[②],成为名副其实的"空心村",农田因无人种植而成为"荒茅田"。

为了改变发展困境,实现乡村振兴,花茂村以产业振兴为重点,大力推进产业革命,培育产业新业态,以生态宜居为抓手,全力补齐环保设施短板,深入开展污染防治,守好发展与生态两条底线,统筹"一二三产业融合"发展。[③]2013年,在政策影响下,花茂村抢抓"四在农家·美丽乡村"创建的机遇,2014年以来,在全力改善基础设施的同时,大力发展现代农业与旅游业。在"绿水青山就是金山银山"理念的引领下,花茂村打造乡村新画卷,推动旅游新产业,依托域内山清水秀的良好生态和独具特色的黔北民居,打造了陶艺文化创意一条街、九丰生态农业观光体验园、红色之家、乡愁小道、真理小道"一街一园一家两小道"经典旅游线路,并相继建立了乡村旅游协会、古法造纸特色商品馆等,主打红色文化之旅、田园文化之旅、寻找乡愁之旅。2015年6月,习近平总书记到贵州考察调研,走进花茂村,实地了解这里发生的巨大变化,并有感而发:"怪不得大家都来,在这里找到乡愁了。"[④]2016年,花茂村获得"全国先进基层党组织""中国美丽休闲乡村""贵州省同步小康创建最佳示范村"荣誉称号,2017年获得"最美村庄""中国乡村旅游创客示范基地"荣誉称号。2019年3月,作为国家广播电视总局推出的脱贫攻坚重点剧目,以花茂村脱贫攻坚和新农村建设为背景的电视剧《花繁叶茂》在花茂村开机。2019年7月,花茂村被文化和旅游部评为首批320个全国乡村旅游重点村。2019年底,花茂村集体经济积累达1135

---

① 刘苏萍."四在农家·美丽乡村"模式下旅游精准扶贫研究——以遵义市花茂村为例[J].旅游纵览(下半月),2019(22):135-136.
② 托起富裕富足金饭碗 塑造宜居宜业新形象[EB/OL]. http://finance.sina.com.cn/wm/2021-09-15/doc-iktzscyx4413338.shtml. 2021-09-15.
③ 枫香镇花茂村:牢记嘱托抓发展 建设美丽宜居乡村[EB/OL]. https://mp.weixin.qq.com/s/FY4Ruj2g0MI1PSSj5odORA. 2021-05-14.
④ 总书记挂念的红色老区 | 花茂村的"美丽乡愁"[EB/OL]. https://news.cctv.com/2021/06/15/ARTIFjcQz1E6SYZvQnUIzoUo210614.shtml. 2021-06-15.

万元，年纯收益达 210 万元，最后的 13 户 38 名贫困人员全部脱贫，贫困发生率降为 0。① 2020 年，村民年人均可支配收入达 2 万多元②，真正实现了从"空心村"到小康村的蜕变。2021 年 3 月，花茂村被司法部及民政部命名为第八批"全国民主法治示范村（社区）"，同年 9 月被中央农村工作领导小组办公室、农业农村部、中央宣传部、民政部、司法部和国家乡村振兴局表彰为"第二批全国乡村治理示范村"。

二、职业教育促进花茂村"空心化"治理的措施

（一）注重干部培训

《中华人民共和国乡村振兴促进法》第四十三条指出："国家建立健全农业农村工作干部队伍的培养、配备、使用、管理机制，选拔优秀干部充实到农业农村工作干部队伍，采取措施提高农业农村工作干部队伍的能力和水平。"提高农业农村工作干部的能力和水平最直接有效的方式就是实施多元化培训，打造一支强大的乡村管理干部队伍，为乡村全面振兴提供坚强的人才保障和智力支持。具体而言，花茂村主要采取了以下三个方面的措施。一是提高服务意识。为了能够让村干部更好地领悟扶贫工作的重要性，提升他们为人民服务的意识，花茂村常态化、制度化地开展"两学一做""三会一课"等，每月都会对村干部进行思想政治培训，同时建立起"一名村干部联系十户党员、一户党员联系十户群众"的联系服务机制，真正实现工作思想的上传下达。二是提升管理素质。带领村民走上富村强民之路，实现脱贫攻坚，是干部工作的中心。为此，2013 年以来，遵义县③组织新农建设示范带全部村（居、社区）党组织书记、主任分期分批到浙江大学、山东省寿光市、江苏省华西村考察学习，大大促进了村级领导班子观念的转

---

① 向总书记报告 | 花茂村的笑声[EB/OL]. http://www.lfgdw.cn/2020/1022/18928.shtml. 2020-10-22.
② 【奋斗百年路 启航新征程·中国共产党人的精神谱系】赓续红色基因 推动乡村振兴[EB/OL]. https://www.sohu.com/a/495805704_99962390. 2021-10-18.
③ 2016 年更名为播州区。

变、执行力的提升。[①]此外，花茂村依托学习平台——"新时代学习大讲堂",[②] 通过电信视频系统、电子政务网、电视直播等形式对干部实施培训，取得了很好的效果。三是培养年轻干部。"培养选拔优秀年轻干部是一件大事，关乎党的命运、国家的命运、民族的命运、人民的福祉，是百年大计。"[③]花茂村十分注重村干部人才的培养和培训，近年来在大专院校毕业生、退伍军人、致富能手中培养村干部5名，瞄准善经营、会致富、带动力强的优秀青年发展党员10名和致富带头人7名。[④]通过对年轻干部的培训和锻炼，花茂村形成了一批既有知识又有能力的新时代农村干部，这些干部在村庄的发展过程中起到"领头羊"的作用，带领村民一起走上乡村振兴之路。

（二）开展技能培训

"治贫先治愚，扶贫必扶智。"扶智的目的是让村民获得可持续发展的知识和技能，从而实现真正的脱贫。生计的可持续性程度和水平是影响低收入人口和困难群体是否以及在多大程度上陷入或摆脱贫困的关键因素。[⑤]花茂村通过对村民开展技能培训从而有效实现扶智。正如村主任彭龙芬所说："在我们花茂村，扶贫就是要扶智。村委会给村民进行培训，让每一个贫困户都有产业支撑，人居环境实现彻底改变。"[⑥]总体而言，花茂村对村民开展的技能培训主要包括以下三个方面。一是种植技术培训。发展现代化农业是新农村建设的必然要求，为了实现农业的高效种植和运营，花茂村成立了供销合作社。供销合作社不仅提供农产品的产销对接、农资配送等服务，还开展农业技术指导，引导农民种植水果蔬菜、

---

① 贵州省遵义县："五个精准"锻造干部培训"金钥匙"[EB/OL]. http://dangjian.people.com.cn/n/2015/0910/c117092-27568639.html. 2015-09-10.
② 贵州省于2017年12月启动"新时代学习大讲堂"，利用互联网信息技术，将视频系统延伸到全省1.8万个会场和学习点，五级联动全覆盖，实现了每期讲座同步直播，打破了传统课堂培训对时间和空间的限制。
③ 抓好后继有人这个根本大计大力培养选拔优秀年轻干部[EB/OL]. http://theory.people.com.cn/n1/2022/0718/c40531-32477742.html. 2022-07-18.
④ 花茂村乡村振兴的探索与启示[EB/OL]. https://mp.weixin.qq.com/s/sz2I1XXP1McTyTqKpSS7jw. 2021-04-28.
⑤ 李海金. 全面建成小康社会与解决相对贫困的扶志扶智长效机制[J]. 中共党史研究，2020（6）：17-23.
⑥ 中外学者深入贵州花茂村感受美丽乡村建设成果[EB/OL]. http://news.hnr.cn/xwtx/201711/t20171124_3037686.html. 2017-11-24.

养殖蜜蜂等，此外，还引进专业技术人才教授村民现代化农业知识，帮助他们掌握和使用现代化农机设备。二是服务技能培训。花茂村积极举办"农民夜校"，每月两期，大力开展厨艺技能、酒店管理、网络销售等方面的培训，提升村民的服务技能。[①]三是生活技能培训。除陋习、树新风是"三农"工作的重点和难点。之前，花茂村村民生活在"荒茅田"上，住的是土墙茅草房；实施新农村建设后，村民旧时的生活习惯一时很难改正，导致整个村庄的环境十分不美观。为了倡导积极文明的生活方式，营造文明卫生的新农村，花茂村组织干部进入村民家中开展生活技能培训，从房间打扫到污水处理，从屋内到大门外。村民涂华琴说："周书记（指驻村第一书记周成军）点子多，他发动村里的女干部走进农户家里，手把手教主妇收拾屋子，然后组织村民互相串门、参观，谁家脏乱差，自然面子不好看，也就自觉勤快起来了。"[②]此外，花茂村还积极开展生活技能和环保知识竞赛，提高村民学习的积极性。

（三）与企业开展深度合作

资源匮乏、人才短缺是当前乡村振兴面临的两大难题，仅仅依靠乡村自身的力量很难实现走向富村强民之路，需要借助一定的外力才能走出困境，实现内源式发展。企业具有资金、技术、人才等方面的资源优势，是乡村振兴的重要参与主体。单纯从扶贫资金投入来看，我国社会力量投入的资金量已经超过政府专项扶贫资金总额，其中企业贡献最大。[③]针对产业缺乏融合问题，花茂村引进农业企业2家，培育家庭农场2家，成立种植养殖农民专业合作社7家[④]，与企业开展深度合作，主要体现在以下两个方面。一是人才培育。乡村振兴的关键是人才振兴。花茂村借助企业资源将农业区打造为"黔北现代山地高效农业人才基地"，利用企业的人才资源开展培训，采取"合作社+基地+农户"的教学方式，室内培训和户外实践相结合。为了使村民接受科学、实用的技能知识，培训教师

---

① 冉昊. 乡村振兴战略的基层实践——以贵州花茂村为例[J]. 团结，2018（5）：52-55.
② 听第一书记讲述扶贫故事：总书记的话带火一片产业[EB/OL]. http://hy.jnbb.gov.cn/articles/ch00115/202008/7ab069ae-dfcf-4560-b57a-159bf4fbf8fd.shtml. 2020-08-05.
③ 李培林，魏后凯，吴国宝. 中国扶贫开发报告（2017）[M]. 北京：社会科学文献出版社，2017：356-358.
④ 花繁叶茂笑颜展[EB/OL]. http://gz.people.com.cn/n2/2021/0701/c194827-34802130.html. 2021-07-01.

既有企业技术人员，又有外聘专家。截至2021年，花茂村培养了专业技术人才30余人，实用人才1600余人，共有2300余人次接受了新型职业农民培训。①此外，花茂村积极开展多种形式的创新创业培训和"订单式""定岗式"劳动力转移就业培训，为不同需求的村民提供创业和就业的智力支持。二是推广农业技术。《中华人民共和国乡村振兴促进法》第十七条指出，"鼓励企业、高等学校、职业学校、科研机构……创新推广方式，开展农业技术推广服务"。将企业研发的产品和技术推广至乡村，借助企业的优势加快实现农村的现代化建设，是实现乡村振兴的途径之一。2016年，花茂村与山东寿光九丰公司合作，成立村社合一的遵义绿动九丰蔬菜种植专业合作社。该合作社通过开展绿色农产品的种植、温室大棚的搭建、病虫害的科学防御等方面的培训，使村民能够较为全面地掌握现代化农业技术，从而更好地发展现代化高效农业。

（四）加强非遗技能传承

2014年，习近平总书记在文艺工作座谈会上的讲话中指出，"'求木之长者，必固其根本；欲流之远者，必浚其泉源。'中华优秀传统文化是中华民族的精神命脉，是涵养社会主义核心价值观的重要源泉，也是我们在世界文化激荡中站稳脚跟的坚实根基"②。在当今，非物质文化遗产是中国传统文化最有力的证据。但伴随着时代的变化和经济的发展，很多传统的非物质文化遗产被人们遗忘，相应技能濒临失传，急需新鲜的血液注入，以得到更好的传承与发展。

花茂村历史发展悠久，是古法造纸和土陶技艺两项非物质文化遗产的所在地。为了能够让非物质文化遗产更好地传承下去，使优秀传统文化得以延续，花茂村采取了以下两个方面的措施。一是加强非遗技能培训。古法造纸传承人张胜迪通过"凤还巢"计划返回花茂村创业，创办了"花茂人家"造纸工坊，招收返乡大学生、返乡农民工等为学员，教授他们古法造纸技艺。例如，返乡大学生况婷婷说："我现在在这边的话，主要负责做这个纸浆压花的一个技师……既可以

---

① 花茂村乡村振兴的探索与启示[EB/OL]. https://mp.weixin.qq.com/s/sz2I1XXP1McTyTqKpSS7jw. 2021-04-28.
② 习近平：在文艺工作座谈会上的讲话[EB/OL]. https://www.gov.cn/xinwen/2015-10/14/content_2946979.htm. 2015-10-14.

传承这个文化，也可以让自己的价值得到一个提升。"①为了推出具有本村特色且蕴含现代意味的古法纸，张胜迪邀请农民艺术家进行专业绘法的讲授，向学员传递现代新观念和审美，成功打造了现代与传统相融合的古法纸产品。澳门游客阎女士说："他们用那个自然的花，然后用古法的纸做的书签，我觉得看书的时候可以夹，留个纪念。传承不是说只是照搬古人的那个做法，他们也想加入自己的一些理解啊手法，所以我觉得他们是在这条路上在努力，这种精神还是值得学习的。"②花茂村不仅多次组织村民参加文化产业市场培训和旅游产业博览会，还选派非遗传承人25人到浙江杭州、江西景德镇等参加农业产业化、旅游精品化培训，学习高端的技术和成功的经验，着力培育传统工匠人才。③二是产学结合。花茂村将非物质文化遗产的培训、研发和销售有机地融合在一起，不仅山川河流、村庄、民居、星空大地，村民的生活样态、民风民情，村庄的精神、思想等都被画在一张张纸上，被制成纸浆压花画和书本、信纸、台灯、油纸伞等文创产品，远销上海等地④，而且花茂村开设的古法纸体验馆每年吸引着众多海内外游客和学生团队前来体验非遗技艺、研学实践。花茂土陶技艺传承人母先才建立了陶艺体验馆，馆内放置着20多台陶艺拉坯机，用于教学和游客体验。2021年，陶艺体验馆已经接待了10多批研学团队，每一批都有两三百人。⑤

三、职业教育促进花茂村"空心化"治理的成效

（一）产业融合

实现乡村振兴，需要坚持富民为本、富民为先，深入推进农业供给侧结构性

---

① 贵州遵义花茂村：一张千年古纸的现代蜕变[EB/OL]. https://www.sohu.com/a/467115088_120104068. 2021-05-18.
② 贵州遵义花茂村：一张千年古纸的现代蜕变[EB/OL]. https://www.sohu.com/a/467115088_120104068. 2021-05-18.
③ 花茂村乡村振兴的探索与启示[EB/OL]. https://mp.weixin.qq.com/s/sz2I1XXP1McTyTqKpSS7jw. 2021-04-28.
④ 【民族要复兴 乡村必振兴】农文旅相结合 走出"花茂"乡村振兴路[EB/OL]. https://m.gmw.cn/baijia/2021-04/06/34743559.html. 2021-04-06.
⑤ 花茂村：从"荒茅田"到花繁叶茂[N]. 贵州日报，2021-07-01（006）.

改革，充分挖掘乡村价值，大力发展新产业、新业态、新模式，推进一二三产业深度融合。[①]花茂村近年来依托自身资源禀赋，探索"农旅文一体化"发展模式，实现了田园风光、红色文化、古法造纸文化、陶艺文化与农业产业、乡村旅游产业的有机融合发展。例如，花茂村大生旺合作社依靠青蛙与水稻共生种养，已发展成为当地龙头种植养殖企业。稻+蛙基地共流转土地660余亩，每亩养殖4000斤青蛙，每斤市场价为25元，年可获纯利5万元。[②]花茂村还建立了集生产科研、集约化育苗、技术培训、实验示范、加工物流、生态休闲以及旅游观光于一体的现代农业特色产业示范园区，不仅可以让游客体验农耕文化、生态观光，还可以承办团队拓展训练和大型活动接待等。在文旅融合、乡村旅游业快速发展的新时代背景下，花茂村共有乡村客栈、特色农家乐50余家，电商10余户，文化企业4家，打造文化创意产品30余种，乡村旅游经营户100余户，旅游公司、旅游协会、专业合作社等不断兴起，带动乡村旅游从业人员2000余人。[③]在产业融合的推动下，花茂村从曾经贫困、荒芜的"荒茅田"蝶化为花繁叶茂的富美村庄，真正实现了农业强、农村美、农民富，并且形成了具有自身特色的乡村振兴路径。

（二）乡风文明

乡村振兴，既要塑形，又要铸魂，形成文明乡风、良好家风和淳朴民风，焕发乡风文明新气象。推动农村全面进步、农民全面发展，必须坚持物质文明和精神文明一起抓，提升农民的精神风貌，不断提高乡村社会的文明程度。[④]花茂村建立自治、法治、德治"三治"融合治理体系，完善"一约五会"[⑤]，依托讲习所、道德讲堂等建立村民"说事室"；聘请村法律顾问，培养组法律联络员，培

[①] 韩俊：关于实施乡村振兴战略的八个关键性问题[EB/OL]. https://mp.weixin.qq.com/s/CIh7k7OFPqpW8GidFN65Kw. 2021-10-03.
[②] 陈从忠. 播州区花茂村：产业升级群众增收[J]. 当代贵州，2021（26）：71.
[③] 刘颖. 浅议地方特色文化遗产与乡村旅游融合发展策略——以贵州省遵义市枫香镇花茂村为例[J]. 文化月刊，2021（3）：37-39.
[④] 韩俊：关于实施乡村振兴战略的八个关键性问题[EB/OL]. https://mp.weixin.qq.com/s/CIh7k7OFPqpW8GidFN65Kw. 2021-10-03.
[⑤] 即以村规民约、村民议事会、老年协会、道德评议会、红白理事会和禁毒禁赌会为主要内容的村民自治体系。

训户法律明白人，健全法律服务体系；设立村综治中心，建立治理网络，推选联户组长，构建"一中心一张网十联户"治理模式。由此，花茂村形成了良好家风、文明乡风和淳朴民风，陈规陋习得到了有效治理。2020年，花茂村有55人（户）被评为家风先进典型，4个村寨被评为文明村寨，3户被评为星级文明户。①村党群服务中心的图书室是村民经常光顾的地方，村民们读书蔚然成风。另外，村民还自发参与人居环境整治、公益活动等。

（三）人居环境改善

乡村振兴不能仅仅停留在物质财富的积累层次上，更多是要让农民的生活更加舒适，幸福感和获得感不断得以提升。经过治理，花茂村的人居环境得到了很大程度的改善，成为名副其实的美丽乡村。走进花茂村，屋前紫薇树枝蔓茂盛，屋后树林郁郁葱葱，三角梅、五彩辣椒、非洲菊、大丽花把庭院装扮得姹紫嫣红，与青山绿水浑然天成，成为一道亮丽的风景线。花茂村累计新建改建黔北民居达1000余栋，基调均为小青瓦、坡屋顶、转角楼、三合院、雕花窗、白粉墙、穿斗枋七元素，将传统建筑与现代化元素相结合，形成了极具花茂特色的建筑风貌。②

花茂村的公共设施得以改善，全村串户路硬化率达100%，安装太阳能路灯300余盏，新建人工湿地生态污水处理池4个，种植绿化树木2500余亩，治理生态景观河道8.8公里，完成"三改"1110户，卫生厕所普及率达100%，森林覆盖率达58%，此外还新建了农民文化家园、农家书屋等文化设施，营造"全民学习"的氛围。③花茂村党总支书记、村委会主任彭龙芬说："近年来，我们花茂村发生了翻天覆地的变化，特别是基础设施建设，水、电、路、讯、房、寨这几方面都发生了很大的变化。"④说起家乡的变化，村民们也深有感触，五六

---

① 遵义市播州区花茂村"四聚焦"创建"全国民主法治示范村"[EB/OL]. https://www.gzstv.com.a/3d9eed8fbddf4508bde76802f2168800. 2021-05-10.
② 走向我们的小康生活|有了"新表情"的花茂村[EB/OL]. https://mp.weixin.qq.com/s/6aba_Eh_evbPYn9bW9zLZg. 2020-08-26.
③ 走向我们的小康生活|有了"新表情"的花茂村[EB/OL]. https://mp.weixin.qq.com/s/6aba_Eh_evbPYn9bW9zLZg. 2020-08-26.
④ 枫香镇花茂村：牢记嘱托抓发展 建设美丽宜居乡村[EB/OL]. https://mp.weixin.qq.com/s/FY4Ruj2g0MI1PSSj5odORA. 2021-05-14.

年前走的是泥巴路，住的是木瓦房，喝的是山沟水；现在泥巴路变成沥青路，路两边还栽上了花草树木，住上了漂亮的黔北民居，家家通自来水，生活一步到小康。①

（四）人气兴旺

乡村振兴的标志之一是人气兴旺。花茂村村委会采取了一系列人才政策和举措，以吸引"90后"大学生和外出务工人员返乡。花茂村外出总人数从2012年的3356人减少到2020年的485人②，村民纷纷返回家乡创业就业，如村民王治强就是其中一员，"在外面漂泊的时候收入不稳定，连和别人说话都没底气"。他于2014年返乡，投资40多万元把自家四合院改造为花茂村的第一家农家乐，以提供农家美食和乡村民宿服务，现在已成为花茂村的招牌之一。③花茂村成为贵州乡村旅游的一张名片，吸引了大批旅客，游人如织。2019年，花茂村接待游客数量达130余万人次④，2020年则为102万人次⑤。花茂村不仅游客络绎不绝，还吸引着中外许多学者前来考察和参观。例如，2017年，"走好新时代的长征路"——中外青年学者交流活动一行来到花茂村，亲身体验中国乡村的变化。来自加纳的青年学者杜华说："我目睹了花茂村瓷器烧制、油纸伞制作、酿酒工艺等各项产业的发展。这是当地可持续发展的重要组成部分，也很好地保留了当地的文化。同时，我也目睹了当地旅游业的发展，这都为当地的减贫工作做出了卓越贡献。"⑥

---

① 刘苏萍. "四在农家·美丽乡村"模式下旅游精准扶贫研究——以遵义市花茂村为例[J]. 旅游纵览（下半月），2019（22）：135-136.

② 昝雪梅. 多维联结：乡愁与乡村治理共同体的形塑机制研究——以贵州省花茂村美丽乡村实践为例[D]. 武汉：华中师范大学，2022：18.

③ 【遵义】遵义花茂村：返乡人的"美丽乡愁"[EB/OL]. http://xczx.guizhou.gov.cn/xwzx/dfdt/202207/t20220726_75718705.html. 2022-07-26.

④ 从花茂村到化屋村 看贵州脱贫群众的美好生活[EB/OL]. http://www.gz.chinanews.com.cn/zxgz/2021-02-04/doc-ihahmevx4421150.shtml. 2021-02-04.

⑤ 春风又暖花茂村 奋进干出新天地[EB/OL]. https://www.tongren.gov.cn/2021/0208/228962.shtml. 2021-02-08.

⑥ "走好新时代的长征路"中外青年学者贵州行圆满落幕[EB/OL]. http://news.china.com.cn/2017-11/25/content_41944189.htm，2017-11-25.

第六节　湖南省十八洞村

一、十八洞村概况

　　十八洞村是湖南省湘西土家族苗族自治州花垣县双龙镇下辖行政村，位于湖南省西部，武陵山脉中段，是一个典型的苗族聚居行政村。十八洞村由飞虫、当戎、竹子和梨子4个自然村寨组成，2005年7月，当地进行行政区划调整，4个自然村寨合并为一个新的行政村，并以区域内的天然溶洞夜郎十八洞为名，取名为"十八洞村"。十八洞村属于高山熔岩地带，以山原地貌为主，2022年总面积14 162亩，人均耕地只有0.83亩，农耕面积只占总面积的5.8%，而森林覆盖面积高达78%。①这里秀水奇洞，山水相连，美景得天独厚，但由于群山阻隔，交通滞碍，民生维艰。②从前的十八洞村从梨子寨到镇上步行要走一个半小时。村内基础设施落后，有的村民家里唯一的电器仅是一盏节能灯。在产业方面，十八洞村群山环绕，地势险峻，人均耕地少，难以进行大规模成片开发及机械化种植。③十八洞村过去是一个非常典型的"空心村"，由于年轻人纷纷到珠三角、长三角地区打工，除了春节之外，村里大多时候只有老人和小孩。十八洞村也是武陵山连片特困地区的一个典型深度贫困村，村民们长期生活于贫困线以下。例如，2013年，全村年人均纯收入只有1668元，不及全国平均水平的1/5，一半以上人口都是贫困户④，水、电、路、讯等基础设施亟待完善。"三沟两岔山旮旯，红薯洋芋苞谷粑；要想吃顿大米饭，除非生病有娃娃。"⑤这首苗歌可以说是过去

---

① 周细平. 少数民族村寨旅游扶贫研究[D]. 吉首：吉首大学，2022：10-11.
② 十八洞村：苗寨巨变[EB/OL]. https://www.sohu.com/a/474097526_118622. 2021-06-25.
③ "精准扶贫"首倡地十八洞村：一个苗寨的振兴[EB/OL]. https://new.qq.com/rain/a/20210523A07AR000. 2021-05-23.
④ 花垣 世界边城奏强音[EB/OL]. https://new.qq.com/rain/a/20231101A01MJ900.html. 2023-11-01.
⑤ 山乡巨变的一支硬核力量：一年培养近10 000名农民大学生的湖南职业教育[EB/OL]. https://m.163.com/dy/article/HG1J78OJ05168VJR.html. 2022-08-30.

十八洞村贫穷与落后的真实写照。

2013年11月3日，习近平总书记在十八洞村考察并提出了"精准扶贫"的重要思想，开启了中国扶贫开发事业的新篇章，也给十八洞村的发展带来了新思路。十八洞村因地制宜地发展当地特色产业，形成了乡村游、黄桃、猕猴桃、苗绣、劳务输出、山泉水、中药材种植等"旅游+"产业体系。其中，千亩精品猕猴桃基地的产品实现港澳直通，2019年，十八洞建档立卡户仅此项人均分红就达1600元。苗绣合作社于2019年实现产值60余万元，村内农家乐、乡村民宿、特色产品销售等直接带动230人在家稳定就业。村里还引入步步高集团投资山泉水厂，每年给村集体分红，2019年已实现分红66.4万元。2020年，十八洞村人年均可支配收入达到18 369元，已经远远超过3000元的国家贫困线标准。① 2015年春节前后，包括《人民日报》《光明日报》《经济日报》，以及中央电视台等在内的中央七大主流媒体密集报道了十八洞村实施"精准扶贫"以来的巨大变化。2016年春节期间，中央电视台在新闻联播推出了《"十八洞村"扶贫故事》系列报道，连续5天播报了该村在扶贫脱贫方面的举措和成就。2017年4月，由潇湘电影集团和峨眉电影集团联合制作、取材于十八洞村"精准扶贫"实践的纪实影片《十八洞村》在花垣县正式开机，并于当年10月13日在全国正式上映，进一步提升了十八洞村的知名度。② 十八洞村村民如今欢唱起新苗歌，"苗家住在金银窝，境内自然资源多，精准扶贫来领航，户户脱贫奔小康"③，书写了"矮寨不矮、时代标高"的历史传奇。

二、职业教育促进十八洞村"空心化"治理的措施

（一）开展旅游职业教育

为了把"精准"的要求落到实处，十八洞村始终坚持从自身实际出发，凭借

---

① 湘西第一家5A景区，为何花落此地？[EB/OL]. https://hn.rednet.cn/content/2021/06/16/9535487.html. 2012-06-16.
② 周细平. 以乡村旅游为引擎助力乡村振兴路径研究——基于十八洞村的实践与探索[J]. 农村经济与科技，2021（10）：46-48.
③ 十八洞：幸福的炊烟袅袅 氤氲着无数贫困村不远的未来[EB/OL]. http://cn.chinadaily.com.cn/a/202005/19/WS5ec3aa2ca310eec9c72ba085.html?from=groupmessage. 2020-05-19.

独特的地理优势，大力发展旅游业。具体而言，十八洞村以文化为承载主体，利用当地农家乐、特色文化节目、文化景点等，打造了一套具有苗族特色风情的农业及文化旅游产业。①从很大程度上来讲，十八洞村的旅游开发是在改造一支村民队伍，不断提升他们的素质。针对村民专业知识匮乏的状况，驻村工作队和当地政府根据村民的文化层次，分期分批地开展旅游接待礼仪、烹饪技能等方面的培训。村民则根据自己的实际需要，有针对性地进行学习。"像这样的培训有十几次，村民们都很欢迎。""现在，大家的积极性非常高，都盼着早点过上好日子呢。"②此外，村民还积极开展"做中学"，如在参与农家乐的经营过程中，掌握了与游客交谈和餐饮服务礼仪等技能，学会了微信支付，甚至还能够熟练使用各类 APP 进行网络营销。③2018 年 7 月，湖南机电职业技术学院与十八洞村签订合作协议，利用创客教育优势，提供专业指导，与村部联合培育乡土创客，服务十八洞村乡村旅游，打造了不同类型的嫂子创客空间。④

（二）注重种植养殖技术推广

技术服务是农业社会化服务的重要内容之一，2019 年，中共中央办公厅、国务院办公厅印发的《关于促进小农户和现代农业发展有机衔接的意见》强调实施小农户能力提升工程，开展种养技术、经营管理、农业面源污染治理、乡风文明、法律法规等方面的培训，新型职业农民培育工程和新型农业经营主体培育工程要将小农户作为重点培训对象，帮助小农户发展成为新型职业农民。涉农职业院校等教育培训机构要发挥专业优势，优先做好农村实用人才带头人示范培训。十八洞村在政策的引领下，非常注重种植养殖技术推广。2015 年 8 月 14 日，湘西州农业局、湖南省农业广播电视学校湘西自治州分校等单位在十八洞村举办了新型职业农民培训班，全村 150 多位村民参加了培训。农业工作人员

---

① 许建. 湘西十八洞村"旅游+农业"式精准扶贫中稳定脱贫的思考[J]. 海峡科技与产业，2020（6）：53-55.
② 冯豪博. 十八洞村精准扶贫的"旅游实践"[N]. 中国旅游报，2018-10-17（001）.
③ 丁建军，王璋，余方薇，等. 精准扶贫驱动贫困乡村重构的过程与机制——以十八洞村为例[J]. 地理学报，2021（10）：2568-2584.
④ 村校携手 为十八洞村嫂子打造创客空间[EB/OL]. https://hn.rednet.cn/content/2020/06/25/7527612.html. 2020-06-25.

向前来参加培训村民发放农业科学知识刊物，并进行农业种植、养殖等方面的知识培训。①

在猕猴桃种植技术推广方面，十八洞村组织村民代表到四川省浦江县等猕猴桃产业已形成规模的地方进行实地参观交流，让他们学习技术、熟悉市场。2014年，中国科学院武汉植物园对十八洞村开展科技扶贫，为其提供猕猴桃专利新品种"金梅"和"东红"以及综合配套种植技术和服务。中国科学院武汉植物园科研团队每次来到基地，都要在现场开设培训班，将栽植、施肥、浇水、除虫、采摘、贮藏、运输等技术和经验传授给种植户，培养了一批素质较高的技术人员。②猕猴桃产业有了技术做保障，成为十八洞村的绿色"聚宝盆"。2020年，十八洞村猕猴桃收益金分红222户870余人，第一轮共发放现金524 000元，建档立卡户每股分红800元，非建档立卡户每股分红400元。村民都过上了红火的日子。③

在养蜂技术推广方面，2014年初，扶贫工作队鼓励村民龙先兰养土蜜蜂，帮他联系了花垣县的养蜂专业户学习养蜂、割蜜技术，当年他的收入就达到5000多元。④2015年，龙先兰到周边村寨及县内外的一些养蜂基地学习取经，贷款30 000元修蜂箱、引进蜂种、扩建蜂场，成为远近闻名的养蜂能手。⑤龙先兰从最初起家的4箱蜜蜂逐渐发展到2020年的300多箱，十八洞村及周边村庄已有560多名村民加入他带头创立的蜜蜂养殖专业合作社，他们一起学习养蜂技术，交流实践经验，蜜蜂养殖专业合作社一半以上的人曾经生活在贫困线以下，现在均已实现脱贫。⑥

---

① 十八洞村举办新型职业农民培训班[EB/OL]. https://www.sohu.com/a/28567292_162758. 2015-08-21.
② 武汉猕猴桃助力十八洞村脱贫致富[EB/OL]. http://www.wuhan.gov.cn/sy/whyw/202102/t20210226_1639602.shtml. 2021-02-26.
③ "沿着高速看中国——红色之旅"湖南纪行 快赏高速美景 慢享红色之旅[EB/OL]. http://www.jxln.gov.cn/lnxxxgk/c100635/202104/e80fe0524439483a94615f72a3eb5cf4.shtml. 2021-04-27.
④ 十八洞村见闻｜许达哲抱起的这个湘西娃以及她家人的故事[EB/OL]. https://hn.rednet.cn/content/2021/04/15/9188737.html. 2021-04-15.
⑤ 十八洞村的今天[EB/OL]. http://www.chinawriter.com.cn/n1/2018/1112/c404018-30394169.html. 2018-11-12.
⑥ 【扶贫故事绘】十八洞村的"精准脱贫"故事[EB/OL]. https://cn.chinadaily.com.cn/a/202007/24/WS5f1a8653a310a859d09d9f96.html. 2020-07-24.

（三）加强非遗技艺培训

2018年6月27日，文化和旅游部办公厅印发《关于大力振兴贫困地区传统工艺助力精准扶贫的通知》，强调要加强贫困地区非遗传承人群培养，"以面向面广量大、从业人员较多、有助于带动就业增收、培育品牌的传统工艺项目为重点，实施中国非遗传承人群研修研习培训计划"。

十八洞村作为中国苗族原生态文化保存最完好的村落之一，十分注重对第一批国家级非物质文化遗产——苗绣技艺的传承。十八洞村原党支部书记石顺莲于2014年成立十八洞村苗绣特产农民专业合作社，并将自己家里的三间瓦房改造成为苗绣工坊，以开发苗绣产品和推广苗家传统工艺。为了更好地传承手工艺和工匠精神，她对苗绣作品一直坚持手绣、不用机绣，并对绣娘进行精心的技术指导。[1]为进一步提升绣娘的技术水平，石顺莲带领她的团队外出参加培训，研习苗绣技艺，了解其他村镇的苗绣产业情况，见识到了诸如苏绣等手艺的传承发展模式。2018年，石顺莲带着村里的10位绣娘到湖南工业大学参加了培训。[2]在石顺莲的带动下，苗绣技艺得以很好地传承下来，截至2020年，已有55户村民加入了苗绣特产农民专业合作社，全村300多名妇女中有192名成为绣娘，其中能独立做产品的高级绣娘达28人。[3]

2014年5月，十八洞村苗绣实训基地挂牌成立，同年7月，被农业部农民科技教育培训中心确定为"中央新型职业农民培训实训基地"。实训基地负责人不仅到贵州松桃等地向当地的苗绣传承人取经学习，把先进的苗绣技艺和苗绣图案带回村里，还邀请苗绣传承人进村授艺，先后举办了10多期苗绣培训班，以培训出更多熟练的绣娘。实训基地与设计院校合作，由它们的高素质人才对绣娘进行教育培训，传播现代设计中的创新理念、审美方法。实训基地还重新收集、挖掘、整理散落在民间的苗绣艺术珍品，让绣娘在完全掌握当地传统的苗绣技术和

---

[1] 【扶贫故事绘】十八洞村的"精准脱贫"故事[EB/OL]. https://cn.chinadaily.com.cn/a/202007/24/WS5f1a8653a310a859d09d9f96.html. 2020-07-24.

[2] 老支书当起了"俏绣娘" 十八洞村学"绣花"[EB/OL]. https://www.sohu.com/a/426079300_785861. 2020-10-20.

[3] 湖南十八洞村的"精准脱贫"故事[EB/OL]. https://new.qq.com/rain/a/20200725010 34700. 2020-07-25.

了解苗族图案的内涵特质后，不断摸索创新和形成自己独特的风格。[①]苗绣技艺培训取得了很好的效果，一针一针密密缝绣，五彩艳丽的线在绣娘纷飞的指尖下化作花草树木、鱼虫鸟兽等生动的图案，一幅幅精美的、原汁原味的苗族特色绣品被远销到世界各地。[②]

（四）增强村民的内生动力

《中共中央 国务院关于实施乡村振兴战略的意见》《中共中央 国务院关于实现巩固拓展脱贫攻坚成果同乡村振兴有效衔接的意见》都指出要发挥农民的主体作用，激发发展内生动力。内生发展理论（endogenous development theory）也强调发展是从内部产生的，主体要广泛参与，彰显主动性和自发性。[③]在乡村振兴中，十八洞村注重增强村民的内生动力，提升他们的可持续生计能力，并使其在参与中不断实现成长。

2014年，在精准扶贫驻村工作队入驻十八洞村的第一天，就有村民直接问"这次带了多少钱来"。为了防止村民"等、靠、要"思想的产生，十八洞村在精准识贫阶段就明确提出"救穷不救懒、扶贫不扶懒"，那些因好吃懒做、嗜赌成性、不务正业而导致贫困的家庭不但不能被评为贫困户，而且还要对他们进行批评教育和思想帮扶。新修订的村规民约开篇第一句话就是："雨露阳光，润我家乡，饮水思源，自立自强。"[④]对于村民的帮扶，除了提供就业平台帮助其实现就业和为就业困难村民发放小额贷款之外，十八洞村还通过多种形式的培训来提高村民的就业能力以及提供就业指导，极大地调动了村民脱贫致富的积极性和主动性。例如，养蜂大户龙先兰就是在扶贫工作队的帮助下，逐渐树立脱贫斗志，积极学习养蜂技术，蜂蜜年销售额达50万元，还带动十八洞、张刀、双龙等村118

[①] 杨勇波，李怡，李茜. 设计扶贫视域下十八洞村苗绣产品开发的困惑与对策[J]. 四川戏剧，2020（8）：67-70.
[②] 老支书当起了"俏绣娘" 十八洞村学"绣花"[EB/OL]. https://www.sohu.com/a/426079300_785861. 2020-10-20.
[③] 李祥，吴倩莲. 民族地区教育内生发展：问题生成、理论内涵与实践路向[J]. 民族教育研究，2022（4）：39-46.
[④] 刘建武. 习近平精准扶贫理念在十八洞村的生动实践与深刻启示[J]. 毛泽东研究，2021（2）：4-13.

户农户养蜂 1200 多箱。①十八洞村采取村民思想道德星级化管理模式，以组为单位，每半年召开一次全体村民大会，从支持公益事业、遵纪守法、社会公德、职业道德、家庭美德和个人品德 6 个方面对 16 周岁以上的村民进行公开投票评定星级，表彰先进，引导村民积极向上，此外还依据"地缘相近、产业相近、志趣相投、优势互补"的原则，以党员、能人为骨干，组建 5 人为一组的互助小组，围绕"学习、生产、乡风、邻里、绿色" 5 个方面，开展互帮、互学、互助，共同致力于村民素质的提高。②

三、职业教育促进十八洞村"空心化"治理的成效

（一）生态宜居

作为精准扶贫的首倡地，十八洞村成功实现了从深度贫困到乡村振兴的有效衔接，发生了翻天覆地的变化。围绕"建设美丽乡村，留住乡愁的原味"主题，按照"人与自然和谐相处，建设与原生态协调统一，建筑与民族特色完善结合"的总原则，遵循"修旧如旧""把农村建设得更像农村"的理念，在不大拆大建、不破坏既有格局的前提下，全面推进改水、改厕、改电、改路、改厨建设，实现了水、电、路、房、通信、环境治理"六到户"，村民家家通上了自来水，户户用上了放心电。③十八洞村的苗族特色、苗寨风情得以保留，大多数村落的保存相对完整，成为一座活态博物馆。经过整治，十八洞村全面实现"三通（通路、通水、通电）""五改（改水、改厨、改浴、改厕、民居改造）"，村容村貌焕然一新，公共环境得到优化，实现新旧两相宜、景村成一体，成为一道美丽的风景线，被称为"小张家界"。十八洞村于 2018 年入选中国美丽休闲乡村名单，

---

① 湘西花垣县十八洞片区：乡村振兴手牵手 共同致富心连心[EB/OL]. http://www.18dongcun.cn/content/646754/51/13165783.html. 2023-10-17.
② 丁建军，王璋，余方薇，等. 精准扶贫驱动贫困乡村重构的过程与机制——以十八洞村为例[J]. 地理学报，2021（10）：2568-2584.
③ 从十八洞村之变看统筹乡村振兴与贫困治理[EB/OL]. https://www.sohu.com/a/477557100_99910418. 2021-07-15.

2019年入选全国乡村旅游重点村公示名单和全国乡村治理示范村①，成为远近闻名的"醉美乡村"。2021年6月，文化和旅游部将矮寨·十八洞·德夯大峡谷景区正式确定为国家5A级旅游景区。②

（二）生活富裕

十八洞村走出了一条可以复制推广的扶贫之路，于2017年2月实现贫困人口全部脱贫，名列湖南省第一批脱贫摘帽名单，顺利实现了"两不愁三保障"。2017年，全村年人均纯收入由2013年的1668元增加到10 180元，贫困发生率由2013年的56.76%降至1.17%。到2020年，全村年人均纯收入进一步增长到18 369元，七年间年人均纯收入增长了10多倍，脱贫136户533人，贫困发生率由55.76%到无返贫和新致贫发生。③2021年2月25日，全国脱贫攻坚总结表彰大会举行，十八洞村获得"全国脱贫攻坚楷模"荣誉称号。

昔日的30多个因长期贫穷而不能成婚的"光棍汉"陆续娶妻生子、成家立业，不仅改变了他们的命运，也改变了整个家庭的命运。现在的十八洞村，村民收入越来越高，居住条件越来越好，小汽车越来越多，村民过上了蒸蒸日上、富裕康宁的好日子。对于今天十八洞村翻天覆地的新变化，村民们用苗歌唱出自己内心的喜悦："吃住不用愁，衣着有讲究；增收门路广，票子进衣兜；天天像赶集，往返人如流；单身娶媳妇，日子乐悠悠。"④

（三）人气兴旺

精准扶贫工作队队长龙秀林讲到十八洞村的变化时说道："春天来了，鸟儿回来了，鱼儿回来了，虫子回来了，打工的人回来了，外面的客人也来了……"⑤

---

① 湘情 湘境 湘味道"画说湖南好村寨"——十八洞村[EB/OL]. https://www.hxw.gov.cn/content/2023/04/21/14194527.html. 2023-04-21.
② 湘西州矮寨·十八洞·德夯大峡谷景区拟确定为5A级景区[EB/OL]. http://hnsfpb.hunan.gov.cn/hnsfpb/tslm_71160/jzfp/202105/t20210531_19395572.html. 2021-05-31.
③ 刘建武. 习近平精准扶贫理念在十八洞村的生动实践与深刻启示[J]. 毛泽东研究，2021（2）：4-13.
④ 走向我们的小康生活（二）[EB/OL]. https://www.12371.cn/2020/07/16/ARTI1594866395241933.shtml. 2020-07-16.
⑤ 张华立. 从"十八洞村扶贫报道"谈对总书记重要讲话的体会[J]. 中国记者，2016（3）：43.

如今的十八洞村通过发展农村电商、乡村旅游、特色农业等新产业和新业态，吸引了300多名过去在外地打工的人员返乡创业就业，多位接受过高等教育的年轻人毕业后也返回家乡工作，回来的能人已经开始成为村里各方面的领头人。①例如，杨振邦是土生土长的十八洞村人，在外打工20多年，于2017年带着全家回到家乡，主要经营农家乐和民宿。施林娇大学毕业后返回家乡从事网络直播，帮助村民销售腊肉、土鸡蛋、蜂蜜等农产品，成为一名"带货网红"。②十八洞村更是通过乡村旅游吸引国内外游客前来"打卡"，2016年游客人数为16万人次，2017年为25万人次，2018年超过30万人次，2019年陡增到60万人次。③

（四）产业兴旺

十八洞村成功完成了产业结构的调整，产业十分兴旺，处处都是繁荣景象，既有水稻、玉米、烤烟、生猪、山羊等传统的种植养殖，又新增了猕猴桃、黄桃、黄牛、茶叶、稻花鱼、蜜蜂等多品种的种植养殖，苗绣产业发展也一片大好，先后与四家企业签订协议，并与湖南工业大学、中车株洲电力机车有限公司达成战略合作关系。旅游业作为支柱性产业已初步形成规模，并且带来了餐饮、民宿、摊贩、文旅产品加工等新业态。十八洞村基本上形成了猕猴桃基地、黄桃基地、黄金茶基地、蜜蜂基地、十八洞山泉水厂、农家乐、苗绣基地、民宿客栈等8个规模产业基地，不断从单一产业转向一二三产业融合发展，从低端向专业化、商品化、组织化等高端发展，集群效应不断凸显。④此外，十八洞村还建立了电商服务中心，与京东集团等企业开展合作，如2023年京东"中国特产·十八洞村馆"成功上线，这是中国全网电商平台第一个以村为代表的特产馆，整合湘西优质特色产品，充分展示一镇多特品、一村一优品的乡村振兴产业发展成果，助力农业农村依托优质农产品上行持续振兴。⑤

---

① 刘建武. 习近平精准扶贫理念在十八洞村的生动实践与深刻启示[J]. 毛泽东研究，2021（2）：4-13.

② "精准扶贫"首倡地十八洞村：一个苗寨的振兴[EB/OL]. https://new.qq.com/rain/a/20210523A07AR000. 2021-05-23.

③ 周细平. 以乡村旅游为引擎助力乡村振兴路径研究——基于十八洞村的实践与探索[J]. 农村经济与科技，2021（10）：46-48.

④ 龙跃平. 民族贫困村寨产业扶贫研究——以十八洞村为例[D]. 吉首：吉首大学，2020：47.

⑤ 京东超市上线首家村级特产馆 携手地方政府累计开通超2000家特产馆 覆盖31省、240市、670县[EB/OL]. https://www.sohu.com/a/734681174_114984. 2023-11-08.

第五章
职业教育促进农村"空心化"治理的逻辑[1]

随着"'可持续农村生计'的概念越来越成为有关农村发展、减贫和环境治理争论的核心"[2],其被广泛应用于农业人口生计发展和消除贫困领域。立足于乡村振兴的时代背景,从可持续生计视域探讨职业教育促进农村"空心化"治理,是一个值得开拓的重要领域。基于此,本章从"空心化"农村农户的生计资本出发,构建职业教育促进"空心化"农村治理的逻辑,为面向农村的职业教育的功能定位与可持续发展提供新的理论视角与分析思路。

---

[1] 本部分内容引自:刘奉越. 可持续生计视域下职业教育促进农村"空心化"治理的逻辑[J]. 教育发展研究,2020(21):63-70,内容有改动。
[2] Scoones I. Sustainable Rural Livelihoods:A Framework for Analysis,Working Paper[M]. Brighton:Institute of Development Studies,1998:12.

第一节　可持续生计和农村"空心化"

一、可持续生计

（一）可持续生计的理论和实践基础

"生计"（livelihood）一词最早由英国学者罗伯特·钱伯斯（Robert Chambers）于 20 世纪 80 年代提出，常用于贫困地区、农村社区的发展研究中，现已成为学界探讨的热点和焦点。从词源学来说，生计是指谋生的方式（手段）或者生活状态，如《现代汉语词典（第 7 版）》将其定义为"维持生活的办法"和"生活"[①]，《牛津高阶英汉双解词典》将其界定为"赚钱谋生的手段"[②]，比"职业""工作""收入"有着更为丰富的内涵和更为广泛的外延，更能完整地体现出生存的复杂性和统整性。随着生计研究和贫困问题治理实践的持续推进，人们逐渐认识到生计不仅表现在物质层面，还表现在能力、权利等多个层面，贫困治理既要考虑物质的获得，还应重视发展能力的提高，从各个视角不断丰富其内涵和外延，并赋予其很强的解释力。以钱伯斯和康威（Gordon Conway）等的界定最具有代表性，即作为一种谋生的方式及手段，生计建立在能力（capacities）、资产（assets）和活动（activities）基础之上，其中资产包括个体资源、储备物及享有权。[③]1987 年，联合国环境与发展大会（United Nations Conference on Environment and Development，UNCED）在报告《我们共同的未来》（Our Common Future）中提出可持续发展观，强调"既满足当代人的需要，又不对后代人满足其需要的能

[①] 中国社会科学院语言研究所词典编辑室. 现代汉语词典（第 7 版）[Z]. 北京：商务印书馆，2016：1168.

[②] [英]霍恩比. 牛津高阶英汉双解词典（第 6 版）[Z]. 石孝殊，等译. 北京：商务印书馆，2004：1024.

[③] Chambers R，Conway G R. Sustainable Rural Livelihoods：Practical Concepts for the 21st Century[M]. Brighton：Institute of Development Studies，1992：5-12，296.

力构成危害的发展"[①]，赋予生计以新的内涵，为分析与解决农村及偏远贫困地区的发展及环境保护问题提供了新的视角和理论工具。1992年，UNCED正式将"可持续生计"概念引入行动议程，基于发展中国家贫困和返贫这一背景，提出"稳定的生计可以使有关政策协调地发展、消除贫困和可持续地使用资源"，主张把稳定的生计作为消除贫困的主要目标。[②]联合国社会发展问题世界首脑会议（哥本哈根，1995）、联合国第四次世界妇女大会（北京，1995）以及世界粮食安全峰会（罗马，1996）等都强调可持续生计对于消除贫困政策和可持续发展的重要意义，如1995年在哥本哈根召开的联合国社会发展问题世界首脑会议上通过的《哥本哈根社会发展问题宣言》强调，经济发展、社会发展和环境保护是可持续发展的三大支柱，为全人类提供更好生活质量的努力必须在这一框架下进行，必须保证各代人均享有平等权利以对环境加以综合和持久利用。[③]1997年，联合国社会发展委员会第三十五届会议将生产性就业和可持续生计作为首选议题，探讨了就业在政策制定中的核心地位，以及改善基础设施和生产性资源的利用率与工作（就业）的质量。[④]

研究者进一步拓展可持续生计的内涵，融入能力维度。例如，阿马蒂亚·森（Amartya Sen）基于对贫困和饥饿问题的实证研究，指出贫困不仅仅是经济收入上的不足，更是"基本可行能力的被剥夺"，其根源在于个体缺失能够充分利用资源实现自我发展的可行能力而丧失"实质自由"。[⑤]钱伯斯和康威认为，可持续生计是指在不破坏自然资源的前提下，人们能够应对和处理外界压力与冲击，从中得以恢复，并能够继续保持、提升生计能力与资本。[⑥]斯库尼斯（Ian Scoones）以消除贫困为基本目标，以提高个体能力（资本）和面对脆弱性环境处理能力为原则，构建了农村可持续生计框架，包括背景、状况和趋势，生计资本，机构和组织结构，生计策略，可持续生计产出，用经济学术语将生计资本划

---

① 转引自：梁素萍. 论可持续发展与环境审计[J]. 经济与社会发展，2006（11）：53-55.
② 纳列什·辛格，乔纳森·吉尔曼. 让生计可持续[J]. 国际社会科学杂志（中文版），2000（4）：123-129.
③ 徐奇渊，孙靓莹. 联合国发展议程演进与中国的参与[J]. 世界经济与政治，2015（4）：43-66，155-156.
④ Gilman J. Sustainable livelihoods[J]. International Social Science，2000（4）：77-86.
⑤ 任付新. 阿马蒂亚·森的贫困理论及其方法论启示[J]. 江汉学术，2018（1）：94-100.
⑥ Chambers R，Conway G R. Sustainable Rural Livelihoods：Practical Concepts for the 21st Century[M]. Brighton：Institute of Development Studies，1992：5-12，296.

分为自然资本、经济/财政资本、人力资本及社会资本。[①]在上述研究成果的基础上，2000年，英国国际发展机构基于农户生活环境具有"脆弱性"这一假设，提出了解决农村贫困问题的可持续生计框架（sustainable livelihoods approach，SLA），这表明可持续生计框架已经从理论分析层面延伸至社会实践的决策层面。

（二）可持续生计框架的蕴涵

英国国际发展机构所构建的可持续生计框架揭示了贫困的概念模型，具有以下独到之处，为发展和贫困研究提供了一个重要问题核对清单，并概括出了这些问题之间的联系，提醒人们把注意力放在关键的影响因素和过程上，强调影响农户生计的不同因素之间多重性的互动作用。[②]当前它在国际上被许多政府部门、非政府组织和研究者认可，并在理论和实践上取得了明显的进展和成效。总体而言，可持续生计框架综合考虑了个体的可行能力及其所处的外部环境因素，主要包括脆弱性背景、生计资本、结构和过程转变、生计策略和生计结果五个部分，具体见图5-1。[③]

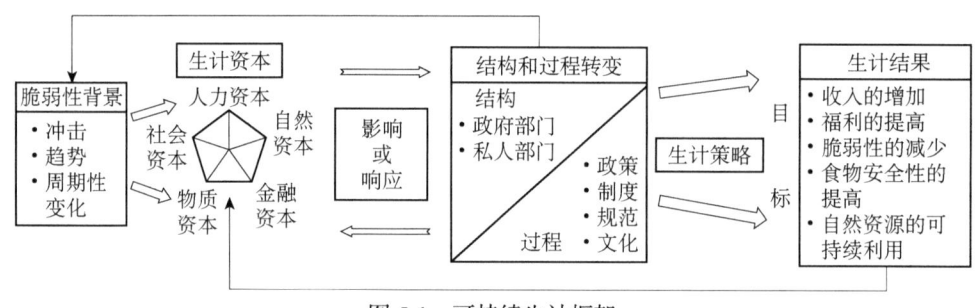

图 5-1 可持续生计框架

其一，脆弱性背景。世界银行将脆弱性定义为，个人或家庭面临某些风险及风险使财富损失或生活质量下降到某一公认水平之下的可能。[④]脆弱性背景是指

---

① Scoones I. Sustainable Rural Livelihoods：A Framework for Analysis，Working Paper[M]. Brighton：Institute of Development Studies，1998：1-22.
② 苏芳，徐中民，尚海洋. 可持续生计分析研究综述[J]. 地球科学进展，2009（1）：61-69.
③ 罗丞，王粤. 摆脱农村贫困：可持续生计分析框架的解释与政策选择[J]. 人文杂志，2020（4）：113-120.
④ 柏振忠，李亮. 连片特困山区可持续生计问题与协调发展机制研究[M]. 北京：科学出版社，2014：31.

生计活动面临的风险性环境，由冲击、趋势以及周期性变化等外部环境因素构成。冲击是指来自生命历程中的包括自然灾害、患病、家庭变故以及意外事故等重大事件造成的冲击。趋势是指政治、经济、人口、文化、就业等重大宏观结构产生的变化趋势。周期性变化是指生产、就业、消费等因素的规律性变化。

其二，生计资本。作为生计选择的基础，生计资本是指人们为了维持生存或者发展所需要的所有条件，包括自然资本、物质资本、人力资本、社会资本和金融资本五种类型。自然资本是指用于生产的自然资源的存量，包括耕地、山林、河流、气候等。物质资本是指维持人们生计活动所需要的生产资料、基础设施以及公共服务体系。人力资本是指人口的数量、受教育程度以及健康状况等，被称为"活资本"。社会资本是指为实现生计目标所需要的结构性社会资源和认知性社会资源，包括嵌入、参与、合作、认同、信任等。金融资本是指用于消费和生产的金融资源，主要体现为资金存量。尽管这五种资本各有区别，但是彼此之间相互关联甚至可以转化。

其三，结构和过程转变。结构和过程转变既包括政府部门或私人部门的组织机构的变革，又包括政策、制度、规范、文化等内容的制定。

其四，生计策略。生计策略是为了实现一定生计目标，对生计资本的利用和经营活动的选择，包括生产活动、再生产选择、投资策略等，随着外部环境的变化而调整。

其五，生计结果。生计结果也称生计输出，是生计策略的产出和结果，包括收入的增加、福利的提高、脆弱性的减少、食物安全性的提高以及自然资源的可持续利用。

可持续生计框架揭示出生计构成的核心要素及各要素之间的关系，同时也推衍出贫困问题产生及治理的运行逻辑，即在外界风险及其他因素的冲击造就的脆弱性环境背景下，贫困地区农户的人力、社会、金融、自然及物质五大生计资本受到影响而造成生计脆弱，从而使政府在管理、政策及制度推行上发生变化，这种变化在一定程度上决定了社区或农户个体所采用的生计策略类型，导致某种生计结果的产生，而生计结果又会反作用于生计资本，影响生计资本的结构与性质。因此，在治理过程中，相关人员需在充分了解脆弱性背景、现有生计资本、组织架构及政策制度的基础上，对诸要素进行管制与引导，提升生计资本，从而形成良好的生计策略、生计结果。该框架充分体现了以人为本的理念，强调生计发展的整体性、多维度性及可持续性，重视各方主体的响应和参与，秉持了提高贫困人口生计恢复力、贫困治理多方合作和程序过程的动态性原则。①综上所述，对于作为一种寻找生计脆弱性并给予多种解决方案的集成分析框架和建设性工具，我们可以将可持续生计分析框架的内涵概括如下：对抗脆弱性生存环境的前提是改善个体的生计资本，关键是提高个体的生计能力，保障是治理过程的多方参与，目标是消除贫困和优化生计结果。

二、"空心化"农村的生计分析

生计概念为我们分析发展中国家和地区的农村脆弱性、贫困、风险等问题提供了一个全新的视角，由此，本研究以英国国际发展机构所构建的可持续生计框架为理论基础，结合"空心化"农村的自然环境因素和社会经济发展状况等具体实情，分析"空心化"农村的生计状况。如上所述，生计资本是决定农户生计可持续的内生要素，也是扩展农户生计策略、提升生计能力的基础。对人力资本、自然资本和物质资本等生计资本的拥有水平，决定着农户的生计可持续水平，其中一种及若干种资本减少，都会直接影响生计的可持续性。尤其是人力资本的缺失，将直接影响到整个农村生计系统应对外界环境冲击的抵抗力。研究结果表明，在可持续生计系统中，人力资本是最为重要的资本，人力资本每增加1%，可使贫困脆弱性减少0.4096%，而自然资本、物质资本、社会资本和金融资本每增加1%，则可使贫困脆弱性分别减少0.1%、0.089%、0.0229%和0.0001%。②

（一）自然资本

从自然环境来看，多数"空心化"农村，尤其处于中西部生态敏感区的"空心化"农村缺乏良好的自然资源禀赋，又经常发生干旱、洪涝、泥石流等自然灾害，自然生态环境欠佳，对农业生产活动、家庭生命财产、社会基础设施等产生

---

① Ashley C, Carney D. Sustainable Livelihoods: Lessons from Early Experience[M]. London: Department for International Development UK, 1999: 125-139.
② 陈灿平. 西部地区新生代农民工贫困脆弱性的评价——基于生计资本考察[J]. 西南民族大学学报（人文社科版），2018（5）：127-132.

威胁，影响到生计活动的投入。以宁夏同心县为例，"空心化"农村处于地形崎岖的山区，沟壑纵横，耕地较为细碎化，农业机械化程度低，乡村地域系统处于非均衡发展状态，致使农业生产成本较高，比较效益低下，农民增收困难①，可持续发展能力受到抑制。

（二）物质资本

"空心化"农村的物质资本薄弱，主要体现在以下三个方面。一是宅基地荒废。有学者对黑龙江平原农区村庄"空心化"的研究结果表明，2005—2015年，典型村庄宅基地"废弃率"从2.06%跃升至28.99%，增幅约为13倍，房屋完好但处于废弃状态的宅基地比例为16.18%，村庄"空心化"所带来的房屋利用率低、资源浪费现象突出。②二是土地撂荒现象严重。土地撂荒往往导致耕地不断减少及耕地无人耕种的矛盾现象。三是公共服务建设薄弱。研究表明，对于深度"空心化"农村来说，通公共交通比不通公共交通的空心化率低2.0个百分点；进村路面为水泥比进村路面为沙石的空心化率低4.2个百分点；每百人小学教师数增加1位，空心化率降低1.8个百分点。③由此可以反向推衍出"空心化"农村的物质资本匮乏，具体表现为道路、电力、通信、排水等基础设施建设滞后，土地撂荒现象严重。

"空心化"农村的大量土地资源长期被闲置，土地利用效率和效益降低，影响到农村经济的健康发展。例如，《经济参考报》记者在甘肃、河南、贵州等地调研时发现，由于农村劳动力外出务工、农业生产比较效益低、土地资源盘活难等，农村土地撂荒问题没有得到根本性解决，个别地区还有扩大趋势，致使乡村社会经济功能退化④，农户物质资本消减明显。

---

① 郑殿元，文琦，黄晓军. 农村贫困化与空心化耦合发展的空间分异及影响因素研究[J]. 人文地理，2020（4）：74-80.

② 王语檬，陈建龙. 黑龙江平原农区村庄空心化演变及其整治措施研究[J]. 中国土地科学，2018（12）：59-65.

③ 李玉红，王皓. 中国人口空心村与实心村空间分布——来自第三次农业普查行政村抽样的证据[J]. 中国农村经济，2020（4）：124-144.

④ 部分中西部地区农地撂荒多年未得有效解决 "鸡肋土地"如何走出"不赚钱困境"[EB/OL]. https://finance.eastmoney.com/a/201912021309042912.html. 2019-12-02.

（三）人力资本

"空心化"农村人才资源不足，主要表现在以下三个方面。一是人口数量下降。2001—2021年的《中国农村统计年鉴》显示，2000—2020年，乡村就业人数从48 934万人下降到28 793万人，年均降幅为2.62%；第一产业从业人数从36 043万人下降到17 715万人，年均降幅为3.49%。农业劳动力流失速度明显快于乡村从业人数降幅。其中，13个粮食主产区第一产业从业人数占比从68.92%下降到62.27%，7个粮食主销区从54.16%下降到38.05%。[①]农村劳动力大量转移，导致农村常住户和人口数量逐年递减。二是人口结构失衡。大部分青壮年劳动力选择外出务工，留守人员多为老人、妇女和儿童，老龄化现象严重。例如，有研究者对黄土丘陵区贫困县"空心化"农村的调查结果显示，主要常住人口年龄在60岁以上的村庄数量最多，达到37个，占样本总量的比例为46.25%；主要常住人口年龄在50—60岁的村庄有17个，占比为21.25%；主要常住人口年龄在40—50岁的村庄有18个，占比为22.50%；主要常住人口年龄在30—40岁和0—30岁的村庄各有4个，占比均为5.00%。[②]三是人口质量不高。农村人口文化素养不高，缺乏知识技能，难以开展高效的生计活动，也缺少参与社会发展的机会与话语权。例如，《中国乡村振兴综合调查研究报告2021》的调查数据表明，15—64岁的劳动年龄人口中，受教育程度为初中的占主体；15岁及以上人口的文盲率高于全国水平近2个百分点；18—22岁高等教育适龄人口的高等教育毛入学率低于全国水平近9个百分点。[③]

（四）社会资本

由于常住人口锐减，"空心化"农村的"熟人社会"不复存在，农民往往局限于亲缘与地缘网络，流动性较差，交往圈子固化，因此很难得到异质性的社会资本，社会网络逐渐稀疏化。大量农民尤其是青壮年农民外出打工，导致家庭功

[①] 答好"谁来种粮"的时代之问[EB/OL]. http://www.rmlt.com.cn/2023/0113/664081.shtml. 2023-01-13.

[②] 夏昆昆，刘立文，王秀花，等. 黄土丘陵区贫困县农村空心化现状及其影响分析——以和顺县为例[J]. 中国农业资源与区划，2018（1）：159-165.

[③] 抢鲜看！《中国乡村振兴综合调查研究报告2021》发布[EB/OL]. https://fpb.hainan.gov.cn/fpb/zwdt/202205/d58985be949b4e6db063ff56bed30cab.shtml?ddtab=true. 2022-05-07

能虚化及社会资本的"空心"与断裂。

（五）金融资本

伴随进城务工的农民数量增加，农村就业结构发生了很大变化，产业"空心化"程度加剧，致使在地农户人均收入降低，金融资本相应减少。以四川遂宁市"空心化"农村为例，2019年，对54个行政村520户农户的调查数据显示，大部分农民主要靠种植粮食作物获得收入，每年每亩地收入只有600—1000元，一个家庭按照5亩土地计算，每年农业收入最多达到5000元。①

总体而言，"空心化"农村农户的生计特征表现出如下特征：优质人力资本存量较小，社会资本和金融资本匮乏，个体物质资本转换率低下，自然资本欠佳。生计资本的脆弱影响着农户生计策略的丰富性，致使"空心化"农村抵御外在风险的能力弱，陷入一种"慢性"贫困状态。

第二节 职业教育多功能发展与农村"空心化"治理

对于功能的内涵，不同学科有不同的诠释。从哲学的视角来看，功能是指某一系统所具备的对周围其他事物产生作用的能力或根本属性，且只有在事物彼此之间的作用中才能发挥和表现出来。②职业教育的功能是指职业教育内部要素相互作用及与外部环境相互作用的过程中所表现出来的固有属性和产生的效果，呈现出多元化特征，能够有效地推动和促进传统农业向具有持久市场竞争力的现代高效农业及多元经济转变，推动和促进传统农村向繁荣、富裕、文明和民主的新农村转变，推动和促进农民收入由低到高、农民生活由温饱到小康和富裕转变。③

---

① 遂宁市统计局课题组. 遂宁："农村空心化"——乡村振兴难题何解？[J]. 四川省情，2019（6）：61-62.
② 王作亮，张典兵. 教育学原理[M]. 徐州：中国矿业大学出版社，2015：51.
③ 俞启定. 统筹城乡发展战略指导下的职业教育改革[J]. 教育研究，2012（4）：70-76.

从传统意义上来看，职业教育的功能与教育的一般功能是一致的，如政治功能、经济功能、文化传递功能和发展科技功能，体现在政治、经济、文化、科技等方面。但作为一种特定的教育类型，职业教育又具有自身的特定功能。作为城镇化的阶段性产物，农村"空心化"是城乡转型发展进程中乡村地域系统演化的一种特殊形态，是一个具体场域。由此，在农村"空心化"治理这一特殊场域中，我们要基于生计脆弱性背景，对接生计可持续发展目标，使农村职业教育与可持续生计的目标群有机融合，注重培养优质劳动力、延伸农户社会网络、助推乡村产业振兴、构筑绿色发展理念以及助推新业态发展，以不断提升"空心化"农村的生计资本。

一、培养优质劳动力，优化人力资本

"人力资本"这一概念最早由美国经济学家舒尔茨提出，是个体或群体收入增长、生计模式创新的主要推动因素，对个体生计资本的影响很大，其数量和质量决定着个体或群体驾驭其他四种生计资本的能力和范围，是生计策略选择的重要条件之一。正如舒尔茨在《改造传统农业》一书中所强调的，"农民所得到的能力在实现农业现代化中是头等重要的"，"现代农业显然是农民获得并学会使用优良的新生产要素的结果"。[①]对于农村人力资本的提升能够促进农业现代化发展这一论断，学者在理论层面和实践层面都已达成较为一致的意见。例如，侯赛因（Hassine）对1990—2005年地中海沿岸农业部门的经济增长情况进行了研究，结果表明，这一时期的农业现代化受到人力资本技术扩散的影响十分明显。[②]陈国生等以湖南省农村为研究对象的定量分析结果表明，湖南省各市（州）在农村人力资本和农业现代化两方面指数的协调度上都保持在比较高的水平，所有的数值均超过0.06。[③]

"功以才成，业由才广。"（《襄阳记》）人是最为重要的生产要素。内生发展理论强调发展要立足于区域内生资源，以促进人的发展为旨归，通过发挥人的主

[①] [美] 西奥多·W. 舒尔茨. 改造传统农业[M]. 梁小民，译. 北京：商务印书馆，1999：139-150.

[②] Hassine B N. Trade, human capital, and technology diffusion in the Mediterranean agricultural sector[J]. Économie Internationale, 2008, 113 (1): 115-142.

[③] 陈国生，萧烽，黄鑫. 湖南农村人力资本与农业现代化耦合协调发展[J]. 经济地理, 2020 (10): 176-182.

体性和主动性，实现区域综合利益最大化。农村"空心化"治理的关键在于拥有一批有知识、懂技术、善管理、会经营的高素质农业劳动者。国家统计局农村司组织开展的"乡村振兴之路"调研结果显示，人才和技术等是乡村振兴的最关键因素，52.3%的农民认为需要人才，50.8%的农民认为需要技术。[①]职业教育"以职业需要为导向，以实践应用技术和技艺为主要内容，传授职业活动必需的职业技能、知识、态度，并使学习者获得或扩展职业行动能力，进而获得相应的职业资格"[②]，这种本质属性决定了人力资本开发是职业教育的重要功能。面向农村的职业教育具有培育"职业人"和"一般人"的功能，通过开展多种类型的技术技能培训，为"空心化"农村培养多元化的本土化人才。此外，有关部门应通过构建城乡衔接、优势互补的人才培养体系，建立城乡一体化的劳动力就业市场，使城乡生产要素逐步实现双向自由流动，吸引优质人力资本"回流"与"重组"，进而打造人力资本优化新动能。

二、延伸农户社会网络，拓宽社会资本

法国社会学家皮埃尔·布尔迪厄（Pierre Bourdieu）最早提出"社会资本"这一概念，认为它是"实际的或潜在的资源的集合体，那些资源是同对某种持久性的网络的占有密不可分的，这一网络是大家共同熟悉的、得到公认的，而且是一种体制化的网络"[③]。在促进受教育者的社会资本这一社会关系网络的形成或增强过程中，教育发挥着不可替代的作用，如锻炼社会交往能力、结识重要他人、增强归属感和信任感、获得更多的社会支持等。

职业教育不仅具有个体属性，也具有社会属性，能够大大提升农户的社会资本。一方面，职业教育作为与经济发展联系最为密切的一种教育类型，具有典型的"跨界性"特征，跨越了产业与教育、企业与学校、工作与学习，成为联络"空心化"农村内部与外部社会的重要媒介。具体而言，职业教育能够增加农户

---

① 国家统计局农村司："乡村振兴之路"调研报告[EB/OL]. https://www.sohu.com/a/328147656_120056659. 2019-07-19.
② 黄尧. 职业教育学——原理与应用[M]. 北京：高等教育出版社，2009：51.
③ [法] 布尔迪厄. 文化资本与社会炼金术：布尔迪厄访谈录[M]. 包亚明，译. 上海：上海人民出版社，1997：37.

与职业院校、农民组织、行业企业和社会团体的接触机会，促进不同社会经济主体间的学习与交流，拓宽农户的社会人际网络。另一方面，职业教育并不限于农户个体层次上人力资本潜能的提升和释放，而是处于更高的集体层面，通过教育活动的开展，提高社会信任程度阈限，扩大社会关系规模，形成互惠规范，使农户改变价值观，提高潜在合作化水平，从而大大降低农村"空心化"治理的行动成本，提高行动效率。

三、助推乡村产业振兴，扩展金融资本

产业振兴不仅是农村"空心化"治理的物质基础，也是解决"空心化"农村内生性发展问题的基本前提。相较于其他类型的教育，职业教育具有职业性、社会性、产业性、实践性等特征，与经济社会的联系最为密切，通过其功能外化表征的教育服务，直接或间接地作用并影响着"空心化"农村的产业振兴。

助推"空心化"农村产业振兴应做好以下两个方面的工作。一方面，促进产业结构优化升级。通过提供人力资本——技能型人才的方式，职业教育能够有效促进"空心化"农村的产业结构优化升级。有研究者运用因子分析和曲线回归分析相结合的方法，对2000—2014年我国职业教育人力资本与产业结构优化升级的相关性进行了实证分析，结果表明，职业教育人力资本和产业结构优化升级之间存在显著的正相关关系，且两者的变动总体上趋于一致。[①]另一方面，延长产业链。通过"产-教-产"互嵌式融合，职业教育"与乡村产业之间形成一种以'教'为纽带，并将'教'镶嵌在纵向的产前需求与产后发展之间，以及横向的三产结构之内"[②]，从而实现更高层次的产教融合，由此使"空心化"农村的产业链得以延长，并形成一种规模效应。随着产业的振兴，农户的劳动性收入随之递增，能够获得更多的实现其生计目标的资金资源。另外，"空心化"农村产业的复兴和发展对金融资本的需求会随之增加，而这一需求的增加会相应地吸引企

[①] 石来斌，夏新燕. 我国职业教育人力资本与产业结构优化升级关系的实证分析[J]. 教育学术月刊，2016（11）：75-80.

[②] 徐小容，李炯光，苟淋. 产业振兴：职业教育与乡村产业的融合机理及旨归[J]. 民族教育研究，2020（3）：11-15.

业、银行、社会组织提供更多的资金支持，进而为"空心化"农村的经济发展注入活力，增加农户金融资本增长的机会。

四、构筑绿色发展理念，改善自然资本

党的十九大报告强调生态文明建设的重要性和迫切性，指出要"建立健全绿色低碳循环发展的经济体系"，以推进绿色发展。作为"利用植物和动物的生活技能，通过人工培育以取得农产品的社会生产部门"①，农业对自然资源禀赋有着极强的依赖性，同时受生态环境容量和资源承载力的制约作用也最强，因此更加需要将绿色发展作为主要发展模式，改变传统的拼资源消耗的经营模式，加大农业面源污染治理力度，发展紧缺和绿色优质农产品生产，推进农业由增产导向转向提质导向。

当前"空心化"农村面临着巨大挑战，产业结构不合理，农业资源不断趋紧，要实现可持续发展，需要重构人、产业、地方、教育之间的关系，同时也对实施生态教育提出强烈的诉求。"生态教育是以生态学为依据，传播生态知识和生态文化、提高人们的生态意识及生态素养、塑造生态文明的教育"②，它的实施关键在于解决农户的精神动力和精神支柱问题。职业教育通过以可持续发展观和生态主义价值观为导向，开展多样化的生态教育，能够培养农户的生态环境保护意识，使他们树立尊重和顺应自然的生态理念，恪守职业道德，遵守与生态文明相适应的生态环境保护行为准则。依据计划行为理论（theory of planned behavior），农户的行为态度是影响其行为意愿的首要因素，而感知价值是形成农户行为态度的最直接原因。③职业教育运用师资、技术等资源优势，把生态教育寓于农村社会经济发展过程之中，形成绿色生产方式以及相应的产业链、价值链，实现农业经济与生态效益的统一，能够让农户感知到绿色农业生产的价值，使循环经济发展理念深入人心。

---

① 梁家勉. 中国农业科学技术史稿[M]. 北京：农业出版社，1989：10.
② 张晓琴，孟国忠. 大学生生态教育的五个着力点[J]. 中国高等教育，2022（2）：47-49.
③ 苏涵琼，张维. 非公费师范生从教意愿动态变化的影响因素与作用机制——基于计划行为理论的实证分析[J]. 湖南师范大学教育科学学报，2023（3）：51-61.

五、助推新业态发展，提升物资资本

职业技能传授能够助推多元化农业、乡村旅游、民宿等新业态发展，解决"空心化"农村业态发展不充分问题，为农户的生产性、经营性收入及物质资本的递增提供可能性。此外，新业态的发展会在一定程度上拓宽招商引资渠道，随着各类资金注入，包括道路修建、危房改造及文化休闲广场等在内的公共设施建设问题将迎刃而解，在地农户的公共物质资本将得到提升。

综上，农村的可持续生计实现与职业教育多功能发展之间存在着较高的契合度。职业教育不应只是立足于农村治理和建设之外的"看客"，而应成为推进农村"空心化"治理的主体，帮助农户的生计顺利实现由"维持性"到"可持续性"的嬗变。

第三节 职业教育促进农村"空心化"治理的实践逻辑

逻辑是基于具体实践的，是主观意识与客观事物交互辩证的统一，具有实践性、内在性和辩证性的基本特征。[①]具体而言，职业教育促进农村"空心化"治理的实践逻辑主要表现在以下三个方面。

一、职业教育促进农村"空心化"治理的逻辑起点

作为隐含在可持续生计框架中的一个重要部分，恢复力往往被认为是增强农村社区生计和提高农户应对内生变化及外界干扰能力的有效方式。具体而言，生

---

① 徐亚清. 历史制度主义视角下信访的治理逻辑研究[D]. 南京：南京农业大学，2018：40.

计恢复力是指生计系统在面临外部冲击或压力时，使生计能够得以有效维持和发展的能力，表现为行动者运用生计资本和生计策略达到维持并增加资本量的目的。脆弱性与生计恢复力是一对辩证统一的关系，当脆弱性逐渐弱化时，生计恢复力会相应提高，生计结果也会向更为理想的方向转化。

在"社会-生态"系统研究中，有研究者指出，在外部因素的干扰下，拥有更多生计资本、生计策略的个体和家庭在面对来自外界的冲击时，往往能够表现出较好的适应性和较高的主动性。[1]有研究表明，具有更高生计恢复力的个体或家庭，其生计往往表现出可持续特征。[2]由此，生计恢复力的提升应作为职业教育促进农村"空心化"治理的逻辑起点。

面向农村的职业教育在助力农户生计恢复力提升时，关键在于优化人力资本，具体而言，主要体现在两个方面。一是转变在地农户的"稀缺性"思维模式，塑造其健康积极的心态。心理学上的稀缺是指因个体所拥有的资源，尤其是物质资源无法满足自身需求时所产生的稀缺感。穆莱纳森（Mullainathan）和莎菲尔（Shafir）认为，稀缺感在贫困人群中普遍存在，易导致稀缺性思维模式的产生，而这一思维模式会在潜移默化中改变人们的知觉、注意、认知和决策行为。[3]研究表明，具有稀缺性思维模式的人群，较之他人更易展现出自利的一面，拥有更狭隘的群体意识[4]，表现为缺乏全局观，更多关注个人利益，并在日常生活中会因贫困而产生挫败感，为此逐渐丧失洞察力、判断力及执行力。生计恢复力形成的关键在于增强个体抵御外界风险的能动性，激发个体产生主动抵抗外界逆境的行为，可以说改变稀缺性思维模式是提升个体生计恢复力的关键。美国学者诺曼·厄普霍夫（Norman Uphoff）等提出"受援性自立"的概念，认为外在力量不能代替农民自身的创业精神和责任，农村发展和农民生计改善的主要资源在于农民自身，他们在过去的生存策略选择中已表现出很高的智慧，因此要将他们的

---

[1] 李聪，柳玮，冯伟林，等. 移民搬迁对农户生计策略的影响——基于陕南安康地区的调查[J]. 中国农村观察，2013（6）：31-44, 93.

[2] Carney D. Implementing a Sustainable Livelihood Approach[M]. London: Department for International Development, 1998: 52-69.

[3] Mullainathan S, Shafir E. Scarcity—Why Having Too Little Means So Much[M]. New York: Picador Henry Holt and Company, 2013: 100.

[4] Rodeheffer C, Hill S, Lord C. Does this recession make me look black? The effect of resource scarcity on the categorization of biracial faces[J]. Psychological Science, 2012（12）：1476-1478.

"勤劳、智慧、自力更生和潜在能力有效地调动起来"①。在职业教育的具体实施过程中，要有意识地改变"空心化"农村农户的认知结构和思维模式，转变他们面对困境时"等、靠、要"的被动心态，向他们灌输运用知识、技能改变现实逆境的理念，帮助他们树立改造脆弱性环境、建设美丽乡村的信念。二是促进农户向"全能型"发展。所谓"全能型"，既指懂技术、有文化、会经营，又指守法纪、善管理、敢创新，具有较高的综合素养。在培育"全能型"农户的过程中，要注重整合农科所、职业院校、农民培训服务机构、行业协会以及各类家庭农场，构建融研发、教育、推广于一体的培育体系，确保培育质量，促进农户素养的全面提升，通过增强农户的人力资本，构建可持续的生计状态，提高在地农户应对脆弱性环境的能力。②另外，随着产业、人口、土地、社会、农村"五位一体"的城镇化推进，更多公共资源投向"三农"，同时创新驱动也在一定程度上推动了人口、资金、信息、技术等生产要素在城乡之间的流动。在这一背景下，当前社会体现出高度流动性的特征，越来越多的原农村人口回流，返乡农民工、农村大学毕业生、创客等构成"逆城市化"群体。因而，职业教育要借助这股流动于城乡之间的交互力，通过各类创业支撑服务平台，孵化与培育上述群体的创业创新能力，培养扎根于乡村大地的创新创业型人才。

二、职业教育促进农村"空心化"治理的逻辑终点

尽管农村"空心化"治理存在着多重逻辑，既有谋求稳定与执政合法性的国家逻辑，也有政绩与财政最大化的基层政府逻辑，但是其逻辑终点是生计与生活的乡村逻辑③，具体而言，就是"空心化"农村要实现生产、生活、生态的共同发展，即"三生"共赢。对于职业教育促进农村"空心化"治理而言，实现"三生"共赢是其所追求的终极目标和民生福祉。一方面，这是可持续生计框架的内

---

① ［美］诺曼·厄普霍夫，等. 成功之源——对第三世界国家农村发展经验的总结[M]. 汪立华，等译. 广州：广东人民出版社，2006：10.
② 和震，李晨. 破解新生代农民工高培训意愿与低培训率的困局——从人力资本特征与企业培训角度分析[J]. 教育研究，2013（2）：105-110.
③ 易文彬. 论农村空心化治理的多重逻辑[J]. 西南民族大学学报（人文社科版），2018（7）：190-195.

在要求。作为治理世界贫困问题的理论分析框架和实践工具，可持续生计框架从宏观上强调农村"空心化"治理中不同要素之间多重性的互动，需要多部门的比较优势发挥和跨部门协作，以实现经济-社会-制度-环境的协调；它从微观上强调"空心化"农村农户的资产建设和能力提升，以获得多元化的生计策略，实现有效的生计输出，具体表现为收入的增多、福利的改善、脆弱性的降低，以及自然资源可持续利用的提高。[①]另一方面，这是职业教育的多功能化使然。承前所述，职业教育发挥着提升优质劳动力、优化物质环境、增加金融资本等多种功能，其根本旨归在于要培养具有一定职业知识、技能、态度的全面、协调、可持续发展的人，使"空心化"农村的生计得以可持续维系和发展，达到"使无业者有业，使有业者乐业"[②]的目的。作为职业教育促进农村"空心化"治理的逻辑终点，"三生"共赢体现的是可持续生计的目标准则和判断准则，是交互衔接的有机整体。

为实现"三生"共赢，应从生产发展、生活富裕和生态良好三个方面采取切实可行的举措。一是生产发展。通过职业教育治理，"空心化"农村能够基于自身的生计资本采取切实可行的生计策略，获得很好的生计产出效果。更为重要的是，在职业教育的推动下，创业人员、资金、技术等多种生产要素不断回流至"空心化"农村，农村的人力资本、金融资本、社会资本等生计资本得以丰富和加强，生计策略彰显多元性和复杂性，依托"产业集聚群"，改变传统的单一产业结构状况，使一二三产业实现深度融合，使经济脆弱性局面得以改变。二是生活富裕。在可持续生计框架中，生活富裕既是"空心化"农村生计产出有效性的主要体现，又是衡量其生计维持系统是否具有可持续性的基本指标。在职业教育的有效治理下，随着"空心化"农村走出产业"空心化"的泥淖，农户的收入增加，物质生活丰富和充实，公共服务设施日益完善。更为重要的是，"空心化"农村的生活富裕还体现在精神生活层面上的富裕，即农户具有良好的精神风貌和文化自觉，获得感、幸福感和安全感更加充实、更有保障，实现发展的持续性，乡村社会文化得以有效传承，乡风文明。三是生态良好。生态良好体现的是在职业教育的作用下，"空心化"农村凋敝和环境脆弱的状况得以有效改善，生态宜

---

① 高功敬. 城市贫困家庭可持续生计——发展型社会政策视角[M]. 北京：社会科学文献出版社，2018：70.
② 张社字，史宝金. 职业教育实现美好生活的机制与保障[J]. 职教论坛，2023（10）：5-15.

居。在居住环境上，大量宅基地闲置废弃和村庄用地规模盲目扩大的村域"空心化"现象得以改变，村庄规划和布局变得科学合理，"脏乱差"状况得到改善，村容村貌整洁，彰显出基于自身生计资本的地方风貌、自然生态和人文风情。在发展方式上，农村秉承绿色发展理念，通过发展生态农业，使生产行为嵌入生态之中，产业是绿色的、生态的、循环的，减少农业生产对自然资源和环境的依赖，降低农业资源消耗和排放，在发展经济的同时较好地优化环境，实现生态治理的目的。在生活方式上，农民的节约意识、环保意识、生态意识增强，注重生态道德和行为习惯培养，"天蓝地绿水清"观念深入人心，积极开展绿色行动，践行简约适度、绿色低碳的生活方式，形成文明健康的生活风尚。[1]

三、职业教育促进农村"空心化"治理的逻辑路径

产教融合是确保面向农村职业教育多功能发展实现的载体，是可持续生计视域下职业教育促进农村"空心化"治理的逻辑路径。产教融合一直是我国职业教育改革发展的逻辑主线和核心问题，当前已经上升到国家意志层面，《国务院办公厅关于深化产教融合的若干意见》（2017年）、《职业学校校企合作促进办法》（2018年）、《国家职业教育改革实施方案》（2019年）、《国家产教融合建设试点实施方案》（2019年）、《建设产教融合型企业实施办法（试行）》（2019年）等多项政策措施相继出台，对如何推动产教融合作了明确具体的规定。

就职业教育促进农村"空心化"治理而言，产教融合是根本路径和重要抓手，是基于"生产域"和"教育域"对所拥有的生计资本进行排列组合的生计策略，以达成生计资本的可持续利用与"三生"共赢目标的实现。[2]具体而言，有以下几方面。一是内嵌于"空心化"治理场域。作为校企合作和工学结合的升级版，在开展产教融合的过程中，职业教育转变了传统的以学校为本位的办学模式，立足于"空心化"农村的自然资源禀赋、产业结构和区位发展等，动态调整培养目标、专业设置、课程结构、师资队伍、教学过程等，以更好地对接其脆弱

---

[1] 中央宣传部. 习近平新时代中国特色社会主义思想学习纲要[M]. 北京：学习出版社，2019：172.
[2] 朱成晨, 闫广芬, 朱德全. 乡村建设与农村教育：职业教育精准扶贫融合模式与乡村振兴战略[J]. 华东师范大学学报（教育科学版），2019（2）：127-135.

性环境,通过在地农户生计资本的提升和生计策略的多元化,促进产业"空心化"、人口"空心化"等方面的治理。二是促进"空心化"农村产业转型升级。从知识生产视域而言,产教融合是一种新型的知识生产范式,能够针对人才培养供给侧和产业需求侧之间的矛盾,围绕产业关键技术、核心工艺和共性问题开展协同创新,加快基础研究成果向产业技术转化,通过跨学科、多主体、多形式的协同知识生产,建立需求导向的人才培养模式,增强职业教育对区域经济发展和产业升级的贡献。[①]具体而言,产教融合能够使职业教育确定促进农村"空心化"治理的知识应用价值倾向,以技能传授和人才培养为核心,依托产教融合型企业、产业学院、职业教育集团(联盟)等知识生产组织,实现"空心化"农村的产业转型升级。三是多元治理要素参与。可持续生计下的农村"空心化"治理是一种典型的扁平化的公共治理,需要各种治理要素的广泛参与,由此才能实现"共赢善治"的目标。产教融合有效实现了产学研等主体利益的选择性耦合,依托融实践教学、技术研发、创新创业、产业转型于一体的平台,实现技术、知识、资本、市场等异质性资源的集聚、协调与整合。通过开展产教融合,职业教育能够广泛动员社会、人力、自然、金融、物质等多种生计资本,增强它们之间的"共同在场性"和交互性,形成基于农村"空心化"治理的有效行动者社会网络。

为使产教融合这一发展路向的指引在"空心化"农村治理中得以有效实施,需要重点做好以下两个层面的工作。一是健全相关保障制度。结构和过程转变是可持续生计框架的重要内容,结构性因素来自政府部门和私人部门等,过程性因素来自政策、制度、规范、文化等,它们对"空心化"农村的生计策略选择和生计产出起着促进或限制作用。为促进农村职业教育产教融合,除了在顶层上对构建现代农村职业教育体系进行设计之外,还要注重产教融合政策支持体系与保障机制的完善,这是职业教育在促进农村"空心化"治理过程中产教融合得以持续有效开展的关键。具体来说,要针对农村职业教育产教融合制定相应的政策法律,保障其作为一项常规化的国家制度予以执行,以获得持久稳定的效力;还要结合农村"空心化"治理实际,制定包括财税、用地、金融支持、产教融合建设试点等可以量化、操作性强的职业教育产教融合促进条例或实施办法,对主体、责任、权益、产权等作出明确具体的规定,以弥补相关法律条文和政策的不足。

---

① 胡昌送,张俊平.高职教育产教融合:本质、模式与路径——基于知识生产方式视角[J].中国高教研究,2019(4):92-97.

二是聚焦"强制通行点"（obligatory passage point，OPP）。在农村"空心化"治理中，产教融合能够有效整合自然资本、人力资本、金融资本等多种生计资本，但同时也意味着治理要素的多元化，如果处理不当，极易出现"自利""搭便车"等集体行动的困境。综上所述，对于农村"空心化"治理而言，强制通行点是生计恢复力的提升。只有通过征召、利益分配等协调好职业院校、政府、农户、行业企业、社会组织等多个行动者之间的关系，才能聚焦于生计恢复力的提升形成合作共治的网络利益联盟，以顺利达成"三生"共赢的治理目标。

第六章
职业教育促进农村"空心化"治理的机理和模式

2023年颁布的《中共中央 国务院关于做好二〇二三年全面推进乡村振兴重点工作的意见》强调,"实施乡村振兴人才支持计划,组织引导教育、卫生、科技、文化、社会工作、精神文明建设等领域人才到基层一线服务,支持培养本土急需紧缺人才"。乡村振兴的关键在于人才,而职业教育是优化农村人力资源结构、提升农业从业人员素质的重要途径。农村"空心化"是城乡二元制度差异下劳动力、土地、资金、人才等要素资源外流所致,其人才短板高度依赖职业教育补齐,二者在要素、结构和功能上存在耦合关系。[①]由此需要深入剖析职业教育促进农村"空心化"治理的机理是什么,呈现出哪些较为典型的模式,以厘清其是如何运行的,以及模式所依托的资源载体和应用场景。

[①] 易远宏. 职业教育与农村空心化治理耦合困境破解路径研究[J]. 广州广播电视大学学报,2022(4):85-90,111-112.

第一节 职业教育促进农村"空心化"治理的构成主体

一、行动者网络理论

（一）概述

行动者网络理论（actor-network theory，ANT）又称转译社会学或物质性符号学，在20世纪80年代中期由以法国社会学家米歇尔·卡龙（Michel Callon）、布鲁诺·拉图尔（Bruno Latour）和英国社会学家约翰·劳（John Law）等为核心的巴黎学派提出。行动者网络理论是针对科学技术的现代异化问题，为了加强人们对科学技术的理解而提出的，后来逐渐演变为一种社会理论，因具有理论创新性和解释力而占据优势地位长达20年之久。

1986年，卡龙在《行动者网络的社会学——电动车案例》（"The sociology of an actor-network: The case of the electric vehicle"）一文中尝试解释行动者网络理论，提出行动者网络、行动者世界和转译三个概念，从不同的视角表达了实验室微观与宏观的双重结构，认为法国电器公司在开发新电动车计划的过程中，电动车技术、电子、消费者、电池等共同决定了此项计划的成败。[1]同年，卡龙在《转译社会学的基本原理：圣柏鲁克湾的扇贝养殖和渔民》（"Some elements of a sociology of translation: Domestication of the scallops and the fishermen of St. Brieuc Bay"）一文中，运用"对称性原则"分析案例，要求对等地看待网络中的自然行

---

[1] Callon M. The sociology of an actor-network: The case of the electric vehicle[A]//Callon M, Law J, Rip A. Mapping the Dynamics of Science and Technology: Sociology of Science in the Real World[M]. Basingstoke: Macmillan, 1986: 19-34.

动者（如扇贝）与社会行动者（如海洋学家、渔民）。[①]1986 年，劳发表了《长途控制方法：葡萄牙到印度的海上交通》("On the methods of long-distance control: Vessels, navigation and the Portuguese route to India")一文，以 15 世纪葡萄牙人进行的海上扩张为案例，进一步丰富和发展了行动者网络理论。他认为行动者网络实质是关系或过程的社会学，包含自然环境与社会因素，它们是异质的，具有不确定性和充满争论的特征。[②]1987 年，行动者网络理论的集大成者拉图尔出版了《科学在行动：怎样在社会中跟随科学家和工程师》(Science in Action: How to Follow Scientists and Engineers Through Society)一书，基于对强调从社会维度分析科学实践的社会建构观的批判，指出人和非人的因素（如技术等）都可以成为行动者，非人类行动者的意愿需要通过代言人来表达，并用"网络"一词将人类和非人类行动者以同等的身份并入其中，行动者网络的建立依赖于这些异质性要素的组合、联结和扩张。[③]

（二）核心概念

行动者网络理论打破了基于自然和社会的传统二分法，进入考察科学和社会互动的研究路线，对二者的关系进行了整体论的界定，认为它们相互建构和演进，构成一张"无缝之网"（seamless web）[④]，有着极为丰富的内涵，其核心概念主要包括行动者、网络和转译。

第一，行动者。行动者是行动者网络理论的核心概念之一，拉图尔习惯于用英文"actant"和"agency"表示这一概念。与之前的社会学家所下的定义不同，基于"广义对称性原则"（general symmetry principle）[⑤]，行动者的定义被赋予新

[①] Callon M. Some elements of a sociology of translation: Domestication of the scallops and the fishermen of St. Brieuc Bay[A]//Law J. Power, Action and Belief: A New Sociology of Knowledge?[M]. Boston: Routledge, 1986: 196-223.

[②] Law J. On the methods of long-distance control: Vessels, navigation and the Portuguese route to India[A]//Law J. Power, Action and Belief: A New Sociology of Knowledge?[M]. Boston: Routledge, 1986: 234-263.

[③] 转引自：王春梅. 基于行动者网络理论的区域创新体系进路研究——以南京为例[J]. 科技进步与对策, 2012（24）: 52-55.

[④] 郭明哲. 行动者网络理论（ANT）：布鲁诺·拉图尔科学哲学研究[D]. 上海：复旦大学, 2008: 10.

[⑤] 广义对称性原则又称对等性原则，要求对传统科学哲学中主客体二元对立因素进行完全对称性的处理，消除其绝对的界限，对日常行为中的科学通过实践视角进行科学诠释，以观察自然和社会如何得以科学重构，并相互共同促进和转化。参见：谢元. 基于行动者网络理论视角下的村支书乡村治理研究：以苏南阳县花山片区为例[D]. 南京：南京大学, 2018: 25.

的内涵，即任何通过制造差别而改变了事物状态的元素都可被称为行动者。行动者包括科学实践中的一切因素，具有多元化的特征，既可以指人类，也可以指非人的存在和力量。前者包括自然人、行业企业、政府、社会组织等，后者包括观念、技术、思想等，两者都具有同样的行动能力。正如拉图尔所强调的，网络中所涉及的每个行动者均代表着一个成熟的转译体，每个行动者都在各自的位置上发挥着他应有的作用。[①]人类行动者和非人类行动者并非二元对立，同时任何一方并未被赋予特别的优先权，而是在行动中相互制约和影响的，形成协同效应与合力。

第二，网络。"网络"这一概念是为了消除传统科学研究中自然和社会、主观和客观之间的二元对立关系而提出的，将人类行动者和非人类行动者以同等的身份并入其中，强调"通过各种方法将行动者之间的互动和关系'框架化'和'概念化'，形成一个局部的、实用的、聚焦的体系"[②]，网络不仅包括行动者本身，还包括行动者之间的关系或者联盟。此处网络的意义不同于互联网或社会网络中的"网络"，而是具有以下三个典型特征。一是网络的构成是异质的（heterogeneous），由拥有不同利益、身份、功能等的人类行动者和非人类行动者共同构成，并且通过不断的相互嵌入界定各自在网络中的角色。二是"网络这个词暗示了资源集中于某些地方——节点，它们彼此联接——链条和网眼：这些联结使分散的资源结成网络，并扩展到所有角落"[③]。网络中每个行动者都是一个"资源节点"，以同等的身份加入其中，相互作用并贯穿于整个活动过程。三是网络并非一成不变的，而是在行动者交互中不断演进，充满着不确定性，包含着无限的可能性。

第三，转译。拉图尔认为，转译是指"由事实建构者给出的、关于他们自己的兴趣和他们所吸收的人的兴趣的解释"[④]。转译是行动者网络理论中最为核心的概念，也是维系行动者网络的动态机制。鉴于行动者存在于实践和关系之中，

---

① 雷辉. 多主体协同共建的行动者网络构建研究[M]. 北京：人民出版社，2017：127.
② [美] 杰弗里·A. 迈尔斯. 管理与组织研究必读的40个理论[M]. 徐世勇，李超平，等译. 北京：北京大学出版社，2017：23.
③ [法] 布鲁诺·拉图尔. 科学在行动：怎样在社会中跟随科学家和工程师[M]. 刘文旋，郑开，译. 北京：东方出版社，2005：298.
④ [法] 布鲁诺·拉图尔. 科学在行动：怎样在社会中跟随科学家和工程师[M]. 刘文旋，郑开，译. 北京：东方出版社，2005：184.

异质性是其最基本的特性，只有通过不断的转译，才能将各类行动者组合到一起，建立起稳定的关系，使行动者网络成为一张"无缝之网"。由此，行动者网络理论又被称为"转译社会学"。转译是指科学地界定每个行动者的功能、角色、利益和地位，将他们的兴趣和利益相关联，使他们对构建的行动者网络认可并积极参与其中。当然，转译并非一蹴而就，而是包括五个关键步骤，分别是问题呈现、利益赋予、征召、动员和异议。转译的能力越强，网络中行动者被期望建立的关系就越稳定。

（三）适切性

行动者网络理论从后现代主义的研究视角，改变了传统的认识论观念，强调关系性的思维，"在网络中将人与非人置于同等的地位，自然与社会不再是巍然屹立认识论中的两极。要在人与非人、自然与社会的互生的关系中寻求社会的稳定点"[1]，通过"深描"科学实践中的行动者，勾勒出科学与社会相互建构、协同演化的动态图景，避免了科学研究的"黑箱化"。行动者网络理论自提出以来，就被广泛应用于社会学、管理学、旅游学、地理学、信息技术等诸多领域。作为一系列破除关于知识、主体性、自然世界以及社会世界的核心假设的分析方式和思考[2]，"在教育研究的边缘，出现了一系列令人不安和大胆创新的研究成果，它们借鉴了所谓的'行动者网络理论'。这些教育研究经常颠覆关于知识、主观性、媒介、现实和社会的中心假设，突出了物质——各种物体，并在教育问题上使人和社会失去中心地位"[3]。近年来，行动者网络理论被应用于教育领域，为教育研究提供了新的视野和方法论，推动其走向丰富多彩的实践世界。例如，有研究者以行动者网络理论为视角，分析数字化社区学习地图的构成以及运行机制，并提出促进学习地图有效运行的策略[4]；有研究者运用拉图尔的"行动者网络""对称性原则""必经之点"等理论观点，分析教育政策运行中个体与社

---

[1] 刘济亮. 拉图尔行动者网络理论研究[D]. 哈尔滨：哈尔滨工业大学，2006：38.
[2] Fenwick T，Edwards R. Introduction：Reclaiming and renewing actor network theory for educational research[J]. Educational Philosophy and Theory，2011，43（S1）：1-14.
[3] Fenwick T，Edwards R. Actor-Network Theory in Education[M]. London：Routledge，2010：Preface.
[4] 于莎，刘奉越. 行动者网络下数字化社区学习地图构成及运行机制[J]. 现代远距离教育，2019（1）：83-89.

会系统之间的交互关系，阐释了过程中的动态性及复杂性[1]；还有研究者将行动者网络理论引入嵌入式信息素养教育研究中，在对图书馆员、学科教师和学生进行访谈的基础上，全面分析嵌入式信息素养教育运行机制[2]；等等。

"在公众参与科学的时代，人们开始认识到科学、技术与社会已经结合成一张'无缝之网'，各种人与非人的行动者已成为一个复杂的行动者网络。"[3]行动者网络理论为探讨职业教育促进农村"空心化"治理提供了一种新的视角和富有指导性的分析框架。本研究借鉴这一理论分析框架，对职业教育促进农村"空心化"治理的主体和机制进行剖析，主要基于以下三个方面的考量。其一，能够全面识别构成主体。职业教育促进农村"空心化"治理是一个多主体参与的系统过程，既包含职业院校、政府、行业企业、农民，又包含资源、技术、知识等。已有研究多从职业院校视角进行分析，较少从其他主体的视角进行探讨，研究成果具有一定的片面性。如前所述，遵循"广义对称性原则"，行动者网络理论强调人类行动者和非人类行动者的均等性，能够较为全面地识别职业教育促进农村"空心化"治理的构成主体。其二，能够系统性分析研究对象。行动者网络理论更加注重多元主体的结构与互动，运用"关系思维"，可以较为全面地展现职业教育促进农村"空心化"治理行动者网络构建的整个过程，深入剖析职业院校、政府、行业企业、农民、资源、技术、知识等多元主体之间交互、融合的关系，避免陷入"只见树木，不见森林"的泥淖。其三，能够更好地嵌入农村"空心化"治理场域。法国社会学家皮埃尔·布尔迪厄认为，一个场域可以被界定为在各种位置之间存在的客观关系的一个网络，或者一个构型（configuration）。[4]职业教育促进农村"空心化"治理就是一个典型的场域，行动者网络充分体现了它的关联性特征。另外，转译分析框架既包括问题呈现和利益赋予，又包括征召、动员和异议，非常切合职业教育促进农村"空心化"治理实际，能够更加生动地呈现出其社会生活现实。

---

[1] 刘佳. 行动者网络理论视野下的教育政策运行分析[J]. 理论与改革，2015（2）：99-101.

[2] 刘咏梅，赵宇翔，朱庆华. 行动者网络理论视角下嵌入式信息素养教育运行机制分析[J]. 图书情报工作，2016（18）：35-42，70.

[3] 王佃利，付冷冷. 行动者网络理论视角下的公共政策过程分析[J]. 东岳论丛，2021（3）：146-156.

[4] ［法］皮埃尔·布迪厄，［美］华康德. 实践与反思——反思社会学导引[M]. 李猛，李康，译. 北京：中央编译出版社，2004：133. 因音译不同，本书对"布尔迪厄""布迪厄"不做统一。

二、职业教育促进农村"空心化"治理的构成主体

当前应将教育和知识视为全球共同利益,这意味着知识的创造、控制、获取、习得以及运用向所有人开放,是一项社会集体努力。[①]在致力于共建共享社会的时代背景下,在促进农村"空心化"治理的过程中,职业教育并非"唱独角戏",而是关涉多个主体。依据行动者网络理论,基于职业院校、农民、政府等多元主体在农村"空心化"治理中位置、角色和作用的不同,我们可将职业教育促进农村"空心化"治理的构成主体划分为核心行动者、主要行动者和共同行动者三种类别,具体见表6-1。

表6-1 职业教育促进农村"空心化"治理的构成主体

类型	类别	成员
人类行动者	核心行动者	职业院校
	主要行动者	农民
	共同行动者	政府
		普通高校
		行业企业
		社会团体
非人类行动者	共同行动者	技术
		知识
		课程

(一)核心行动者

核心行动者是指在行动者网络结构中位居核心节点,并在行动者网络的形成与发展中扮演着重要角色的行动者,具备一定的话语权与影响力,主导着行动者网络中的"转译"活动,维护着网络的良好运行。在"问题化"阶段,核心行动者需要找出所有行动者面临的共同问题,设置"强制通行点",并通过娴熟的"转译"手段,将自身的利益成功"转译"到其他行动者的意义之中,最终构建

---

① 联合国教科文组织. 反思教育:向"全球共同利益"的理念转变?[M]. 联合国教科文组织总部中文科,译. 北京:教育科学出版社,2017:80.

相对稳定的行动者网络。在职业教育促进农村"空心化"治理的过程中，职业院校作为知识的生产者和创新者，具有人才培养、科学研究以及社会服务等职能，是农村"空心化"治理的核心行动者，发挥着不可或缺的作用，具体表现在以下方面：具备明确的知识生产和扩散功能，是农村"空心化"治理知识溢出的重要来源；搭建交流合作平台，协同政府、普通高校、农民、行业企业等多个行动者解决"强制通行点"的问题，对其他行动者进行转译，形成稳固持续的行动者网络；加强职业教育资源建设，提供职业教育资源服务和实现职业教育资源的高效分配，满足农村"空心化"治理对知识、技能等方面的需求，提高自身的社会影响力[①]；注重培育具有乡土情怀、活化本土知识、掌握现代技术、具备创新能力的知识型、技能型、创新型乡村建设与管理人才，为农村"空心化"治理提供人力资本[②]。

（二）主要行动者

主要行动者是指参与行动者网络运作与维护的行动者，他们直接或者间接地参与到行动者网络构建的各个环节之中，发挥着主体作用，通过与其他行动者的互动实现自身利益。在职业教育促进农村"空心化"治理的过程中，职业院校、普通高校、政府、农民、行业企业和社会团体等多元主体积极参与，形成了强有力的行动者联盟，但是在诸多行动者中，农民才是最主要的参与者。正如经济学家舒尔茨所强调的，"改造传统农业的关键是要引进新的现代农业生产要素"，"引进新生产要素，不仅要引进杂交种子、机械这些物的要素，还要引进具有现代科学知识、能运用新生产要素的人"，需要对农民进行人力资本投资。[③] "政府、非政府和私营（以营利为目的）机构在促进农村发展方面各自都存在局限性，这意味着在改善农村生计和农民生活质量上，它们无法充当唯一的依靠……基础广泛的农村发展其主要资源必须来自于农村居民自身的干劲、观念和决心，

[①] 于莎，刘奉越. 行动者网络下数字化社区学习地图构成及运行机制[J]. 现代远距离教育，2019（1）：83-89.

[②] 肖正德. 乡村振兴所需人才培养与大农村教育体系构建[J]. 杭州师范大学学报（社会科学版），2021（2）：108-113.

[③] [美] 西奥多·W. 舒尔茨. 改造传统农业[M]. 梁小民，译. 北京：商务印书馆，1999：Ⅵ-Ⅷ.

来自于集体主义的自助和我们所称的'受援性自立'。"①农民扮演着主要行动者的角色，具有经济性、社会性和文化性的主体功能，不仅为"空心化"治理实践供应了丰富充足的劳动力，而且提供了较多的建设发展人才，提供了强有力的人力资本支撑，如新型职业农民、农业职业经理人、农业科技人才和农村电商人才能够促进产业兴旺，乡村环境治理人才、乡村景观设计人才、生态农业带头人才和生态旅游开发人才能够促进生态宜居，先进文化传播人才和乡村文化传承人才能够促进乡风文明，乡村社会治理人才和新乡贤能够促进治理有效，现代农业经营领军人才、返乡下乡创业人才和乡村公共服务人才能够促进生活富裕。②

（三）共同行动者

共同行动者是指影响整个行动者网络的存在或力量，他们在网络的构建中同样发挥着不可忽视的作用。共同行动者与核心行动者、主要行动者在同一利益契合点的推动下，主动融入行动者网络中，构成了相互依存的网络整体。农村"空心化"治理问题不是单纯的经济问题，职业教育促进农村"空心化"治理也不是单纯的教育问题，而是一个复杂的社会综合性问题，需要政府、普通高校、行业企业、社会团体、技术、知识以及课程等共同行动者参与。政府作为国家行政机关，主要解决管什么、如何管和发挥什么作用的问题，依托行政权力的话语权进行自上而下的布局，在政策、制度和经费方面提供具体支持，使更多的行动者参与农村"空心化"治理；统筹办学资源，搭建合作平台，协调职业院校与其他行动者之间的关系，营造良好的治理环境；对职业教育质量进行监督和管理。正如雅思贝尔斯在《什么是教育》一书中指出的，大学具有四项基本任务：一是研究、教学和专业知识课程；二是教育与培养；三是生命的精神交往；四是学术。③普通高校作为知识的生产者和创新者，具有人才培养、科学研究和社会服务等职能，在农村"空心化"治理中发挥着培养技能人才、创新知识、产学研结合和提供智力支持的作用。行业企业是职业教育的重要办学主体，曾较好地完成了中

---

① ［美］诺曼·厄普霍夫，［美］米尔敦·艾斯曼，［美］安尼路德·克里舒那. 成功之源——对第三世界国家农村发展经验的总结[M]. 江立华，等译. 广州：广东人民出版社，2006：9.
② 肖正德. 乡村振兴所需人才培养与大农村教育体系构建[J]. 杭州师范大学学报（社会科学版），2021（2）：108-113.
③ ［德］雅思贝尔斯. 什么是教育[M]. 邹进，译. 北京：生活·读书·新知三联书店，1991：149.

华人民共和国成立至改革开放初期经济社会发展所需的技术技能的原始积累和人力资本储备[1]，在农村"空心化"治理中发挥着人才培养职业素质标准制定、资格认定、经费支持、教学质量评价等作用。社会团体不仅直接参与职业教育办学，还可以提供经费、人才和技术支持。技术、知识以及课程是物质范畴要素，它们是职业教育促进农村"空心化"治理的重要载体。正是在多个共同行动者的积极参与下，复杂、有效的行动者网络才得以形成，职业教育促进农村"空心化"治理才得以有效运行。

职业教育促进农村"空心化"治理重在善治，重在核心行动者、主要行动者和共同行动者等多个构成主体之间的协同合作，它们既具有相对独立性，又紧密地联系在一起并构成一定的关系网络，形成法国社会学家涂尔干所说的建立在社会成员异质性和相互依赖基础上的"有机团结"。[2]

第二节　职业教育促进农村"空心化"治理的机理

机理是指在一定条件下，事物各部分之间所形成的有机联系方式、作用形式、结构功能，最主要的是其相互作用的过程及由此体现出来的内在运行规律。[3]具体而言，机理包括三个层面的含义：其一，机理是由若干不同层次的要素构成的相对独立、功能独特的系统，是各构成要素的总和，它们之间并非割裂的关系，而是相互联系和作用；其二，机理引发对象发生规律性变化，其整体功能的发挥依赖于构成要素的耦合、相互衔接和协调运转；其三，机理围绕整体目标，按照一定的方式有规律性地运行，并不断修正和完善。[4]基于此，运行机理是指

---

[1] 郭静. 现代职业教育体系建设背景下行业、企业办学研究[J]. 教育研究，2014（3）：116-121，131.
[2] 李荣荣. 从有机团结思考社会现实——读《社会分工论》[J]. 西北民族研究，2008（4）：50-54，44.
[3] 郑湘娟. 民营企业家自主创新心智模式比较研究[M]. 宁波：宁波出版社，2010：31.
[4] 周如东，李淑娜. 立德树人运行机制的理论研究与建构[J]. 黑龙江高教研究，2014（2）：97-99.

系统各构成要素的功能和相互作用，以及产生影响和发挥作用的原理及运行方式。运行机理具有组合、联动、自我调整等功能，是社会系统持续发展的核心和关键，社会系统工作的好坏与其密切相关。

对于职业教育促进农村"空心化"治理而言，为了能够使其健康有序地运行，建立行之有效的行动者网络，充分发挥各行动者的功能和作用，产生良好的经济效应、生态效应、文化效应和社会效应，第一要务就是要建立一套与其相适应的运行机理，避免陷入集体行动理论的提出者曼瑟尔·奥尔森（Mancur Olson）所说的集体行动困境。基于行动者网络理论，结合职业教育促进农村"空心化"治理的场域和具体特性，本研究将其运行机理划分为目标导向、动力、转译、知识溢出和政策保障五个组成部分。为了对运行机理各构成要素及其相互作用的关系加以明确表示，其整体运行框架如图 6-1 所示。

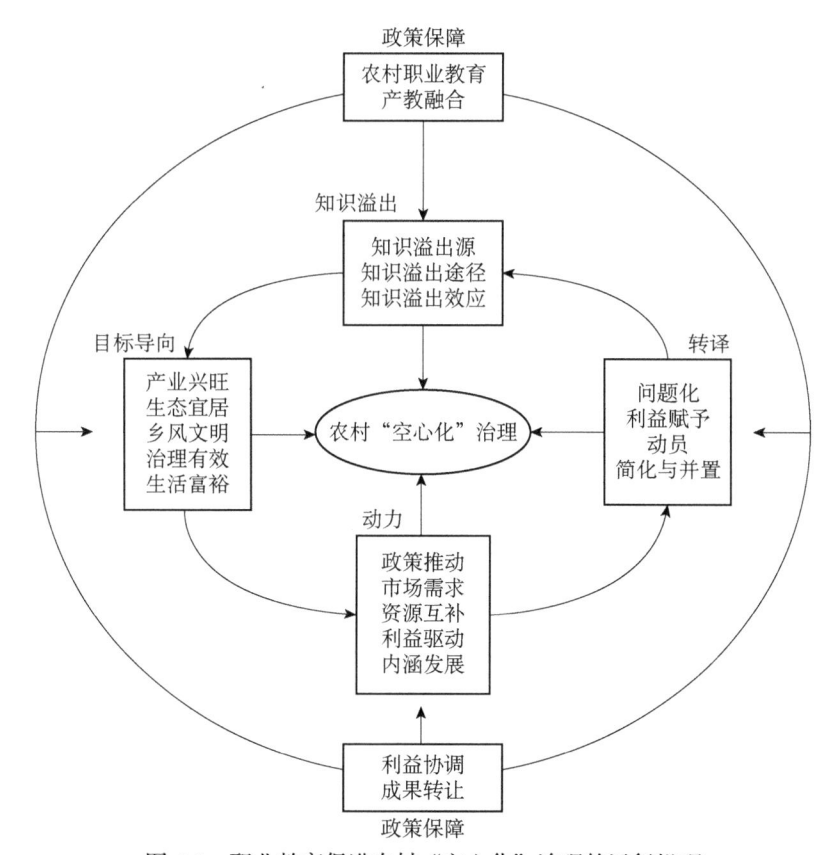

图 6-1 职业教育促进农村"空心化"治理的运行机理

一、目标导向

  职业教育促进农村"空心化"治理的运行机理是一个不断运动的系统体系，目标导向则是参照标，为切实实施有效治理提供了一定的方向指导，不仅规定了治理的目标方位，也规定了各构成要素的运行方位，以确保治理的规范性、科学性和精确性，减少治理误差，并且具有凝聚、团结多个行动者的功能和作用。乡村振兴战略是针对新时代我国社会主要矛盾变化和乡村发展滞后现状提出的，正如 2018 年的《中共中央 国务院关于实施乡村振兴战略的意见》所指出的："当前，我国发展不平衡不充分问题在乡村最为突出……实施乡村振兴战略，是解决人民日益增长的美好生活需要和不平衡不充分的发展之间矛盾的必然要求。"作为助推新时代乡村发展的一项多目标多主体的国家战略，乡村振兴战略是从根本上解决"三农"问题的重要抓手，让农业成为有奔头的产业，让农民成为有吸引力的职业，让农村成为安居乐业的美丽家园，实现农业强、农民富和农村美。总体而言，乡村振兴战略的基本方向和发展目标是"坚持农业农村优先发展"和"推进农业农村现代化"；具体而言，乡村振兴战略的总要求是"产业兴旺、生态宜居、乡风文明、治理有效、生活富裕"。[①]

  "产业兴旺、生态宜居、乡风文明、治理有效、生活富裕"与职业教育促进农村"空心化"治理的目标高度契合，有助于提升"空心化"农村的生计资本，增强其生计恢复力。具体而言，产业兴旺重在促进一二三产业融合发展，拓展农产品产业链和供应链，增加农产品附加值，提升农村的金融资本和物质资本，解决的是产业"空心化"问题；生态宜居重在改善乡村生态环境和人居环境，人与自然和谐共处，走绿色发展之路，提升农村的自然资本，解决的是村域"空心化"问题；乡风文明重在保护与传承乡村文化，提高现代文明素养，摒弃传统陋习和腐朽文化，提升农村的人力资本和社会资本，解决的是文化"空心化"问题；治理有效重在完善农村治理的体制和结构，强调治理的基层农民参与性，提升治理效率，提升农村的人力资本，解决的是治理"空心化"问题；生活富裕重在提升农民的物质生活水平和精神生活水平，缩小城乡居民收入之间的差距，增

[①] 中共中央 国务院关于实施乡村振兴战略的意见[EB/OL]. http://www.gov.cn/zhengce/2018-02/04/content_5263807.htm. 2018-02-04.

强农民的幸福感和获得感,解决的是人口"空心化"问题。"产业兴旺、生态宜居、乡风文明、治理有效、生活富裕"是乡村振兴的主要内容和测度标准,这就为职业教育促进农村"空心化"治理提供了基本框架和行动目标。

二、动力

动力机制源于物理学,是对机械系统运转的动力描述,后来被广泛运用于管理学、社会学、教育学、经济学等多个学科。动力机制是指推动组织系统演化的各行动者产生合作意愿和发挥功能的作用力,目的是使各行动者获得更多收益且系统达到动态平衡。从行动者网络理论视角来看,职业教育促进农村"空心化"治理是一个多层次、多成分、相互作用、相互关联的网络,明确各动力要素是构建动力机制的基础。总体而言,动力要素主要包括政策推动、市场需求、资源互补、利益驱动以及内涵发展。

一是政策推动。政策激励是职业教育促进农村"空心化"治理不可或缺的动力。自2017年党的十九大召开以来,围绕乡村振兴战略这一新时代"三农"工作的总抓手,国家颁布实施了一系列政策和法律,如《中共中央 国务院关于实施乡村振兴战略的意见》(2018年)、《乡村振兴战略规划(2018—2022年)》(2018年)、《中共中央 国务院关于坚持农业农村优先发展做好"三农"工作的若干意见》(2019年)、《中共中央 国务院关于建立健全城乡融合发展体制机制和政策体系的意见》(2019年)、《中华人民共和国乡村振兴促进法》(2021年)等,鼓励教育等各种社会要素参与乡村振兴,激发了职业教育参与农村"空心化"治理的动机。二是市场需求。市场需求是拉动、牵引职业教育促进农村"空心化"治理的主要外部动力。对于"空心化"农村而言,要提升生计恢复力,实现"产业兴旺、生态宜居、乡村文明、治理有效、生活富裕"的目标,迫切需要职业教育提供知识和智力支持,以增强自身的生计资本。三是资源互补。参与农村"空心化"治理的行动者既包括人类行动者和非人类行动者,也包括内部行动者和外部行动者,它们具有不同的资源优势,通过聚焦于农村"空心化"治理这一目标,能够实现异质性资源优势互补和共享。例如,在河北省岗底村治理中,农业高校结合当地的自然条件和苹果种植业的发展需要,培育出了"富岗一号""富岗二号""富岗三号"等多个具有市场竞争力的苹果品种，不仅提升了岗底村的苹果产量和质量，减少了技术引进的成本，还拥有了自主知识产权，提升了学校的整体科研水平，达到了"共赢"。四是利益驱动。利益是整个组织系统得以运行的原动力，在所有内动力中起主导作用。职业教育参与农村"空心化"治理主要目的在于提高自身的教学水平和科研水准，培养更多高质量的人才，实现更大的社会效益，同时了解市场对人才的需求。五是内涵发展。发展是第一要务，是任何社会组织的终极目标。在社会转型日益深化、竞争日益激烈的时代背景下，职业院校、行业企业等行动者不仅面临着如何适应当前社会环境的问题，更面临着如何增强自身竞争力、实现质的方面的正向变化的问题。对于职业院校而言，需要考量的是如何培养高质量和具有市场竞争力的人才，更好地实现服务社会的使命。对于行业企业而言，需要考量的是如何更好地壮大自身规模，为市场提供更多优质产品和服务。

三、转译

作为一种"教育界"和"产业界"的对话与合作，职业教育促进农村"空心化"治理本质上是一个异质性网络联结和拓展的过程。在这一过程中，多种异质行动者参与进来，存在各自的"兴趣"（interest）和利益诉求，因而容易产生一种张力，即各行动者之间容易产生摩擦，使得行动者在大量可能性中只选择在他们看来有助于达到各自目标的"东西"[1]，这势必会引致其所构成的行动者网络相互之间出现不协同的现象，为此，通过转译协调好各行动者的利益关系，是保持异质网络的稳定性和各行动者实现有效协同合作的关键。作为行动者网络的核心内容，转译是由事实建构者给出的、关于他们自己的"兴趣"和他们所吸引的人的"兴趣"的解释。[2]换言之，转译是指核心行动者通过提出问题、定义问题等方式将其他行动者的问题和"兴趣"转换出来，进而将行动者的利益需求联结

---

① ［法］布鲁诺·拉图尔. 科学在行动：怎样在社会中跟随科学家和工程师[M]. 刘文旋，郑开，译. 北京：东方出版社，2005：185.
② ［法］布鲁诺·拉图尔. 科学在行动：怎样在社会中跟随科学家和工程师[M]. 刘文旋，郑开，译. 北京：东方出版社，2005：185.

起来，形成稳定的行动者网络联盟。转译的能力和效果越好，行动者网络中被期望建立的关系就越稳定。

对于职业教育促进农村"空心化"治理而言，转译由问题化、利益赋予、动员以及简化与并置四个关键环节构成，这些环节只是概念性的步骤，并不是严格按照时间序列列出的，可以以重叠或者反复的方式进行。一是问题化。问题化是确定农村"空心化"治理的强制通行点，每个相关行动者都要围绕它在不同诉求之间找到交集，即共同目标。职业教育促进农村"空心化"治理的强制通行点是提升生计恢复力。生计恢复力作为可持续生计分析框架的重要组成部分，强调的是"空心化"农村在环境、经济、社会、政治等因素的压力和冲击下，能够保持乃至提高能力和资产，实现可持续性，实现"产业兴旺、生态宜居、乡风文明、治理有效、生活富裕"。二是利益赋予。利益赋予是多个行动者参与农村"空心化"治理的前提，是指职业院校通过一定的资源和手段来说服主要行动者和共同行动者的加盟，使后者感到在农村"空心化"治理中存在着与自身密切相关的利益。三是动员。动员是指职业院校与其他行动者协商后，按照一定愿景或协定行动，并将所有行动者高效地组织在一起，为实现农村"空心化"治理目标组成利益联盟。四是简化与并置。简化与并置是指有效处理在农村"空心化"治理中因行动者的利益分配不均而出现的冲突和异议。

四、知识溢出

知识溢出源于内生增长理论和新经济地理学等经济学分支领域，用来诠释集聚、创新和区域增长。知识溢出又被称为技术溢出或知识转移，是指个体、组织或区域之间通过直接或者间接的方式进行交流和互动，知识、信息和技术等得到无意识的传播，并被共享、利用以及对行为结果产生影响的过程，大多存在于多层次组织网络之中。由于知识的外部性（非竞用性）特征，知识溢出效应广泛存在于个体、组织、产业、地区、国家等，越来越多的学者意识到知识溢出对于产业发展的推动作用，知识作为一种独立的生产要素被纳入生产函数中。例如，有研究者认为，知识溢出包含集聚、极化、溢出和创新四个环节，能够促进区域内各组织技术的进步和生产率的提升，带来更大的社会效益。[①]

基于知识溢出的理论视角，职业教育促进农村"空心化"治理就是以职业教育为主的各类主体间知识的扩散、传递、集成及新知识产生和应用，并对接到"空心化"农村最终取得良好治理效果的过程。知识溢出主要由知识溢出源、知识溢出途径和知识溢出效应三部分构成。知识溢出源是知识的供给方，主要包括职业院校、普通高校、行业企业和社会团体，正是在它们的互动中，知识的传播和扩散才得以实现。知识溢出途径分为两种：一种是通过课程、教材等有形介质传播，具有可编码化和具象化特征；另一种是通过直接交流和接触式互动等方式传播，具有隐蔽化特征和较高的异质性。知识溢出效应是指溢出的知识和技术对"空心化"农村区域和农民的影响，表现为培养高层次人才、创新知识和提供智力支持等服务。由于溢出知识的性质、来源、内容、范围边界以及载体不同，知识溢出效应也不尽相同，可被分为对人力、产业、治理和文明等的影响，也可被分为立竿见影的有形绩效和潜移默化的无形绩效。

五、政策保障

如前所述，作为城乡经济社会发展转型过程中农村人地关系退化而出现的一种不良现象，农村"空心化"经历了"离土不离乡"的初现期、"离土又离乡"的发展期和"离土离乡又离根"的加剧期等不同演进阶段，是农村内部推力和城市外部拉力共同作用的不良演化结果，是自然环境、政治、经济、文化、管理等多种因素的发展变化及其交互作用的产物。例如，有研究者以人口、土地与产业"空心化"的特征为依据，构建了综合"空心化"测度的指标体系，对农村"空心化"的测度结果表明：发展阶段与制度约束是"空心化"产生的根本，产业就业与设施服务是"空心化"形成的关键，主体行为与恋土情结对农村"空心化"治理有直接作用。[②]由此，职业教育促进农村"空心化"治理是一个复杂性、系

[①] Abramovitz M. Catching up, forging ahead, and falling behind[J]. The Journal of Economic History, 1986（2）：385-406.

[②] 王孟翰, 刘兆德, 孙雯雯. 济宁市农村综合空心化影响因素与机制研究[J]. 中国农业资源与区划, 2021（5）：149-158.

统性、长期性的过程，并非仅仅靠某一行动者的一己之力就能顺利完成，而是涉及多个人类行动者和非人类行动者，面临着利益分配、沟通协调等多种任务，需要政府加强相关政策机制建设，提供良好的制度保障，多方提升"空心化"农村的内生力。此外，2000年，英国国际发展机构基于学者阿马蒂亚·森对贫困性质理解的理论，提出"指导生计战略和分析单个家庭限制条件"的可持续生计框架，主要用来分析发展中国家农村贫困问题的复杂性以及农户生计维持，其中结构和过程转变是五大构成部分之一。①结构和过程转变主要涉及政府部门以及法律、政策、制度等，不仅会深刻影响生计策略和生计产出，还会对生计资本和脆弱性背景产生重要作用。由此也有力地证明了政策和制度在贫困治理中的不可或缺性。

联合国教科文组织发布的《关于职业技术教育与培训（TVET）的建议书》[Recommendation concerning technical and vocational education and training（TVET）]强调，应通过减少费用负担和消除其他障碍，提供有针对性的支持，使所有处境不利群体和弱势群体（包括边缘化的农村地区和偏远地区人口）更容易获得职业技术教育与培训。②作为保障职业教育促进农村"空心化"治理顺利实施和有序运行的组织机构和制度等方面的机制，政策保障机制主要包括以下四个方面的内容。一是农村职业教育。当前农村职业教育这一"准公共产品"的发展基础薄弱，成为职业教育的"短板"，在政策制定上除了宏观层面消除城乡教育二元结构和推进融合发展之外，还要在办学资金、教学条件、师资队伍、课程安排等方面加大支持力度，增强其服务农村"空心化"治理的能力。二是产教融合。"产教融合是产业与职业教育之间合作的国家制度完善、政策配套、多元主体协商共治、产教协同规划、校企共同承担育人责任、人才育用衔接、规范而深入的产教结合的理想状态。"③为此，政府需要加强顶层设计，制定内容具体、针对性和操作性强的政策，激发各参与主体的积极性，如全方位推进"金融+财政+土地+信用"的组合式激励，加强产教融合型企业建设。三是利益协调。在有效执行职业教育与培训规定时，社会合作者之间的合作才是根本；当国家规定了其他合作者

---

① 高功敬. 城市贫困家庭可持续生计——发展型社会政策视角[M]. 北京：社会科学文献出版社，2018：57.

② 联合国教科文组织. 关于职业技术教育与培训（TVET）的建议书[J]. 职业技术教育，2016（12）：76-80.

③ 和震，李玉珠，魏明，等. 职业教育产教融合制度创新[M]. 北京：科学出版社，2018：1.

的角色时，建立在社会合作关系原则基础上的体系才能运转起来。[①]农村"空心化"治理涉及多个行动者，并由此形成一个错综复杂且又动态演变的利益网络。不同行动者由于自身资源禀赋、文化价值观念等的不同往往容易产生利益分配方面的分歧，或者由于它们之间在合法性认同基础上的横向沟通不畅而导致合作困境现象的出现。为此，政府需要为各行动者制定相应的政策文件，确认其合法地位，并进行权责划分，形成利益均沾、分配合理的局面。四是成果转让。政府需要制定相关政策法规，就科技成果的转让作出明确具体的规定，致力于提升科技成果的转化率。

第三节　职业教育促进农村"空心化"治理的模式

模式的英文为"model"，有时也称为"pattern"。《现代汉语词典（第7版）》将"模式"定义为某种事物的标准形式或使人可以照着做的标准样式。[②]《哲学大辞典》则将它归类于结构主义用语，是指用来说明事物结构的主观理性形式。[③]模式上秉抽象理论下承具体实践，是沟通实践与理论的中介和桥梁，具有理论功能与实践功能。就理论功能而言，模式能够升华实践经验，对实践进行简略的描述再现，有助于人们理解、掌握和运用；就实践功能而言，模式能够依据一定的理论提出假设，并赋予条件和操作程序、要领，使其现实化，有助于指导实践。[④]模式是影响职业教育促进农村"空心化"治理的重要因素，运行机制需要与其有机协同起来，由此才能确保治理质量。"场域是一个客观存在的、具有自身逻辑和必然性的社会空间，也是一个充满竞争的空间，这个空间中占据各种

---

① ［英］安迪·格林. 教育、全球化与民族国家[M]. 朱旭东，徐卫红，等译. 北京：教育科学出版社，2004：400.
② 中国社会科学院语言研究所词典编辑室. 现代汉语词典（第7版）[Z]. 北京：商务印书馆，2016：919.
③ 《哲学大辞典》编辑委员会. 哲学大辞典[Z]. 上海：上海辞书出版社，1992：1702.
④ 周法清. 中小学生养成教育"衡阳模式"的理论与实践[M]. 长沙：湖南教育出版社，2016：63.

位置的行动者正是利用多种逻辑和策略，在不断的斗争中确保或提升其在场域中的优势位置。"①在职业教育促进农村"空心化"治理的具体实践过程中，由于具体场域和资源禀赋不同，形态各异的模式得以形成，并取得了一定成效，这些模式对于后续的农村"空心化"治理具有积极的借鉴意义。从当前各地的具体实践探索来看，我国主要形成了"数字乡村""农民讲习所""乡村旅游""乡村能人带动""文化传承""职业农民学院"六种基本治理模式。

一、"数字乡村"模式

随着数智时代的到来和大数据、人工智能等相关技术的渗透，全球数字化与智能化浪潮驱动新一轮科技革命深入发展，整合多种新技术而产生的元宇宙、虚拟世界等爆发出蓬勃发展潜力，人类正在逐步突破时空界限，打造虚拟与现实相互融合的社会发展形态②，这将会对各行各业的变革与发展产生深刻影响。建设数字乡村成为我国乡村振兴和农业农村现代化发展的战略方向和重要内容。例如，2019年5月，中共中央办公厅、国务院办公厅印发的《数字乡村发展战略纲要》将数字乡村确认为乡村振兴的战略方向，全面阐述了数字乡村的现状与形势、战略目标、重点任务和保障措施。2020年5月，中央网信办等四部门联合印发的《2020年数字乡村发展工作要点》明确了数字乡村发展工作目标，对数字乡村建设重点任务做出了进一步细化。2021年6月施行的《中华人民共和国乡村振兴促进法》强调"推进数字乡村建设"。2022年颁布的中央一号文件提出，大力推进数字乡村建设，具体包括推进智慧农业发展，促进信息技术与农机农艺融合应用；加强农民数字素养与技能培训；以数字技术赋能乡村公共服务；拓展农业农村大数据应用场景；等等。当前互联网在农村发展迅速，呈逐年上升态势，为现代数字技术助力乡村建设提供了很好的基础和保障。例如，2023年8月28日，中国互联网络信息中心（China Internet Network Information Center，CNNIC）

---

① 周荔，王惠芬，张晟. 精准扶贫的实践——基于布尔迪厄实践逻辑理论[J]. 南华大学学报（社会科学版），2017（3）：32-36.
② 史秋衡，张纯坤. 数智时代大学教学范式的革新：虚拟与现实的融合[J]. 高校教育管理，2022（3）：24-31，90.

发布的《第52次中国互联网络发展状况统计报告》指出，农村网民规模达3.01亿人，占网民整体的27.9%。农村地区互联网普及率为60.5%。面向农村脱贫户持续给予5折及以下基础通信服务资费优惠，已惠及农村脱贫户超过2800万户，累计让利超过88亿元。截至2023年6月，农村在线教育用户规模达6787万人，普及率为22.5%。[①]

"数字乡村"模式以信息和通信技术的应用为核心驱动力，以政府、职业院校、数字企业为实践主体，以县域乡村为治理单元，推进大数据、云计算、物联网等技术在生态保护、产业转型升级、电子商务、乡村文化等领域的运用、匹配与融合，以扩大和增强职业教育服务乡村振兴的成效。一是增强农民数字素养。农民数字素养是数字化情境下农民在生产生活实践中所具备或形成的有关数字知识、数字能力和数字意识的综合体，包括数字化通用素养、数字化社交素养、数字化创意素养以及数字化安全素养四个维度。[②]它与农民参与乡村数字治理的积极性、主动性以及创造性呈高度相关，从根本上影响着乡村数字治理的绩效。遵循"以人为本"的底层逻辑，以提升农民数字技能为抓手，结合农村生产生活实际，积极推进数字经济基础知识、实践技能的推广和运用，开展电商销售、智能手机及网络知识、直播带货等数字化新理念、新技术、新应用培训，有针对性地实施数字素养培训，弥合"城乡数字鸿沟"，增强乡村治理的内生动力。二是构建资源共享平台。从2021年中央网信办、农业农村部、国家发展改革委等国家七部委组织编制的《数字乡村建设指南1.0》来看，数字应用场景主要包括乡村数字经济、智慧绿色乡村、乡村网络文化、乡村数字治理、信息惠民服务等内容。本质上，数字乡村是一个"数字+N"的情境应用，涉及生态、经济、文化、社会治理等多个领域。数字技术再造乡村地理空间、社会空间和表象空间，使政府、职业院校、行业、企业等不同职业教育主体实现由"单一线性关系"向"交互式群治理"的跨越，构建融数据驱动、知识更新、技术创新为一体的资源共享平台，如运用大数据、物联网、云服务和实时传输等技术手段，构建信息化实训平台、社会服务云平台、产教融合实训平台等，增加职业教育的开放性，拓展教

---

① 《第52次中国互联网络发展状况统计报告》[EB/OL]. https://cnnic.cn/NMediaFile/2023/0908/MAIN1694151810549M3LV0UWOAV.pdf. 2023-08-28.
② 苏岚岚，彭艳玲. 农民数字素养、乡村精英身份与乡村数字治理参与[J]. 农业技术经济，2022（1）：34-50.

育供给领域，使其与乡村治理有机地融合在一起。三是推动产业转型升级。数字经济把低成本、来源广、高效率的数据作为最主要的生产要素，依托物联网、大数据、云计算、区块链以及人工智能等新兴信息技术的不断发展，通过数字产业化与产业数字化引领各行各业的数字化转型，激发经济社会的全方位变革。当然，农业农村也不例外。①数字乡村代表着一种新型经济形态，主要依托数字技术与传统产业的融合，通过更新业态体系、优化生产要素、重构商业模式等途径来变革传统农业生产方式，实现农村经济转型和升级。随着数字基础设施与服务不断向农村延伸，职业技能和数字技术全面深度交织在一起，逐步渗入农产品生产、品牌营销、农产品流通等环节，不断推动产业转型升级，为破解"小农户与大市场"问题提供了新的思路。

职业教育以数字技术为媒介和引擎介入"空心化"农村经济、政治和文化的社会过程，通过数字化重塑其经济社会发展形态，有效解决了农业边缘化、农民老龄化的问题，以实现可持续发展。例如，山东青岛市即墨区移风店镇曾经是青岛市的经济薄弱镇，"空心化"现象较为严重。针对这一状况，移风店镇先后聘请电商培训讲师、优秀电商企业家等进行授课，重点培训指导农村青年、返乡大学生、村级电子商务服务站点信息员等人员，培植电商人才队伍。截至2016年底，移风店镇累计培训电商学员1000多人次，培育和发展电商业户100余家。②此外，移风店镇还积极推广"自产品+农民""基地、合作社、种植大户+在校大学生""基地、合作社、种植大户+专业电商公司"等农村电商经营模式，设立创客孵化中心、创客咖啡及创客公寓，有针对性地开展电商知识培训，培育出一支由50余人组成的业务水平高、带动能力强的创客骨干队伍。③运用"数字乡村"模式，移风店镇不仅大大提升了新型职业农民的知识和技能，为农村"空心化"治理提供了强有力的人力资本保障，而且将数字技术贯穿于农业生产、农产品销售、品牌塑造等多个环节，形成了农业生产、电商与休闲旅游的良性互动发展。

---

① 张蕴萍，栾菁. 数字经济赋能乡村振兴：理论机制、制约因素与推进路径[J]. 改革，2022（5）：79-89.

② 李冠群，王大洲. 移风店镇互联网农业发展模式探析[J]. 工程研究：跨学科视野中的工程，2018（5）：527-536.

③ 青岛市即墨区移风店镇：农村电商蓬勃发展 激活乡村产业发展新动力[EB/OL]. https://w.dzwww.com/p/8917732.html. 2021-08-11.

二、"农民讲习所"模式

农民讲习所是乡村振兴下职业教育促进农村"空心化"治理的一种创新模式,有着不同的名称,如田间学校、夜校、乡村振兴讲堂、乡村讲堂、农民讲习所等。农民讲习所历史悠久,在土地革命战争时期、抗日战争时期等不同历史时期发挥了极其重要的作用。党的十八大以来,在新时代背景下,农民讲习所作为助推脱贫攻坚和乡村治理的有效载体与有力推手,通过有针对性地开展贫困户劳动力素质培训、创业和就业服务,充分激发贫困地区群众内生动力,为打好打赢脱贫攻坚战提供了精神动力、理论支撑和方法指导[①],被赋予新的内涵和使命。党的十九大期间,习近平总书记在参加贵州省代表团的讨论时对农民讲习所的作用充分给予肯定,指出"新时代的农民讲习所,赋予它新的内涵,这是创新"[②]。

农民讲习所不属于现代国民教育体系的范畴,属于在职培训领域,依照建设主体,可将其划分为两种建设途径。一是政府主导建设。政府整合市县党校、市县文化场馆、党员活动室、乡镇文化站、村级文化活动室、精神文明活动中心、闲置校舍等场所资源设立,分为市、县、乡和村四级,有一定的专项经费。例如,截至 2019 年 6 月 24 日,贵州省毕节市新时代农民讲习所实现所有乡(镇、街道)全覆盖,各级讲习员 41 592 人依托 4225 个讲习所组织开展讲习活动 68 362 场,培训受益农民及干部 258 万人次。[③]二是村庄主导建设。农民讲习所由村庄自主筹集经费和提供教学场所。例如,浙江省安吉县鲁家村投资 1200 万元建设"两山"学院,总占地面积为 2400 平方米。此外,还有陕西省礼泉县袁家村开设的夜校、"乡村振兴研习社"等。

农民讲习所作为服务乡村治理的桥梁和纽带,其运行机制主要由师资队伍、讲习内容和讲习方式构成。一是师资队伍。农民讲习所的师资来源是多样化的,遵循能者为师的原则,主要整合了各级党政领导干部、专业技术人才、农村乡土

---

① 周建琨代表:贵州毕节讲习所成为脱贫攻坚的有力推手[EB/OL]. http://www.xinhuanet.com/politics/19cpcnc/2017-10/25/c_129726658.htm. 2017-10-25.
② 周建琨. 办好新时代的农民讲习所[J]. 党建,2017(12):53-55,28.
③ 谭鑫. 新时代农民讲习所的现实价值与运行机制研究[J]. 贵州工程应用技术学院学报,2020(2):134-139.

人才等多种人力资源，以充分发挥他们的各自优势。师资队伍可以划分为"政策讲习员""技术讲习员""文明讲习员"三种类型。"政策讲习员"由市、县、乡、村各级党组织书记、第一书记、驻村干部，以及各级领导干部等组成；"技术讲习员"由社会各界技术专家、农村专业大户、"土专家"、"田秀才"等组成；"文明讲习员"由各级德师、乡贤榜样、文明标兵以及有志于为贫困地区"扶志、扶智"的文化学者、文化工作者、退休老干部和老教师等组成。[①]二是讲习内容。讲习内容主要包括五大类：第一类为政策方针，主要包括党和国家有关"三农"的路线、方针、政策，使农民了解农业的潜在机遇和发展前景；第二类为职业道德，主要包括职业道德知识、职业道德情感、社会责任意识等，以使农民树立职业道德信念，磨炼其职业道德意志以"扶志"；第三类为农村实用技术，围绕当地产业结构调整、农业产业化经营、农村经济社会发展等方面的需求，有针对性地开展种植、养殖、疫病防治、农产品初加工、市场营销和手工技艺等实用技术培训，以提升农民的生产技能和管理能力；第四类为科学文化知识，围绕乡村治理和培养新型职业农民的需要，讲授环境保护、卫生健康等方面的科学文化知识，以提升农民的科学文化素质；第五类为乡土文化，结合保护和传承乡村民间文化，指导群众文艺活动，培训基层文艺骨干和民间艺人，讲授乡土文化、匠人文化。[②]三是讲习方式。农民讲习所注重"讲"和"习"相结合、理论知识传授和实践实训相结合，除了运用大班授课、现场教学、实训实践等传统方式之外，还运用翻转课堂、微课堂、混合式教学等新型方式，提高讲习的精准性和有效性。

如上所述，农民讲习所被赋予新的时代内涵，成为助推农村"空心化"治理的推进器和催化剂。一是充分利用本土化的教育资源。乡村作为一方水土，既是一个自然空间，又是一个社会空间，承载着本地农耕、生态、社区、历史等不同侧面的意义，也蕴含着城市社会无法比拟的教育资源。[③]农民讲习所立足于农村所处的自然、生态、社会、经济、文化、精神等环境，有效挖掘和整合本土化的教育资源，提供真实情景、教育内容和师资力量等。二是满足新型职业农民多元

[①] 谭鑫. 新时代农民讲习所的现实价值与运行机制研究[J]. 贵州工程应用技术学院学报，2020（2）：134-139.

[②] 沙治成. 我州开设"专家乡村讲堂"[N]. 楚雄日报（汉），2009-10-29（001）.

[③] 邬志辉，张培. 农村学校校长在地化教育领导力的逻辑旨归[J]. 教育研究，2020（11）：126-134.

化的学习需求。作为培育新型职业农民的重要平台，农民讲习所的授课内容采取模块式组合，涵盖多个方面，既包括文化和技术，又包括经营和管理，能够满足新型职业农民提高人力与社会资本的积累及转换，增强他们在现代化农业生产经营中的竞争力。三是创造经济价值。一方面，通过参加讲习所，农民掌握了农业生产技术、经营管理技能等，增强了人力资本水平，可以因地制宜地发展果蔬种植、家禽饲养、食品加工、农旅休闲、农产品电商等富民产业；另一方面，"空心化"治理有效的农村以农民讲习所为依托，进行经验介绍、发展模式输出、乡村振兴人才培育等，在让其他村庄受益的同时自身也获得了经济效益，如鲁家村"两山"学院、"袁家村乡村振兴研习社"等。

在农村"空心化"治理和乡村振兴中，"农民讲习所"模式取得了很好的效果。例如，截至2017年底，贵州省毕节市遍布社区农村田间地头的"新时代农民讲习所"已有4157个，拥有3879名讲习员，实现贫困村全覆盖，近5.8万场次的各种形式的讲习已经让200余万脱贫人口受益。[①]又如，辽宁省铁岭县小屯村的乡村讲堂开办一年多以来共开展讲座20余次，全村近1200名村民从中受益，通过乡村讲堂，引导村民转变生产模式。目前小屯村形成了养殖业、玉米种植业、蔬菜产业等多条致富产业链，村级集体经济也不断发展壮大。随着产业合作社的发展，全村年人均收入由2003年的7800元增加到现在的2.2万元，在全县189个村中名列前茅；村集体经济从负债90余万元发展到总资产1800万元，成功实现了从"空壳村"到"实力村"的嬗变。[②]

三、"乡村旅游"模式

虽然农村基础设施的落后、乡村景观的凋零致使农村吸引力下降和大量农村劳动力流失，造成"空心化"现象出现，但是不可否认，农村作为国内大循环的地域主体之一，也具有一定的资源和优势，如拥有独特自然景观、绿色农产品、乡土风情、生活方式和历史底蕴，从而为发展乡村旅游提供了很好的基础。乡

---

① 贵州毕节：新时代"讲习所"促脱贫[EB/OL]. https://www.chinanews.com.cn/gn/2018/01-23/8431230.shtml. 2018-01-23.
② 刘洪超. 乡村办讲堂 "猫冬"变冬忙[N]. 人民日报，2018-03-25（011）.

旅游是指以农村社区为活动场所,以乡村田园风光、森林景观、农林生产经营活动、乡村自然生态环境和社会文化风俗为吸引物,以都市居民为目标市场,以领略乡村田野风光、体验农事生产劳作、了解风土民俗和回归自然为旅游目的的旅游方式。[1]随着乡村振兴战略的全面实施,乡村旅游成为近年来政策话语中促进农村可持续生计和解决"三农"问题的重要路径。例如,2019年国务院印发的《关于促进乡村产业振兴的指导意见》提出"优化乡村休闲旅游业",强调了发展乡村旅游对于乡村振兴的重要性;2021年中央一号文件提出"开发休闲农业和乡村旅游精品线路,完善配套设施";2022年中央一号文件进一步细化了对乡村旅游的支持方案,如重点发展农产品加工、乡村休闲旅游、农村电商等产业,实施乡村休闲旅游提升计划等。在具体实践中,近年来,全国各地积极开展农家乐、田园旅游、民俗文化体验、海钓等多元化的乡村旅游活动。另外,作为农业现代化建设的创新之举,特色小镇建设工作也在全国范围内展开,为乡村旅游注入了新能量,激发了乡村旅游的活力。

产业发展是解决农村"空心化"问题的核心,其中旅游开发是乡村产业振兴的重要途径。尤其是在全面推进乡村振兴战略背景下,乡村旅游与乡村振兴的关联性呈日益增强的态势,已经得到了大量研究成果的佐证。例如,陈志军和徐飞雄以关中地区为例的实证研究结果表明,旅游发展对乡村重构有着极为显著的正向影响,而乡村重构是推动乡村振兴最主要的直接因素,可对其产生极为显著的正向影响。[2]马瑛等基于乡村振兴总要求的具体内涵,对山西省太原市王吴村进行了实证研究,构建了乡村旅游引导的乡村振兴绩效评价体系,结果表明,乡村旅游引导的乡村振兴实现度为95.41,达到优等水平,其中产业兴旺和生活富裕方面的成效更为显著。[3]正如2021年中共中央办公厅、国务院办公厅印发的《关于加快推进乡村人才振兴的意见》所指出的,加强乡村文化旅游体育人才队伍建设,完善文化和旅游、广播电视、网络视听等专业人才扶持政策,培养一批乡村文艺社团、创作团队、文化志愿者、非遗传承人和乡村旅游示范者。人才是重要保障,发展乡村旅游的关键在于是否拥有一批爱农村、懂旅游、善经营的专业人

---

[1] 邵琪伟. 中国旅游大辞典[M]. 上海:上海辞书出版社,2012:610.
[2] 陈志军,徐飞雄. 乡村旅游地旅游发展对乡村振兴的影响效应与机理——以关中地区为例[J]. 经济地理,2022(2):231-240.
[3] 马瑛,吴冰,贾榕榕. 乡村旅游引导乡村振兴绩效评价研究——以太原市王吴村为例[J]. 中国农业资源与区划,2021(12):124-131.

才。"乡村旅游"模式就是充分发挥职业教育为地方经济社会发展培养技术技能型人才的优势,培养各类旅游类专业人才,以更好地服务于乡村旅游和农村"空心化"治理。

"乡村旅游"模式主要由以下三个方面的内容构成。一是识别旅游资源禀赋。旅游资源禀赋是发展乡村旅游的基础性要素和必要的支撑条件,影响着乡村旅游的类型、规模以及质量。我国地大物博、幅员辽阔,农村的自然条件、民俗文化、农业资源、经济发展等存在显著差异,因此旅游资源禀赋并非千篇一律,而是有着鲜明的地域多元性和差异性特征。例如,根据旅游资源禀赋的不同,有研究者把乡村旅游划分为农业生产体验旅游、乡村生态旅游、农家乐旅游和乡村文化旅游四种基本类型,农业生产体验旅游以各种农业生产经营活动为吸引物和凭借物,来满足游客旅游体验目的;乡村生态旅游以回归乡村、亲近自然和体验良好的生态环境为导向;农家乐旅游以体验乡村特有的生活方式为主要目的;乡村文化旅游以探访乡村古镇、村落、特色民居等名胜古迹以及体验民风民情为主要目的。[1]由此,需要做好科学分析与合理评价,了解乡村旅游资源禀赋和区位优势的基本情况,这是有效开展职业教育的前提和基础。二是明晰人才培养目标。人才培养目标解决的是"培养什么样的人"的问题,它的准确定位不仅决定着"乡村旅游"模式的方向,而且对教学计划的制定、专业的设置、师资队伍的选择、课程体系的构建以及教学活动的安排起着十分重要的指引作用。随着乡村全域旅游的兴起,乡村对旅游人才的规模和综合素质提出了新的要求。例如,有研究者结合乡村旅游业的转型升级,把乡村旅游从业人员划分为复合型管理人才、信息化技能人才和创新型创业人才三种类型。[2]职业教育以乡村旅游人才需求为导向,明晰培养目标,既注重理论和技能,又注重实践和素质,为乡村旅游产业振兴与人才振兴提供持续不断的内在动力,其所培养的人才是多元化和分层次的,具体包括从事乡村旅游规划设计的高端专业人才,具有人文素养、现代管理思想和旅游业经营管理技能的乡村旅游管理人才,在农家乐、乡村传统手工艺、特色农产品销售、乡村文艺演出中从事相关工作的服务型专业人才等,以满足乡村旅游发展对不同类型人才的需求。三是推进旅游产品业态创新。随着游客

---

[1] 刘朝文,何文俊,向玉成. 乡村旅游视域下的乡村振兴[J]. 重庆社会科学,2018(9):94-103.
[2] 刘立红,刘增安,张素娟. 职业教育服务乡村旅游人才培养存在的问题与策略[J]. 教育与职业,2021(23):70-74.

消费需求层次的提升和乡村旅游供给侧改革的推进，产品业态创新已经成为旅游业转型升级、提质增效的重要抓手。在职业教育的推动下，研修、研习、培训和游学作为新的旅游要素，与传统的吃、住、行、游、购、娱等要素实现跨界融合，在产品形态、经营形态等方面实现乡村旅游产业新的发展和突破，如面对中小学生开展传统工艺研修游学活动，开展体现乡村地域特色的传统工艺体验和比赛等。

在众多模式中，乡村旅游能够增强农民的内生动力与职业技能、调整产业结构、增权赋能、优化资源配置等，被视为农村"空心化"治理的有效工具。如前所述，陕西省礼泉县袁家村既没有丰厚的人文资源风貌和物质资源基础，也没有独特的民俗文化资源，属于典型的资源匮乏型村庄，并且"空心化"现象严重。针对这一状况，自2007年起，袁家村开始致力于发展乡村旅游，建成了以乡村传统文化、传统民俗、传统建筑、传统作坊、传统小吃为特色的"关中民俗体验地"，经历了关中民俗旅游、乡村度假旅游和综合产业等不同发展阶段，地域样态由"空心村"到"旅游型乡村"再到"旅游特色小镇"，成功实现了由萧条到繁荣的"蝶化"和可持续发展，成为陕西省乃至全国旅游助推乡村振兴的典范。

四、"乡村能人带动"模式

在农村"空心化"治理中，政府、市场、技术、金融等要素发挥着极其重要的作用，形成了不同的模式，并且取得了很好的效果，也涌现出一批乡村能人，带领村民一起致力于农业产业化，推进农业治理与建设，并最终实现农业成功转型与可持续发展，形成较为典型的"乡村能人带动"模式。作为伴随改革开放和市场经济而成长起来的新一代乡村特殊群体，乡村能人是一个界限较为模糊的群体，是指在乡村社区的政治、经济、文化和社会生活中，基于智力、经历、分工和心理等方面的优势，对乡村政治、经济、文化和社会生活的管理具有重要影响力的人。他们掌握着一定的社会资源，包括政治的、经济的、文化的或传统的社会资源，在乡村社区中具有非正式的权威，起着重要的社会整合功能，扮演着乡村社区中的"守门员"角色。[1]视角理论认为，一个视角就是解释特定现象的一

---

[1] 李强彬. 乡村"能人"变迁视角下的村社治理[J]. 经济体制改革，2006（5）：89-92.

个特定的立足点、聚焦点，是一个位置或者一组位置。①基于不同的视角和标准，乡村能人可被划分为不同的类型，如经济能人、政治能人、文化能人和社会能人，内生型能人和外源型能人，正式的体制内能人和非正式的体制外能人，治理能人和非治理能人，赢利型能人和保护型能人，等等。由此，乡村能人也有了不同的概念，如创业致富带头人、私营企业主、乡村精英、乡土精英、乡贤等，村"两委"、驻村干部、科技特派员、农技骨干、专业合作社负责人等也可被理解为乡村能人。

"村民富不富，关键看支部；村子强不强，要看'领头羊'。"②乡村能人作为乡村振兴的核心力量和农村社区的重要组成部分，充分了解当地内在资源与文化底蕴，在带领村民组织生产、转变观念、全面发展等方面具有先天优势。他们能够瞄准村民的需求，提高生产效率，并对村民开展诸如产业帮扶、人文关怀、心理疏导等不限于经济救助的多方位帮扶。③乡村能人具有能力出众、熟悉本土情况、热心村庄公益事业的特点，有能力且有意愿在政府与村民对接、市场与村民对接方面发挥承上启下的桥梁作用，从而在项目设立、项目落地、生产经营、帮扶带动等多个方面有效推动乡村治理。④由此，乡村能人与乡村发展之间存在高度相关关系，是全面实现乡村振兴的"中流砥柱"，已经成为农村社会发展和乡村治理的重要参与者和主要骨干。

在农村"空心化"治理中，"乡村能人带动"模式实现了对乡村社会的重塑和再造，其运行机制主要包括以下四个部分。一是示范引领。美国心理学家阿尔伯特·班杜拉（Albert Bandura）的社会学习理论特别强调社会模仿在形成新习惯和破除旧习惯中的作用，认为观察学习是个体学习最为重要的方式，由注意过程、保持过程、运动再现过程与动机过程四个子过程构成，个体通过观察示范者的行为并通过正负强化的结果来获得新的反应或者矫正已有的行为。一方面，乡村能人表现出一定的"魅力型权威"特征，使得村民将其视为致富带路人和楷

---

① ［美］斯蒂文·贝斯特，［美］道格拉斯·凯尔纳. 后现代理论：批判性的质疑[M]. 张志斌, 译. 北京：中央编译出版社，1999：339-340.
② 村子强不强 要看"领头羊"[EB/OL]. http://rmfp.people.com.cn/n1/2017/0406/c406725-29191542.html. 2017-04-06.
③ 曾明, 曾薇. 内源式扶贫中的乡村精英参与——以广西自治区 W 市相关实践为例[J]. 理论导刊，2017（1）：92-95.
④ 耿羽, 郗永勤. 精准扶贫与乡贤治理的互塑机制——以湖南 L 村为例[J]. 中国行政管理，2017（4）：77-82.

模；另一方面，乡村能人尤其是内生型能人往往与村民具有一定的同质性，使得村民易于产生认同和共鸣。由此，乡村能人的行动或成功能够大大激发村民的效仿行为，提高他们自我发展的能力。二是开展技能培训。乡村能人作为地方性知识的"载体"，在生产、经营和管理等方面拥有一技之长，深深嵌入于乡土社会，对村民开展技能培训，不仅可以大大降低技术指导的成本，而且他们了解村民的需求，可以提高培训的针对性。例如，在湖南省十八洞村绣娘的培训中，乡村能人就发挥了不可或缺的作用。三是推广农业技术。在农业技术被实际运用到生产过程方面，乡村能人所发挥的推进作用十分显著。例如，科技特派员通过个别指导和集体指导的方式使实用技术在乡村下沉，实现网络联通、信息互通、人人精通；为农民提供产前、产中、产后的技术指导服务，在为农民提供培训和市场信息供给的同时促进科技成果转化与优势特色产业开发。[1] 此外，在面对新的农业技术推广时，村民往往持有等待、观望的心态，他们更愿意相信的是自己身边的熟人，尤其是政治能人和经济能人，后者的宣传、号召更容易带动他们接受新的农业技术。四是引入师资力量。乡村能人大多是"有能耐"的人，活跃在"城市-乡村"场域，资源整合能力较强，不仅具有乡土社会的亲缘关系、乡情关系和友情关系，还拥有广泛的社会关系网络，社会资本丰富。例如，政府部门接待的专家学者到村里调研，首先会考虑安排他们与村组干部对接。而"自由行"的研究者无论是从调研的效果还是从调研效率考虑，同样也不会绕开乡村精英群体。[2] 这些都有利于乡村能人将外部人力资源引入村庄，为村民接受职业教育提供良好的师资力量。

"乡村能人带动"模式在农村"空心化"治理中得到广泛应用，并且取得了很好的效果。例如，自2015年《关于做好选派机关优秀干部到村任第一书记工作的通知》发布以来，"第一书记"成为脱贫攻坚过程中一项强有力的制度安排。截至2020年底，全国累计选派25.5万个驻村工作队和300多万名第一书记和驻村干部，与近200万名乡镇干部和数百万村干部一起奋战在扶贫一线。[3] "第一书记"作为乡村能人，直接嵌入乡村治理这一场域之中，通过发挥自身人

---

[1] 张鸿，袁涓文. 村治中乡村精英的作用及面临的困境研究[J]. 农业经济，2021（10）：67-69.
[2] 邱海洪，江亮，郭振华. 体育非物质文化遗产保护传承中乡村精英的话语权生成——基于湖南"汝城香火龙"的田野考察[J]. 武汉体育学院学报，2022（4）：28-34.
[3] 全国累计选派300多万名第一书记和驻村干部[EB/OL]. https://new.qq.com/rain/a/20210406A0327K00. 2021-04-06.

力资本优势和社会资本优势，在促进产教融合、转变农民思想观念、培育新型职业农民、营造职业文化空间等方面成效突出，实现了"空心化"农村的"资源-资本"内外联动，取得了"善治"和"良治"的效果。

五、"文化传承"模式

乡村文化是相对于城市文化而言的，主要是指共同生活在乡村区域的农民创造的一种文化形态。它依赖乡村社会特有的自然环境和人文环境，是以农民为主体，以农耕文化和传统文化为依托而建构起来的一种具有区域特色的地方文化。[①]乡村文化是孕育人类文明的土壤和智慧源头，凝聚着乡土之美和人文之美，不仅保留了历史的宝贵记忆，而且与乡土情感共生共建，推动农村社会的良性运转。费孝通认为乡村社会是一个"无法"的"礼治"社会，是依靠无形的文化传统来维持社会秩序的，而不是依靠有形的权力机构[②]。随着乡村振兴战略的全面实施，乡村文化振兴的价值引领与精神动力源泉作用越来越彰显，日益受到人们的重视，同时作为乡村振兴战略至关重要的一环，文化振兴与产业振兴、人才振兴、生态振兴和组织振兴紧密地交织在一起。如何进一步推进乡村文化的现代性转型，使文化"软实力"成为核心竞争力和"硬支撑"，提升乡村文化在农村"空心化"治理中的贡献度，这是当前乡村振兴的核心问题与价值诉求，也是农村"空心化"治理的具体目标。

乡村振兴下农村"空心化"治理既要"塑形"，也要"铸魂"。乡村文化蕴含着丰富的历史人文信息，具有历史、经济、生态、情感、教育等多重价值，是乡村振兴的强大精神来源，需要充分重视和挖掘，实现活态传承，同时也要深刻认识到农村"空心化"所带来的乡村文化断裂的问题，汲取城市文明和外来文化的优秀成果，打造新乡村文化。"文化传承"模式不仅可以丰富职业教育的内涵，还可以促进乡村文化的顺利赓续，提高其宣传力和社会影响力。该模式主要由以下三个方面的内容构成。一是挖掘地方文化要素。乡村不仅是一个以村落为基础的空间共同体或者以宗族关系为基础的亲缘共同体，同时也是由地方性知识所共

[①] 李辰. 新时代乡村文化振兴研究[D]. 杭州：浙江农林大学，2021：6.
[②] 费孝通. 乡土中国[M]. 上海：华东师范大学出版社，2018：50-52.

同构筑的文化共同体。①乡村文化作为一种区域性文化，地方性是其最为典型和最具代表性的特征。例如，有研究者依据一定标准，将地方性知识划分为生产生活性、历史文化性、传统民俗性、民间艺术性、地理景观性和思想观念性六种基本类型，且各自呈现出不同的内容。②地方性知识是乡村文化的重要构成，正是它们的不同导致乡村文化形色各异，彰显区域性。地方性知识的张扬是乡村文化振兴的应有之义，职业教育要充分重视其价值，将其嵌入"乡村"这一场域之中，充分挖掘地方文化要素，找到新的增长点。二是培育重点传承主体。尽管文化传承是一个纵横交错、错综复杂的过程，但是就本质而言，它是对以人为能动主体的文化原真性的激活和更新，关键在于人。2021年，中共中央办公厅、国务院办公厅印发的《关于加快推进乡村人才振兴的意见》强调培育乡村工匠，挖掘培养乡村手工业者、传统艺人，通过设立名师工作室、大师传习所等，传承发展传统技艺；加强乡村文化旅游体育人才队伍建设，培养一批乡村文艺社团、创作团队、文化志愿者、非遗传承人和乡村旅游示范者。"生于斯、长于斯"的乡土文化能人是乡村的文化骨干分子，是地方性知识的富集者、传播者和守护者，是乡村文化的传承载体。依据所拥有的文化技能类型以及在基层文化建设方面所发挥的实际作用，乡土文化能人可以划分为工艺美术类、表演艺术类、文学创作类、通俗文化研究类、文化传承类、文化活动组织类、公益性文化类和综合类八种类型。③职业教育应把乡土文化能人作为重点培育对象，针对不同的类型因材施教，以更好地发挥他们的价值与示范引领作用，同时这也有利于解决乡村文化主体性弱化的问题。三是增强乡村文化的生产力。作为一种文化样态和农耕文明的重要组成部分，乡村文化不仅体现在山水风情、村落农田自成一体的美景之中，还体现在乡村所保存下来的家风家训、乡规民约、习俗习惯和民间信仰等道德要素之中④，包括春节庙会、端午龙舟、中秋赏月、重阳登高等民俗活动，舞龙、舞狮、秧歌、民歌等民间文艺活动，年画、竹编、陶瓷、刺绣等民间手工艺

---

① 汪圣，聂玉霞. 地方性知识的张扬：乡村文化振兴的应有之义及其实现[J]. 图书馆，2022（5）：1-6，31.

② 李长吉. 论农村教师的地方性知识[J]. 教育研究，2012（6）：80-85，96.

③ 黄江平. 重视发挥乡土文化能人在文化建设中的积极作用[J]. 毛泽东邓小平理论研究，2014（1）：58-64，93.

④ 孙春晨. 改革开放40年乡村道德生活的变迁[J]. 中州学刊，2018（11）：10-16.

品等①，其中均蕴含着特殊的经济价值。作为一种类型教育，职业教育兼具教育性与职业性的双重属性，能够在坚持适度性、整体性和创新性等原则下，通过组织化、规范化、个性化、技术化等手段将丰富的文化资源转化为文化产品，从而实现对乡村文化的活态保护。一方面，针对传统聚落、乡土建筑、特色农业、传统生活方式、民俗习惯、文化遗迹等文化要素，挖掘和开发乡村文化资源的文化价值、应用价值和审美价值，并结合数字媒体、计算机等专业资源，积极开发具有乡土特色的影视、戏剧、民俗表演等现代文化作品和文化产业，不断提升乡村文化的附加值和知名度。另一方面，成立乡村文化创意人才工作室、大师工作室、乡村文化工作坊等，在充分考虑乡村文化的时代价值以及现代化审美需求的基础之上，将特色的乡村文化打造成具有文化创意的服装设计、手工艺制作、饮食服务、非物质文化遗产制作等新兴乡村文化特色产业。②

"文化传承"模式在职业教育促进农村"空心化"治理实践中发挥了十分重要的作用，如重庆市酉阳县车田乡曾经是重庆市 18 个深度贫困乡镇之一，交通基础设施差，2014 年，全乡 4 个行政村共识别出 3 个贫困村、建卡贫困户 625 户 2797 人，贫困发生率为 24.13%③，农村人口流失现象严重。为了传承苗绣非遗文化，让留守妇女走出贫困，"酉州苗绣"传承人、渝东南第一苗绣大师陈国桃开设苗绣扶贫工坊，对当地妇女开展技能培训。她采取"公司+扶贫+乡村绣娘"的生产帮扶模式，在酉阳及周边区县组织苗绣技艺培训，截至 2020 年，已累计组织 6920 名乡村贫困留守妇女、残疾人学习苗绣技艺，带动了大量留守妇女创业、就业，让更多人有事做、有收入。④

---

① 吕宾. 乡村振兴视域下乡村文化重塑的必要性、困境与路径[J]. 求实，2019（2）：97-108，112.
② 林克松，王官燕，赵学斌. 县域职业教育发展与乡村文化振兴的双螺旋耦合[J]. 教育与职业，2020（16）：27-34.
③ 修民宿 种油茶 卖苗绣——酉阳车田乡走出农旅融合脱贫之路[EB/OL]. http://nyncw.cq.gov.cn/zwxx_161/mtbb/202102/t20210207_8879045_wap.html. 2021-02-07.
④ 陈国桃：绣出一片桃花源[EB/OL]. http://www.cqzx.gov.cn/cqzx_content/2020-09/10/content_10065785.htm. 2020-09-10.

六、"职业农民学院"模式①

人才振兴是乡村振兴的"源头活水"。2021年，中共中央办公厅、国务院办公厅印发的《关于加快推进乡村人才振兴的意见》强调"乡村振兴，关键在人"，要把乡村人力资本开发放在首要位置，深入实施现代农民培育计划。农村"空心化"首先是人口"空心化"，具体表现在以下两个方面：一方面，农村人口数量减少；另一方面，大量年轻力壮、有能力的人口离开农村，农村人口老龄化严重。由此，农村"空心化"治理的关键就在于有一支技术娴熟、管理能力强、事业心责任心强、愿意扎根农业、乐意奉献乡村全面振兴的职业农民队伍。②作为职业农民培育工程的重要构成，职业农民学院就是基于这一行动逻辑而构建的。

职业农民学院是指以培育能够适应地区经济社会发展的高素质职业农民为目标，职业院校、政府、行业企业、学员、基地等多个利益相关者参与的平台型学院。近年来，山东、河南、陕西、广西、湖北、河北等地相继创办了各种类型的职业农民学院。其中最有代表性的是广西，截至2018年创办的职业农民学院达7所，共培育新型职业农民58 842人，认定29 503人，培养现代青年农场主1000多人。③职业农民学院往往依托一定的平台或者载体构建而成，其实质体现了某种组织建制抑或组织架构。具体而言，依照不同的平台或者载体，职业农民学院可被划分为三大类型。一是"普通高校型"。"普通高校型"职业农民学院以普通高校为办学主体，依托其教育资源培育新型职业农民。2015年，广西壮族自治区农业厅与广西大学共建的广西现代青年农场主学院成立，依托广西大学的教育资源，以技能培训、创业指导、政策扶持和跟踪服务为重点，分产业、分类型培养现代青年农场主。截至2019年，该学院已培养现代青年农场主学员1200名，学员来自广西各地，涉及产业涵盖种植、养殖、加工、休闲农业等一二三产业。④二是"高职院校型"。"高职院校型"职业农民学院以高职院校为办学主体，依托

---

① 本部分内容引自：刘奉越.职业农民学院建设的历史演进与前景展望[J].教育学术月刊，2020（6）：24-29，内容有改动。
② 曹晓玲.着力建设高素质职业农民队伍[J].农业经济，2022（5）：85-87.
③ 广西新型职业农民培训成绩亮眼[EB/OL]. http://www.gxnews.com.cn/staticpages/20180724/newgx5b567b52-17505042.shtml. 2018-07-24.
④ 同舟共济西大梦——广西大学加强和改进校友工作印象[EB/OL]. https://www.sohu.com/a/279918024_664377?qq-pf-to=pcqq.c2c&spm=smpc.content.share.1.1662844007018IAV57JJ. 2018-12-05.

其教育资源开展新型职业农民培育。例如，2016 年，湖北三峡职业技术学院联合宜昌市农业局成立湖北省首家职业农民学院——宜昌市职业农民学院，旨在更好地发挥地方高校服务区域社会经济发展的职能，多层次、多渠道、多方式培育新型职业农民，打造一支有文化、懂技术、会经营，能够示范带动地方特色产业发展，带领群众脱贫致富的农村实用人才队伍，加快农业经济发展。[①]2018 年，潍坊职业农民学院、唐山新型职业农民培育学院和铜川印台区新型职业农民培育学院分别在潍坊职业学院、唐山职业技术学院和杨凌职业技术学院成立。三是"中职学校型"。"中职学校型"职业农民学院以中职学校为办学主体，依托其教育资源培育新型职业农民。例如，2015 年，广西壮族自治区采取区农业厅和市政府联合共建的方式，先后依托广西玉林农业学校、广西钦州农业学校、广西柳州畜牧兽医学校和广西河池民族农业学校等建立玉林职业农民学院、北部湾职业农民学院、桂中职业农民学院和河池职业农民学院。

作为我国致力于农民职业教育改革的一种组织创新，职业农民学院主要呈现出以下四个方面的特征。一是以培育职业农民为旨归。职业农民学院以培育有文化、懂技术、善经营、会管理的职业农民为重点，实施有针对性的职业教育，促进传统农民实现身份的转变，满足现代农业发展对人才的需求，以最大限度地解决"谁来种地""如何种好地"的现实问题。二是职业院校发挥重要主体作用。一方面，职业院校资源是职业农民学院资源体系的重要支撑。尽管有的职业农民学院附属于涉农（普通）高校或者单独设立，但大多是以职业院校为主体，依托其教育资源建立起来的。另一方面，职业院校负责具体运行。职业农民学院一般采取管理委员会或理事会下院长负责制的运行机制，管理委员会或理事会发挥咨询、协商、议事和监督作用，院长则由职业院校的相关领导担任，具体负责职业农民学院的日常运行，包括课程设置、师资选聘、实习实训、教学评估等，具有较大的自主权。正是由于职业院校发挥着重要主体作用，才能够更好地使专业链与行业产业链紧密对接，深化校企合作和产教融合，加强人才需求供给侧结构性改革，使职业农民学院获得内涵发展。三是多个社会行动者"集体行动"。作为一种培养高素质农业从业人员的创新组织，职业农民学院不仅是资本、技术、知识、设施、管理等多种要素参与的公办、公益性农民教育培训机构，更是政府、

---

① 湖北省首家职业农民学院在宜昌市挂牌设立[EB/OL]. http://www.sohu.com/a/75022258_263709. 2016-05-12.

学校、企业、行业协会等多个社会行动者紧密对接、相互嵌入的利益共同体，形成一种扁平化的共建共治结构。尽管多个社会行动者由于具有不同资源禀赋而成为不同的变量，会对职业农民学院产生不同程度的影响，如政府具有政策资源优势，影响着农民教育资源的整合和校企合作的深度；学校具有知识性资源，影响着职业农民人才培养的质量；企业影响着实践性知识获得以及师资、技术水平；等等。但它们都是以培育职业农民为共同利益，创造性地消弭了传统农民教育体系的不足，在各自功能作用的发挥上互为支撑、互相配合，形成紧密联系的有机整体，共同创造价值，是一种典型的集体行动。四是彰显区域性。职业农民学院以满足地方发展需要为价值取向，面向社会，服务经济，体现了嵌入农村区域经济社会发展的特征。一方面，培育乡土人才。职业农民学院立足于农村区域挖掘本土化人力资源，培育懂"三农"、懂市场、懂管理并能扎根于农村干事创业的实践型高素质技能型人才。另一方面，促进区域产业振兴。围绕农村区域产业发展实际和经济社会发展需求，职业农民学院以专业建设为抓手，注重专业目录与产业目录匹配、专业空间布局与产业空间布局匹配、人才培养层次与劳动力需求层次匹配、人才供给结构与劳动力需求结构匹配以及专业建设要素与劳动力技能需求要素匹配[1]，增强专业链和产业链之间的契合度，推进农村区域经济社会发展。

随着各地职业农民学院建设的推进和新型职业农民数量的增加，职业农民学院在乡村治理中发挥着越来越重要的作用，助推农村"空心化"治理进程。职业农民学院通过培育多类型的新型职业农民，如现代青年农场主、农村实用人才带头人、新型农业经营主体带头人、农机大户和农机合作社带头人等，提升农村从业人员的职业素养和职业能力，实现农村人力资源"帕累托"最优的效果，为"空心化"治理提供人力资本支持，消除人力资源"空心化"。

---

[1] 刘晓，钱鉴楠.职业教育专业建设与产业发展：匹配逻辑与理论框架[J].高等工程教育研究，2020（2）：150-156.

第七章
职业教育促进农村"空心化"治理的路径

在新的历史节点，随着乡村振兴战略的实施，在国家一系列强农、惠农政策的大力支持下，农村发展水平稳步提高。例如，《中国农村发展报告（2020）——聚焦"十四五"时期中国的农村发展》指出，2011—2018年全国农村发展指数持续上升，年均增幅为0.042。[①] 2017—2021年，农村居民年人均可支配收入由13 432元增至18 931元，年均实际增长率高于城镇居民近2个百分点；2022年上半年，农民收入增速继续高于城镇居民2.3个百分点。[②] 徐雪和王永瑜从产业兴旺、生态宜居、乡风文明、治理有效和生活富裕五个方面构建了乡村振兴评价指标体系，运用熵值法测算了乡村振兴水平综合指数及五个子系统指数，研究结果表明，尽管乡村振兴水平存在明显的区域差异并且主要来源于区域间差异，但是乡村振兴水平和五个子系统水平总

---

① 魏后凯，杜志雄. 中国农村发展报告（2020）——聚焦"十四五"时期中国的农村发展[M]. 北京：中国社会科学出版社，2020：81.
② 2017年以来中国农村居民收入增速持续高于城镇居民[EB/OL]. https://news.sina.com.cn/o/2022-09-28/doc-imqmmtha9084743.shtml. 2022-09-28.

体上呈稳步上升态势。[1]王青和曾伏的研究结果也表明，我国各区域发展存在较为明显的不平衡现象，但是随着振兴乡村不同阶段的演变，全国及各区域的乡村振兴水平增速不断加快。[2]乡村振兴是作为一个系统整体存在并发展的，包括优势和短板，但是依照木桶理论，系统功能的有效发挥很大程度上取决于短板的突破。当前，农村"空心化"现象虽然有所缓解，但依然是乡村振兴最为直观的一块短板，大量农村人口、资金单向外流，留守儿童和空巢老人数量庞大，宅基地大量闲置，产业基础薄弱等，致使农村建设与发展缺乏动力，严重阻碍了农村社会经济的发展。鉴于此，加快推进"空心化"农村治理，消除短板效应是全面实施乡村振兴战略的迫切需要。

美国经济学家西奥多·舒尔茨强调，在通过发展现代农业和工业实现丰裕方面，教育已成为经济增长的主要根源。如果绝大多数人没有文化也没有技能，实现这种丰裕是完全不可能的[3]；就耕地而言，对农民的教育和农业科学的研究可以替代部分土地的作用，提高生产效率。[4]职业教育已经成为"万能钥匙"，能够使人们摆脱贫困，促进和平，维护环境，改善所有人的生活质量，并能够使社会获得可持续发展。[5]职业教育作为一种类型教育，与乡村振兴存在着自然而内在的逻辑联系，可以通过自身的优势将潜在的技术转化为现实的生产力来提升农村劳动力的人力资本水平，成为促进乡村振兴的关键和重要力量。例如，有研究者认为，作为具有鲜明"地方性"特征、以服务

---

[1] 徐雪，王永瑜. 中国乡村振兴水平测度、区域差异分解及动态演进[J]. 数量经济技术经济研究，2022（5）：64-83.

[2] 王青，曾伏. 中国乡村振兴水平的区域差异及收敛性研究[J]. 贵州财经大学学报，2023（1）：99-110.

[3] [法] 西奥多·W. 舒尔茨. 人力资本投资——教育和研究的作用[M]. 蒋斌，张蘅，译. 北京：商务印书馆，1990：45.

[4] [法] 西奥多·W. 舒尔茨. 论人力资本投资[M]. 吴珠华，等译. 北京：北京经济学院出版社，1990：42-43.

[5] Bonn Declaration[EB/OL]. http://www.unesco.de/infothek/dokumente/konferenzbeschluesse/bonner-erklaerung.html?L=1.

区域发展为宗旨的职业教育,在乡村振兴战略中扮演着非常重要的角色,是技术技能人才供给的"主渠道"、精准扶贫脱贫攻坚的"生力军"、产业培育企业成长的"助推器"、乡风文明传承创新的"能量场"。[1]有研究者通过熵权法客观赋权,构建乡村振兴发展指数,并以柯布-道格拉斯生产函数为基础测度职业教育对乡村振兴的贡献率,结果发现,职业教育服务乡村振兴效果显著,贡献率高达16.19%,投资回报比可观。[2]职业教育是提升农民生计资本的重要途径,有研究者对民族地区159户农户的调查结果表明,职业技术教育和职业技能培训对家庭生计资本累积的促进作用最大,且中低收入分位点明显高于高收入分位点,同时提高了家庭进行风险预防的倾向性。[3]对于农村"空心化"治理而言,职业教育通过要素、结构、功能等多方面的耦合,与其存在着相互促进、交互耦合的关系,是农村"空心化"治理的有力支撑和重要抓手。职业教育促进农村"空心化"治理是一项复杂、系统的工程,涉及农村发展的政治、经济、生态、文化等方面的内容,亟待从保障制度、内生力、产教融合、"双师型"教师队伍、新型农业经营主体等方面着手,以提升治理成效,助推全面实施乡村振兴战略的实现。

---

[1] 吴一鸣. 乡村振兴中职业教育的"角色"担当[J]. 现代教育管理,2019(11):106-110.
[2] 朱德全,杨磊. 职业教育服务乡村振兴的贡献测度——基于柯布-道格拉斯生产函数的测算分析[J]. 教育研究,2021(6):112-125.
[3] 亢犁,刘芮伶. 哪类教育最有利于巩固脱贫攻坚成果——基于民族地区1159农户的微观调查[J]. 中南民族大学学报(人文社会科学版),2021(8):57-68.

第一节　健全保障制度

"制度是一个社会的博弈规则,或者更规范地说,它们是一些人为设计的、形塑人们互动关系的约束。从而,制度构造了人们在政治、社会或经济领域里交换的激励"[①],发挥着导向、激励、约束、协调等多种功能。例如,陈怀超等的研究结果表明,不论是正式制度的硬性支持,抑或是非正式制度的软性支持,都能帮助集群企业获取多样化的外部资源,推动集群企业开展创新活动,加速实现集群企业创新目标,提升创新绩效。[②]职业教育促进农村"空心化"治理是一个实现良治的活动过程,需要有一定的制度作为基础,以提供相应的支持。此外,通过分析农村"空心化"的演进历程不难发现,它的产生有着深刻的结构性和制度性根源,需要提供系统的外源性支持,进行一定的制度创新来消除这一困境。具体而言,保障制度包括城乡一体化制度、农村职业教育制度和职业农民制度三个方面。

一、健全城乡一体化制度

作为国家现代化的重要标志和城镇化发展的高级阶段,城乡一体化是针对城乡二元结构问题而提出的,重点是要推进城乡经济的联动、社会的趋同、空间的融合与制度的一体[③],其核心本质是使城乡人口、资本、技术、信息等要素有机融合,在经济、社会、生态、文化等方面实现一体化发展,以解决"三农"问题。随着社会主义现代化进程的不断推进,21世纪尤其是党的十八大以来,农村

---

① [美]诺思. 制度、制度变迁与经济绩效[M]. 杭行,译. 上海:格致出版社,2008:3.
② 陈怀超,侯佳雯,艾迪欧. 制度支持对集群企业创新绩效的影响研究——文化相似性的调节作用和技术能力的中介作用[J]. 中央财经大学学报,2020(11):99-110.
③ 徐维祥,郑金辉,徐志雄,等. 中国城乡一体化水平的时空特征与门槛效应[J]. 长江流域资源与环境,2020(5):1051-1063.

社会发展发生深刻变化，如农业生产效率上升，农产品质量提高，农村居民年人均纯收入增加，农村基础设施不断完善，生产生活现代化水平越来越高等，但是在内生性因素和强制性制度"路径依赖"下，仍然面临城乡发展差距较大、城乡二元结构比较突出的问题。例如，有学者指出，我国的基本社会结构仍然是城乡二元结构，城乡差别明显。[1]由于城乡发展不均衡，城市拥有绝对优势并对农村产生虹吸效应，造成农村的劳动力、资金等生产要素大量外流，"空心化"现象日渐严重，使农村失去了生机和活力。

城乡一体化是为解决中国特殊问题而提出的，是解决特定历史条件下形成的城乡二元体制及其所造成的城乡多方面差距问题、"三农"问题的根本途径。[2]党的二十大报告指出，要"坚持农业农村优先发展，坚持城乡融合发展，畅通城乡要素流动"。只有做好顶层设计，建立健全相关制度，才能推进城乡一体化的持续发展，具体可从两方面进行。一方面，投入均等化。政府通过完善财政投入保障制度，不断扩大公共财政覆盖农村的范围，有计划、有步骤地增加对农村的财政投入，在促进其硬件设施优化升级的同时，最大限度地提升经济发展潜力，推动经济繁荣发展。另一方面，公共服务均等化。实现城乡基本公共服务均等化是保障民生的核心制度安排，也是践行人民共享发展理念的内在要求。[3]坚持保基本、普惠性和可持续性原则，全面提升农村公共服务均等化水平，即扩大范围，提升农村公共服务均等化的共享性和可及性；调整结构，增强农村公共服务均等化的供需匹配度；增加效益，提高农村公共服务均等化的经济效益；优化机制，健全基本公共服务均等化的共建共享机制。[4]只有健全城乡一体化制度，持续推动人口、资本、技术、信息等要素在城乡之间双向有序流动，实现要素的合理配置和优化组合，形成以工促农、以城带乡、工农互惠、城乡一体的新型工农、城乡关系，才能为职业教育促进农村"空心化"治理增添新的动力。

---

[1] 檀学文. 贫困村的内生发展研究——皖北辛村精准扶贫考察[J]. 中国农村经济，2018（11）：48-63.
[2] 张强. 中国城乡一体化发展的研究与探索[J]. 中国农村经济，2013（1）：14-27.
[3] 王力，李兴锋，董伟萍. 分权式改革、经济赶超与城乡公共服务均等化[J]. 哈尔滨商业大学学报（社会科学版），2022（6）：92-103，128.
[4] 袁威. 基本公共服务均等化的政策逻辑与深化：共同富裕视角[J]. 中共中央党校（国家行政学院）学报，2022（4）：56-63.

二、健全农村职业教育制度

农村职业教育具有较强的地域性，以培养农村经济社会发展所需要的专业技术技能人才为旨归。发展农村职业教育，不仅是健全职业教育体系和完善农村教育结构的重要内容，也是促进乡村振兴和激发农民内生发展动力的内在要求。针对当前农村职业教育发展面临的状况以及存在的问题，应从以下三个方面健全相关制度，营造良性的制度生态。一是政府经费保障。针对农村职业教育具有公共产品的属性，政府应建立长期有效的经费投入机制，适当向农村职业教育倾斜，将财政支出与其办学规模、专业、质量等方面挂钩，解决资金短缺的困境；加强政府财政下拨的农村职业教育专项经费监管，建立问责机制，保证农村职业教育经费合理有效使用。[①]二是责任与成本分摊。政府应建立多主体的成本分摊制度，通过土地、信用、税收、收入分配等政策鼓励行业企业、社会团体、个人等积极参与农村职业教育办学，适当承担一部分教育成本，明晰多个利益相关者的权利范围、职责义务与成本支出份额，处理好"共融"问题。三是办学保障。政府应适当将更多资源要素向县一级行政区下沉，保证能够建立两所以上标准化中职院校；引导高职院校针对本区域农村产业发展所需专业，积极加强相应专业课程建设，培养具有一定技术技能的人才，更好地服务农村"空心化"治理和乡村振兴。[②]

三、健全职业农民制度

晏阳初提出"农民科学化，科学简单化"的平民教育目标，强调"欲化农民，须先农民化"[③]，这是他在百年前对我国农民教育提出的忠告，对当前职业农民培养仍具有重要的指导意义。职业农民是相对于传统农民而言的，是以从事

[①] 高俊梅，李峰. 乡村振兴战略下农村职业教育发展的机遇与挑战[J]. 当代职业教育，2018（4）：22-25.

[②] 房亮，孙翠香，李海斌. 农村职业教育助力返贫防治的内在逻辑、现实问题与实践路径[J]. 教育与职业，2022（11）：21-27.

[③] 晏阳初，赛珍珠. 告语人民[M]. 宋恩荣，译. 桂林：广西师范大学出版社，2003：144.

现代农业的生产、经营、加工、管理和服务为稳定职业，并充分利用市场机制和规则获取最大经济利益的高素质农业从业人员[①]，实现了由身份化到职业化的嬗变。2018年，中共中央、国务院印发《乡村振兴战略规划（2018—2022年）》，提出"全面建立职业农民制度，培养新一代爱农业、懂技术、善经营的新型职业农民，优化农业从业者结构"，由此使职业农民制度由顶层战略部署转化为顶层制度设计。健全职业农民制度的核心在于提升农民的技能和素养，建设一支与农业农村现代化相匹配的农业劳动者队伍。一是职业农民培育。推进"职业农民培育法"的立法进程，内容包含职业农民培育的宗旨和价值理念、职业农民培育涉及主体的权利和义务、职业农民培育的保障措施等，以提供良好的法律保障；在国家级、省级、市县级和各实施单位等不同层面建立职业农民培育主体协同机制，明确各主体的责任分工和责任边界，避免"九龙治水，天下大旱"的集体行动困境出现。二是职业农民认定管理。遵循政府主导、农民自愿的基本原则，以县为主制定职业农民认定管理办法，建立科学合理的认定标准体系，细化生产经营、专业技能、专业服务三种类型的初、中、高级分类、分级认定标准，开展职业农民认定管理工作。[②]三是职业农民社会保障。依据职业农民扶持奖励办法，在教育资助、创业扶持、社会保险等方面向认定的职业农民进行倾斜，如引导符合条件的职业农民参加城镇职工养老、医疗等社会保障等。

第二节 以增强内生力为旨归

内生发展理论是针对外源式发展困境而提出的，强调区域经济社会仅靠外部资源输入很难实现最终发展目的，发展是"以提升区域内部自我发展能力为目的，以当地人为发展主体，通过对本地区资源、技术和文化等的开发和利用，激

[①] 吕莉敏. 新型职业农民培训效果评价研究[D]. 上海：华东师范大学，2022：18.
[②] 崔红志. 新型职业农民培育的现状与思考[J]. 农村经济，2017（9）：1-7.

发和培育本地区自我发展能力"[1]，即遵循自我导向的发展过程和自下而上的发展逻辑。早在 20 世纪 40 年代，费孝通就较为系统地探讨了"损蚀冲洗下的乡土"现象，即农村建设日渐式微、农村社会景象日趋衰败，并强调要改变这一状况，"除非乡土社区里的地方人才能培养、保留、应用，地方性的任何建设是没有基础的，而一切建设计划又必然是要地方支持的"[2]。有研究者指出，当前我国实践过程中解决"三农"问题有三种典型模式，即政府支持"三农"发展的政府主导模式、农业转移人口市民化的城市主导模式，以及通过鼓励和引导资本下乡支持"三农"发展的资本主导模式，它们在促进农业农村发展方面发挥了重要作用，但同时也面临一些困境和挑战。只有增强农村内生发展力，才是"三农"问题的治本之策，同时也是乡村振兴的内在要求。[3]由此，职业教育促进农村"空心化"治理应注重增强内生力和加强"造血"功能，以提高农村的自我能力为基础，从而为农村发展提供持续不断的动力。作为一种内生性的发展能力，内生力既包括主观层面的行动意愿，也包括客观层面的行动能力。在此重点从注重扶志和提升可行能力两个层面加以论述。

一、注重扶志

扶贫理论认为，尽管贫困的成因错综复杂，但"志"是其内因。"志"作为主体性与自发性特征，衔接生存愿景与生存能力，是贫困对象内生动力生成的基础条件。[4]许多国家和地区的学者深刻认识到志向与贫困之间存在关联。例如，迪弗洛（Duflo）认为，志向这一内部因素类似于健康、营养和教育，在穷人的生活和行为中扮演着至关重要的角色。[5]借鉴扶贫理论，职业教育促进农村"空心化"治理应以扶持和改变农民的思想观念为关键发力点。一方面，转变思想观念。真正的贫困是思想观念的贫困，如果没有它的变更，"这个难以解决的基本

---

[1] 曾新，付卫东. 内生发展视域下农村小规模学校教师队伍建设[J]. 教育发展研究，2014（6）：73-79.
[2] 费孝通. 乡土重建[A]//费孝通. 费孝通文集（第四卷）[M]. 北京：群言出版社，1999：300-440.
[3] 江剑平，葛晨晓，朱雪纯. 新时代以增强农村内生发展能力为核心的乡村振兴逻辑[J]. 财经科学，2020（9）：50-63.
[4] 张永. 扶志贫困对象内生动力系统论[J]. 系统科学学报，2021（2）：121-126.
[5] Duflo E. Human values and the design of the fight against poverty[R]. Tanner Lectures，2012.

问题就会变成一个不断改变的主题和一个持续保守的系统并存的局面"[1]。王明哲等以中国家庭追踪调查（China Family Panel Studies，CFPS）资料数据库作为研究数据的结果表明，激发脱贫家庭的主观脱贫意愿能够最大限度地降低返贫风险。[2]由此，在"扶思想"的过程中应通过开设系列讲座，传播先进观念，破除"等、靠、要"思想，激发农民参与农业现代化生产和乡村建设的意愿与信心，使其以"爱农"的蓬勃姿态向职业农民转型，发挥主体性作用，为农村"空心化"治理提供强劲推动力。另一方面，开展榜样学习。社会学习理论认为，榜样是学习者获得价值观和其他高层次目标的重要途径，学习者通过与角色榜样进行比较，能够激发其效仿动机和产生榜样同化效应。大量乡村振兴实践证明，农村电商的快速扩散正是榜样学习的结果。电商大户的成功能够产生明显的示范带动作用，农户纷纷效仿和参与，从而推动了电商的大力发展。由此，在"扶思想"的过程中应避免空洞的说教，邀请种养大户、农村企业家、致富能手等产业带头人现身说法，分享他们的生产经营技能和经验，能够产生很好的效仿效应，提升农民认知，增强自身行为，为乡村振兴聚智聚力。

二、提升可行能力

基于权利贫困理论，诺贝尔经济学奖获得者、印度经济学家阿马蒂亚·森提出"可行能力"这一概念，认为贫穷产生的根源在于可行能力的剥夺或缺失。可行能力是指个体实现各种可能的社会性活动集合所需要的各种能力，反映了个体认为值得去做或可能达到的各种各样的事情或状态。[3]可行能力由个体的各种"功能"组成，在发展中居于核心地位，只有获得它，个体才会有更多自由选择的空间，能够依据自身有理由珍视的事物来比较、判断和选择各种功能性活动。[4]研究结果表明，农户的行为能力（包括处置能力与交易能力）对经营收入存在正向影

---

[1] ［加］迈克·富兰. 变革的力量——透视教育改革[M]. 中央教育科学研究所，加拿大多伦多国际学院，译. 北京：教育科学出版社，2000：10-11.

[2] 王明哲，周迪，黄炜. 扶贫先扶志——脱贫家庭内生动力对返贫风险的影响[J]. 世界经济文汇，2022（5）：1-18.

[3] Sen A. Resources，Values and Development[M]. Cambridge：Harvard University Press，1984：243.

[4] ［印］阿马蒂亚·森. 以自由看待发展[M]. 任赜，于真，译. 北京：中国人民大学出版社，2002：50.

响，且基本通过显著性检验。①朱文珏和罗必良的研究结果也表明，农户的生产经营能力是决定农户扩大经营规模的主要因素，农户的交易经营能力则是规模农户形成的决定因素。②

可行能力蕴含着"全人教育"的价值理念，是职业教育促进农村"空心化"治理的重要抓手，应以提升个体能力为基点，帮助农民群体摆脱能力不足的困境，成为有能力主动作为的主导行动力。依照农村"空心化"治理的现状，农民需要提升的可行能力主要包括以下四个方面。一是农业生产能力。农业生产能力与农作物的种植活动息息相关，是指利用土地、资金等生产要素从事农业生产活动或者为其提供产品或技术服务的能力。二是经营管理能力。经营管理能力主要体现在运用现有资源或者争取更大资源的基础上，针对市场竞争环境作出远景规划与战略制定，获取更加稳健的经济效益；在制定发展方向的指引下，对组织的采购、生产、市场开拓、劳动力、资金和人力进行优化管理，使目标得以实现。③三是吸收与持续学习能力。吸收与持续学习能力是指能够接受和使用新技术、新要素，将农业知识资源转化为农业知识资本，能够持续不断地学习以提升自身素养。四是创新创业能力。创新创业能力是指在农业生产和经营管理实践中有新理念、新发明和新方法，能够开发新产品、拓展新市场，积极接受变革。

第三节　深化产教融合

产教融合的理论主要源于马克思主义的两种生产理论和我国早期职业教育思想④，是指学校、企业、政府及社会组织等多方主体，以培养高素质人才、促进

---

① 罗明忠，陈江华. 农地禀赋、行为能力对农户经营收入的影响[J]. 中国农业资源与区划，2016（9）：95-102，141.

② 朱文珏，罗必良. 行为能力、要素匹配与规模农户生成——基于全国农户抽样调查的实证分析[J]. 学术研究，2016（8）：83-92，177.

③ 邓湧，冯进展，杜艳艳. 新型职业农民经营管理能力构成与培训策略研究[J]. 农业经济，2015（7）：19-21.

④ 孙善学. 产教融合的理论内涵与实践要点[J]. 中国职业技术教育，2017（34）：90-94.

协同创新和成果转化为目标，依托跨主体的组织体系和运行机制，实现人才培养、科技创新和技术应用等深层次、全方位融合。[1]产教融合是推进人力资源供给侧结构性改革的迫切要求，也是国家职业教育战略调整的重要方向。1991年，国务院颁布《关于大力发展职业技术教育的决定》，首次明确提出"产教结合"这一概念。1996年，《中华人民共和国职业教育法》明确规定"职业教育应当注重产教融合"，确立了产教融合的法律地位。2017年，国务院办公厅颁布《关于深化产教融合的若干意见》，强调深化产教融合，表明产教融合已经由单纯的教育问题上升至国家教育改革的重要制度安排，成为一种国家行动。

在全面实施乡村振兴战略的当下，职业教育通过深化产教融合能够赋能农村"空心化"治理，具有极其重要的现实意义，主要体现在以下四个方面。一是结合现有环境特色，破解"花盆效应"，实现教育、产业与农村经济的对口扶持，促进共享发展；二是在资源供给方面，保障物质流再生化，拓宽投资渠道，为农村"空心化"治理提供基本保障；三是在人才培育方面，抓住农村发展的根本，紧紧依靠农民，培育新型农民，为农村"空心化"治理提供坚实的人力保障；四是在文化氛围方面，以传统塑新生，培育优秀农村文化，发展文化产业，为农村"空心化"治理提供新思路。[2]由此，深化产教融合是职业教育促进农村"空心化"治理的重要抓手。

一、加强产教融合平台建设

《国务院办公厅关于深化产教融合的若干意见》强调"加强产教融合实训环境、平台和载体建设"，产教融合平台建设是产教融合的关键环节。产教融合平台是由职业院校、政府、行业企业等多方主体共同协作建设和运行，力图同时实现既面向技术技能培养又对接行业企业需求，既能服务专业建设又能有效服务行业企业的能够提供双向服务的综合型人才培养"大"平台。[3]它是针对职业教育产教融合存在的有限理性、不确定性和复杂性、行为投机性以及"小数现象"等

---

[1] 陈振斌. 城市产教融合影响因素与评价体系研究[D]. 徐州：中国矿业大学，2022：23.
[2] 王释云，武鸽. 产教融合促进农村"空心化"治理的价值意蕴、运行机制和路径——基于教育生态学视角[J]. 河北大学成人教育学院学报，2020（3）：55-62.
[3] 刘霞. 基于CAS理论的高职产教融合平台建设[J]. 教育与职业，2020（8）：41-45.

困境而提出的，以实现从松散联结到实体嵌入的转变，有利于企业发挥其在职业教育人才培养中的主体作用，深度参与职业教育人才培养的全过程①，为农村"空心化"治理提供很好的人力资本保障。

加强产教融合平台建设，应重点做好两个层面的工作。一方面，注重整合资源。作为产教融合平台建设的重要主体，职业院校应从发展战略、办学定位等顶层设计入手，主动融入"空心化"农村的经济、文化、社会等的发展过程之中，整合政府、行业企业、社会团体等多个行动者的资源，推动政校企行协同育人，实现"1+1>2"的协同效应。产教融合平台的资源投入可以采取政府引导、职业院校投入为主、行业企业多种形式投入相结合的方式展开，集聚资金、技术、人才、政策等要素，形成合力。另一方面，注重形式多样化。除了建设传统的"校中厂"、"厂中校"和实习实训基地之外，还应注重产教融合平台形式的不断创新，促进人才培养供给侧和"空心化"农村产业发展需求侧结构要素的全方位融合。例如，现代产业学院作为一种新型的教育组织形态，是深化产教融合的新载体和新模式，具有组织的混合型、产业的前沿性和专业的交叉性等特性，发挥着基于要素融合的共同育人、基于知识增值的联合创新和基于价值创造的利益共生的功能②，能够有效对接农村"空心化"治理，培养高素质农业技术技能型、创新创业型人才。

二、发挥企业重要办学主体作用

企业作为重要的办学主体，是由职业教育的性质、类型定位、办学模式、运行机制决定的，是职业教育改革发展历史与逻辑、理论与实践相统一的必然产物。③从 2014 年《国务院关于加快发展现代职业教育的决定》中首次提出"发挥企业重要办学主体作用"，到 2017 年《国务院办公厅关于深化产教融合的若干意见》强调"强化企业重要主体作用"，再到2022年新修订的《中华人民共和国职

---

① 郝天聪，石伟平. 从松散联结到实体嵌入：职业教育产教融合的困境及其突破[J]. 教育研究，2019（7）：102-110.
② 邓小华，王晞. 现代产业学院的基本职能与运行机制[J]. 职教论坛，2022（7）：37-44.
③ 江春华. 如何发挥企业重要办学主体作用？——新《职业教育法》的规制与行动方略[J]. 中国职业技术教育，2022（34）：22-26.

业教育法》规定"国家发挥企业的重要办学主体作用,推动企业深度参与职业教育,鼓励企业举办高质量职业教育",企业作为重要办学主体越来越受到国家的重视,并上升为国家意志和法律规范。发挥企业重要办学主体作用是推进产教融合的主要内容和关键抓手。

依据当前企业作为重要办学主体的实践,可将其样态划分为三种类型:一是企业主办型,即企业集团举办一所或多所职业技术学院、高等专科学校、技工学校等形态各异的职业教育实体;二是企业主体型,即企业参与职业学校办学,企业与职业学校共同享有决策权和管理权,是校企合作的典型方式;三是企业主顾型,即以契约(合同)为中心,企业通过订单式培养与职业学校合作,企业为"主顾"。[①]结合农村"空心化"治理和乡村振兴的实际,要不断强化企业的重要办学主体作用,拓宽参与产教融合的途径,积极探索发展职业学校股份制、混合所有制等多种办学模式,允许以资本、知识、技术、管理等要素参与办学并享有相应权利,鼓励有实力、有基础的企业依托或联合职业学校,设立培训学院、实训基地、创新基地等,培养乡村振兴人才。例如,为了培育乡村振兴所需要的新型职业农民,溧阳中等专业学校与多家企业共建混合所有制现代农业实训基地,由企业提供场地,负责办公综合楼、实训车间、教学和生活配套设施,以及教学和培训过程中基地运营的各类资金保障。[②]另外,职业学校在培养方案制定、课程设计、专业建设、师资队伍建设、实习实训基地建设等方面,应与企业加强合作,注重创新,进一步深化产教融合。

第四节 强化师资队伍建设

瑞士心理学家让·皮亚杰(Jean Piaget)指出:"在……教育和教学的问题

[①] 李姝仪. 企业作为职业教育重要办学主体的学理因由、实践样态与发展策略[J]. 教育与职业, 2022(21): 5-12.

[②] 王云清. 新型职业农民产教融合培育模式的建构与创新实践[J]. 中国职业技术教育, 2020(36): 53-57.

中，放眼我们曾经探讨过的问题，没有一个不是迟早要和教师培训联系起来的。如果没有大量有效教师的储备，再漂亮的改革方案也只能被搁浅。"[1]建设一支师德高尚、业务精湛、结构合理、充满活力的高质量教师队伍，是我国教育工作的永恒主题和支撑教育改革的关键力量。2018年1月，中共中央、国务院印发的《关于全面深化新时代教师队伍建设改革的意见》指出，教师承担着传播知识、传播思想、传播真理的历史使命，肩负着塑造灵魂、塑造生命、塑造人的时代重任，是教育发展的第一资源，是国家富强、民族振兴、人民幸福的重要基石，凸显了教师在教育发展中的首要价值。同年，教育部等五部门印发的《教师教育振兴行动计划（2018—2022年）》强调"推动教师教育改革发展，全面提升教师素质能力，努力建设一支高素质专业化创新型教师队伍"。

职业教育师资队伍建设一向是我国教师队伍建设的重要内容，尤其是党的十八大以来，职业教育教师队伍建设的政策取向致力于服务和支撑现代职业教育高质量发展，遵循职业教育教师发展规律，直面和解决职业教育教师队伍的现实问题，使我国职业教育师资队伍建设取得了显著成就，有力支撑了现代职业教育改革发展[2]，为满足经济社会对高素质专业人才的需求提供了有力支持。但同时，职业教育师资队伍建设也面临着结构矛盾突出、供需不匹配、专业实践能力不强、"双师型"人才短缺等挑战。例如，有研究结果表明，"双师型"教师队伍建设是"短板"中亟须解决的难点，既存在内源性问题，也存在外源性问题，难以满足乡村振兴发展需要。[3]

一、以培育"双师型"教师为重点

近年来，国家出台的一系列政策文件中，对职业院校"双师型"教师队伍建设作出了重要的战略部署，为职业教育师资的持续发展提供了制度保障。例如，2016年，教育部和财政部发布的《关于实施职业院校教师素质提高计划（2017—

---

[1] ［瑞］皮亚杰. 教育科学与儿童心理学[M]. 杜一雄，钱心婷，译. 北京：教育科学出版社，2018：134.
[2] 教育部教师工作司. 新时代职业教育教师队伍建设论纲[J]. 教育研究，2022（8）：20-30.
[3] 刘杨，塞世琼. 乡村振兴背景下职业教育"双师型"教师队伍建设：问题、特征与路径[J]. 当代职业教育，2021（6）：36-42.

2020年)的意见》指出,"加快建成一支师德高尚、素质优良、技艺精湛、结构合理、专兼结合的高素质专业化的'双师型'教师队伍";2018年,中共中央、国务院印发的《关于全面深化新时代教师队伍建设改革的意见》提出,要"全面提高职业院校教师质量,建设一支高素质双师型的教师队伍";2019年,国务院印发的《国家职业教育改革实施方案》要求多措并举打造"双师型"教师队伍;2021年,教育部和财政部发布的《关于实施职业院校教师素质提高计划(2021—2025年)的通知》指出,要努力造就一支师德高尚、技艺精湛、专兼结合、充满活力的高素质"双师型"教师队伍,推动职业教育高质量发展。人才是乡村振兴战略推进实施的第一要素,在培养适应农业农村发展的高素质技术技能型人才方面,职业教育"双师型"教师发挥着关键性作用。例如,在全面推进乡村振兴中,"双师型"教师以科技特派员的身份深入农村基层,不仅可以提供知识和技术服务,促使学科链和产业链之间实现深度衔接,而且可以培育大批新型职业农民。

培育"双师型"教师是职业教育回应乡村振兴的必然要求,应重点做好以下两个方面的工作。一方面,以破解人才瓶颈制约、提高乡村人才振兴的水平和质量为核心,围绕农村"空心化"治理和乡村振兴需求,实施"教师素质提升计划",有计划、分层次、分类别地开展教师培训,培育"工匠之师";另一方面,采用"学校+基地+企业"的培训方式,每年选派优秀骨干教师到农业企业实践学习,通过顶岗、企业内训等方式,提升教师的涉农专业实践能力,促进知识、技术和能力的有效结合,以更好地对接农村"空心化"治理和乡村振兴。

二、提升科技创新和服务能力

习近平总书记指出要加强科技供给,"把论文写在祖国的大地上,把科技成果应用在实现现代化的伟大事业中"[1]。陶行知强调真正的教育应遵循"二亲"原则:一是"亲民",帮助劳动人民改善生活条件,带领他们为改造社会环境作出贡献;二是"亲物",使劳动人民亲近自然,提高其实践能力。[2]

---

[1] 习近平. 为建设世界科技强国而奋斗[N]. 人民日报, 2016-06-01(002).
[2] 施维瑞. 陶行知劳动教育"二亲"原则及其当代价值[J]. 扬州大学学报(高教研究版), 2021(4): 22-27.

建设一支心怀乡村教育理想、具备乡村教育情怀和扎根乡村建设的职业教育教师队伍，需要不断提升他们的科技创新和服务能力，具体应从以下两方面入手。一是推动科技创新。科技创新是产业兴旺的原动力。围绕农村"空心化"治理中科技创新能力不足、高水平人才紧缺等痛点，以农村产业需求为服务导向，完善职业院校协同乡村科技创新的发展机制，推动教师进行知识创新、理论创新、技术创新，切实为农村"空心化"治理注入关键动能。[①]二是深化科学研究。通过项目驱动、建立工作室等多元化方式，鼓励教师走进农村一线，亲近农民，了解农村产业发展现实状况和农民需求，以解决实际问题为着力点开展科学研究，将研究成果直接运用到生产一线，转化为现实的生产力，实现经济效益和社会效益的增长，真正将科研论文写在服务农村"空心化"治理的大地上。

三、建设本土化教师队伍

2020年，教育部等六部门发布《关于加强新时代乡村教师队伍建设的意见》，指出要精准培养本土化乡村教师。本土化教师具有浓厚的乡土情怀、丰富的地方性知识和较强的"适乡"能力，能够更好地融入乡村区域经济，促进乡村社会产业升级。总体而言，应在以下三个方面着力。一是定向培养农村职业教育免费师范生。在重点职业技术师范院校或重点高校实施农村职业教育免费师范生定向培养计划，规定他们享有和普通免费师范生同等的待遇，毕业后要返回生源所在地的农村职业学校从事教学和科研工作，解决农村职业教育教师"等、靠、要"的被动局面，保证农村职业学校有稳定的师资。[②]二是发挥"田秀才""土专家"等的作用。"田秀才""土专家"等乡土农业种植人才或技能人才不仅是乡村振兴的生力军，而且是很好的本土化师资力量。他们扎根于乡村一线，明了农业农村产业的实际和农民的现实需求，并且能够用通俗易懂的语言讲解科学知识和实用技术。例如，福建安溪县成立农民讲师团，吸纳种植养殖大户、制茶专家、市场营销能手等为成员，坚持"来自农民，服务农民"的宗旨，采取报告会集中

---

① 朱丹. 高校"双师型"教师助力乡村振兴的逻辑理路[J]. 中国成人教育，2020（13）：93-96.
② 覃兵，何维英，胡蓉. 基于乡村振兴战略的农村职业教育问题审视与路径构建[J]. 成人教育，2019（8）：60-64.

授课、田间地头现场授课、"一对一"定点授课等形式，传授农业技术、指导农业活动、宣传农业政策，助推了农业产业的提质增效。①三是加强农村职业教育师资培训。建立专家引领、依托平台、持续成长的职后培养体系，派遣农村职业学校教师到农林科医等高校、高水平技术类师范院校、企业等接受培训，以使他们服务乡村振兴的知识得以积累、技能得以提升。由此，组建一支技艺精湛、专兼职结合的本土化教师队伍，以更好地服务农村"空心化"治理。

第五节　培育新型农业经营主体

作为促进小农与现代农业有机衔接的纽带以及发展现代农业的重要抓手，新型农业经营主体是指以农户家庭为基础，以获取最大经济收益为核心目标，直接或间接从事农业生产、销售和服务，实现专业生产与集约化经营，组织社会化程度较高的个体和组织。与传统型、小规模基础上的家庭农户相比较，新型农业经营主体具有经营规模多样化、集约化水平高、专业性强、更切合农产品市场等特点，在农村"空心化"治理中发挥着不可或缺的作用，主要体现在如下方面：一是这类主体更有可能采纳先进的农业机械与生物技术代替劳动力和土地，使其利润水平高于普通农户，使发展具有可持续性②；二是这类主体能够使农民参与非农就业的概率显著提高约 4 个百分点，这一效应使非农就业者增加约 9.7%③；三是这类主体在帮助农户克服市场准入障碍、加速人力（社会）资本的形成和赋予管理权利等方面会产生积极的外部影响，进而综合作用于农户自主发展能力的改善与提升④；四是这类主体不仅具有收入减贫效应，还具有能力减贫效应，其中

---

① 安溪县农民讲师团：打造田间地头"15 分钟微宣讲"[EB/OL]. https://www.qzwb.com/gb/content/2022-07/05/content_7150001.htm. 2022-07-05.
② 孔祥智. 新型农业经营主体的地位和顶层设计[J]. 改革，2014（5）：32-34.
③ 李江一，仇童伟，秦范. 新型农业经营主体的非农就业带动效应研究[J]. 华中农业大学学报（社会科学版），2022（3）：10-21.
④ 袁俊林，赵跃龙，魏昊. 农民合作社能提升农户自主发展能力吗？——来自中国西部欠发达地区农村的证据[J]. 世界农业，2023（1）：99-114.

企业类经营主体的减贫效应最为明显，家庭经营主体和合作经营主体能够获取强能力减贫效应[①]；等等。

培育和发展新型农业经营主体成为推动我国农村经济发展和实现农业现代化的必然选择，受到党和国家的高度重视。例如，2013年中央一号文件首次明确提出"大力支持发展多种形式的新型农民合作组织"，"构建农业社会化服务新机制，大力培育发展多元服务主体"，"着力构建集约化、专业化、组织化、社会化相结合的新型农业经营体系"；2017年，中共中央办公厅、国务院办公厅印发《关于加快构建政策体系培育新型农业经营主体的意见》提出"加快培育新型农业经营主体，加快形成以农户家庭经营为基础、合作与联合为纽带、社会化服务为支撑的立体式复合型现代农业经营体系"；2018年，《乡村振兴战略规划（2018—2022年）》将"壮大新型农业经营主体"作为"建立现代农业经营体系"的重要内容之一；2020年中央一号文件《中共中央 国务院关于抓好"三农"领域重点工作确保如期实现全面小康的意见》强调"重点培育家庭农场、农民合作社等新型农业经营主体，培育农业产业化联合体"；等等。在一系列政策的支持下，新型农业经营主体建设蓬勃发展，逐渐走向规范化、成熟化和现代化。例如，"2022新型农业经营主体发展评价"课题组的调查结果显示，截至2022年12月底，全国县级以上农业产业化龙头企业有9万余家，其中国家级重点龙头企业有1959家[②]；截至2022年5月底，全国登记在册的农民合作社数量为222.7万个，增长0.4%[③]。尽管当前新型农业经营主体的发展已经初具规模，但是数量不足、规模较小，这种现象在"空心化"农村更为突出。

一、分类别培育

如上所述，新型农业经营主体是一个数量庞大、结构复杂和不断更新的职业

[①] 夏玉莲，匡远配. 新型农业经营主体的减贫效应及其差异[J]. 华南农业大学学报（社会科学版），2022（3）：25-36.

[②] 2022中国新型农业经营主体发展分析报告（一）[EB/OL]. http://www.jsnc.gov.cn/xwzx/xwdt/2022/12/28093055395.html. 2022-12-28.

[③] 全国新设市场主体超1151万户 其中个体工商户805.7万户[EB/OL]. http://henan.china.com.cn/m/2022-06/30/content_42020597.html. 2022-06-30.

群体，随着新型农业经营主体建设的不断推进，新型农业经营主体在类型上更为丰富，趋于多元化。从大的类型而言，新型农业经营主体可以被划分为生产经营型、专业技能型和社会服务型三种类型。从小的类型而言，新型农业经营主体可以被划分为专业大户（种养大户）、家庭农场、农民合作社、农业企业（龙头企业）和农业服务组织五种类型。不同类型的新型农业经营主体所面向的岗位、具体工作职责以及职业能力要求存在差异，如生产经营型新型农业经营主体对管理能力和环保能力要求较高，而专业技能型农业经营主体对这类能力的要求则相对较低。[①]农民合作社集生产主体和服务主体于一身，融普通农户和新型农业经营主体于一体，主要发挥带动散户、组织大户、对接企业、连接市场的功能；农业企业侧重于农产品加工和市场营销等环节，并提供产前、产中、产后各类农业生产性服务。[②]此外，新型农业经营主体的学习特征也不尽相同。例如，生产经营型作为农业行业创业者，主要采取基于直接经验的学习、基于社会网络的认知学习以及基于问题解决的探索性学习。[③]基于此，相关培训机构需要根据不同类型、不同层次的新型农业经营主体实施培育，具体而言，对新型农业经营主体进行深入调查，精确掌握他们的技能、就业、创业等状况以及实际培训需求，科学合理地设置培训课程，按需施教，精准培育。

二、培育模式多元化[④]

模式是主体行为的一般方式和解决某一类问题的方法论，强调"法式"或"规范"，是影响新型农业经营主体培育的关键因素。具体而言，新型农业经营主体的培育可采取以下四种模式。

一是"田间学校"模式。"田间学校"模式作为一种有代表性的农业技术培

[①] 刘家富，余志刚，崔宁波. 新型职业农民的职业能力探析[J]. 农业经济问题，2019（2）：16-23.
[②] 武舜臣，胡凌啸，储怡菲. 新型农业经营主体的分类与扶持策略——基于文献梳理和"分主体扶持"政策的思考[J]. 西部论坛，2019（6）：53-59.
[③] 陈春霞，李丹晴，石伟平. 新型职业农民培育效能如何提升——基于学习特征的分析[J]. 教育发展研究，2022（17）：43-51.
[④] 本部分内容引自：刘奉越，李洪岩. 高素质农民培育的演进、模式及行动逻辑[J]. 职教论坛，2022（12）：84-91，内容有改动。

训推广模式，以农作物生产田间为教学场域，以新型农业经营主体为主体，以实践为手段，以提高能力为旨归，进行信息交流、技术推广和经验分享。该模式不仅能够提升新型农业经营主体的技术技能、参与学习能力和创新创业能力，还体现了一种思维方式，以促进农业可持续发展为主导思想，对经济活动的推广范畴远远超越了技术推广的范畴。

二是"阶梯递进"模式。"阶梯递进"模式是基于农业全产业链，按照新型农业经营主体不同阶段的可能性发展水平差异划分培育目标，以多种多样且逐阶递进的形式开展培育，循序渐进地提升他们的生产经营和管理能力。该模式按照分层培养、阶梯递进、逐步提高的基本原则，由单一到综合，环环相扣，既能够满足新型农业经营主体的个性差异，又能够使他们获得成就感，实现知识与实践能力的双向提升。

三是"多元联动"模式。"多元联动"模式是在政府统筹引领下，多元培育利益相关者以加快推进乡村人才振兴、服务乡村建设为目标，提供政策流、资金流、技术流和知识流等多重资源，通过资源交互与优势互补，形成共同体以协同提升新型农业经营主体综合素养的培育模式。该模式遵循"政府主导、行业管理、产业导向、需求牵引"的原则，构建以农业广播电视学校（农民科技教育培训中心）等农民教育培训机构为主体，统筹利用好普通高校、职业院校教育资源，以农业院校、农业科研单位和农技推广机构为补充，以农业企业、家庭农场、农民合作社为基地的培育体系。

四是"数智循环"模式。"数智循环"模式是以政府、数字企业、培训机构等为主体，以新型农业经营主体需求和农业农村发展要求为导向，以APP、在线网络学习系统为平台，利用线上培育手段融合网络资源，不断推广农业新产品、新技术，循环提升新型农业经营主体知识和能力水平的培育模式。该模式基于数字乡村建设背景产生，是大数据、人工智能、互联网等在教育领域的拓展，通过供给端与需求端双向推动、专家与新型农业经营主体交互增能、线上线下反复更替，不断提升培育质量和效率，呈现出一种"双循环"的运作方式。新型农业经营主体培育除了采取以上四种模式之外，还应注重不断创新，彰显多元化特征，以满足新型农业经营主体多方面的需求。

三、培育内容精准对接

培育内容是以一定知识体系为依据，以教材、教学资料和社会文化为基础，以服务于教学过程中知识、能力和情感三大目标为目的，以促进教与学的互动并充分结合学习者学习经验为导向而精心选择、凝练生成的课程教学基本教学资源。①培育内容不仅是课堂教学的施教蓝本，还是影响新型农业经营主体参与培育积极性的关键因素。新型农业经营主体对培育内容有着不同的需求，如刘琼对江苏省宿迁市新型农业经营主体培训需求的调查结果表明，他们希望接受培训的内容依次如下：种养殖技术（占76.29%），智慧农业技术知识与操作（占54.23%），农产品经营管理技能（占46.48%），农业创业培训、农业政策及法律法规（占45.07%），农机操作与维护（占41.78%），职业资格证书或学历培训（占35.92%），金融知识（占30.75%），以及其他内容（占11.5%）。②

在新型农业经营主体培育具体实施过程中，要注重内容的细致划分，精准对接不同类别新型农业经营主体的需求。例如，对农民专业合作社的培育主要包括对《中华人民共和国农民专业合作社法》的解读，以及关于合作社章程、股权设置、财务管理、农产品质量建设、农业绿色发展、一二三产业融合、合作社品牌营销、农民合作社联合合作等内容；对家庭农场的培育主要包括乡村振兴战略与农业农村现代化、现代农业与新型农业经营体系、农产品质量安全与市场营销、农业生态环境与美丽乡村建设、家庭农场规模生产与经营管理、家庭农场相关法律政策、家庭农场日常管理与销售管理等内容。③

---

① 赖绍聪. 论课堂教学内容的合理选择与有效凝练[J]. 中国大学教学，2019（3）：54-58，75.
② 刘琼. 宿迁市新型农业经营主体参与职业培训意愿与影响因素研究[D]. 扬州：扬州大学，2022：27.
③ 陈春霞，李丹晴，石伟平. 新型职业农民培育效能如何提升——基于学习特征的分析[J]. 教育发展研究，2022（17）：43-51.

第六节　推进数字化建设

随着人工智能、云计算、区块链以及物联网等技术的高速迭代和发展，数字变革红利正在逐步惠及乡村，数字化成为乡村发展的重要趋势和全球共识。数字化以数据为核心生产要素，以数字技术为主要推动力，以现代信息网络为重要载体，以乡村数字化发展为主要抓手，能够有效驱动"三农"领域进行革命性、创新性的改造，整体带动和提升农业农村农民的现代化、智慧化发展，逐步实现乡村振兴，进而推进乡村整体价值的提升。[①]由此，学界日益关注数字乡村与农业现代化之间的耦合关系，并取得了一定的研究成果。例如，彭影基于2008—2019年中国30个省份的面板数据的实证结果表明，农村数字化通过改善农民收入结构促进农民增收，对农村产业融合的增收效应存在正向调节作用[②]；金绍荣和任赞杰通过对2011—2020年我国26个省份的面板数据的测算结果表明，乡村数字化主要通过推动技术进步来提升农业绿色全要素生产率，并且促进作用显著[③]；高歌和何启志基于2005—2019年30个省份的数据，实证分析了数字乡村对农业现代化的影响，结果表明，数字乡村具有较强的"普惠性"和"益贫性"，不仅能够调整农村就业结构，提升农民就业质量，而且能够释放单位农业产值的增收效能，提升农产品生产者的利润空间。[④]

数字乡村建设不仅是乡村振兴的战略方向，也是建设数字中国的重要内容，成为当前国家政策层面的聚焦点，诸如《数字乡村发展战略纲要》（2019年）、《数字农业农村发展规划（2019—2025年）》（2020年）、《中华人民共和国国民经济和社会发展第十四个五年规划和2035年远景目标纲要》（2021年）、《数字乡村

[①] 赵德起，丁义文. 数字化推动乡村振兴的机制、路径与对策[J]. 湖南科技大学学报（社会科学版），2021（6）：112-120.

[②] 彭影. 乡村振兴视角下农村产业融合的增收减贫效应——基于农村数字化与教育投资的调节作用分析[J]. 湖南农业大学学报（社会科学版），2022（3）：28-40.

[③] 金绍荣，任赞杰. 乡村数字化对农业绿色全要素生产率的影响[J]. 改革，2022（12）：102-118.

[④] 高歌，何启志. 数字乡村对中国农业现代化效率的空间效应及影响机制[J]. 农林经济管理学报，2023（3）：272-282.

发展行动计划（2022—2025年）》（2022年）、《乡村建设行动实施方案》（2022年）等一系列政策文件都强调大力推进数字乡村建设，为乡村振兴和农业农村现代化赋能，让农民成为参与者和受益者。继2020年中央网信办、农业农村部等七部门联合启动国家数字乡村试点工作后，2021年中央一号文件明确提出实施数字乡村建设发展工程。在政策指引下，各地相继开展了数字乡村建设的实践探索。

一、提升农民数字素养

数字化建设能否有序推进，关键在于"人"是否具有数字素养。数字素养具有明显的人力资本积累效应，是农村居民收获数字经济红利和推进乡村数字化的重要前提，但当前农民的数字素养状况不容乐观，成为乡村数字建设的难点和短板。例如，2021年中国社会科学院信息化研究中心发布的《乡村振兴战略背景下中国乡村数字素养调查分析报告》显示，随着乡村基础设施数字化、网络化的加速，城乡数字鸿沟问题主要矛盾从基础设施差距转向数字素养差距，数字素养城乡发展不均衡问题凸显，城乡居民数字素养差距达37.5%。从职业类型来看，农民群体的数字素养得分仅为18.6分，显著低于其他职业类型群体，比全体人群平均值（43.6分）低57%。[1]尽管国内外学界对数字素养内涵的界定尚未达成一致意见，并提出了不同的测度指标体系，但结合农村"空心化"治理和职业农民的特点，农民数字素养应包括数字通用素养、数字社交素养、数字学习素养和数字商业素养。数字通用素养是指农民感知数字化信息的重要性，运用数字工具收集、整理和加工信息；数字社交素养是指农民运用网络平台，与他人交流互动与协作；数字学习素养是指农民积极主动地提高数字信息应用能力，形成现代化数字思维，适应新的数字化环境；数字商业素养是指农民将数字信息技术与农业生产有机融合在一起，增强农村产业的商业竞争力。由此，职业教育应以全方位提升农民数字素养为旨归，增强他们数字生产、生活参与的内在动力，为推进数字乡村建设和农村"空心化"治理奠定良好的基础。例如，以推进支付宝、微信等数字交易工具，京东、淘宝、拼多多等电商平台，以及在线教育平台、在线医疗平台等的使用技能培训为重点，提升农民数字化通用素养；加强关于微信、抖

---

[1] 社科院最新报告：全面推进乡村振兴，需弥合城乡"数字素养鸿沟"[EB/OL]. https://www.163.com/tech/article/G4T7CA2O000999LD.html. 2021-03-12.

音、快手等社交软件使用及网站平台维护的针对性培训和动态指导，持续改进农民数字化社交素养等[1]，进一步缩小数字鸿沟。

二、强化信息基础设施建设

信息基础设施不仅是数字乡村建设的数字底座和基础，决定着数字乡村发展的深度与广度，同时它的建设与普及本身也是一个直接促进乡村经济增长的过程。当前我国农村地区信息基础设施建设取得了一定进展，如截至"十三五"末，全国行政村通光纤和通 4G 比例均超过 98%，农村宽带用户总数达 1.42 亿户，取得了阶段性成效。[2]有研究者以河南省 2014—2021 年 18 个地级市面板数据为例，对其数字乡村发展水平的测度结果表明，乡村数字信息基础设施呈逐年增长的态势，增幅为 0.1337，年均增速达到 7.77%。[3]信息基础设施建设水平的提升为数字乡村建设的深化创造了必要条件，但同时也存在着亟待解决的问题，如信息基础设施建设成本高且规模化建设难度大，信息化整体水平不高，缺乏统筹与标准规范等，这些问题在"空心化"农村的表现更为突出，从而影响了职业教育的治理效果。具体来说，加强信息基础设施建设应注意以下两个方面。

一方面，遵循共建共享原则。共生理论认为系统是由多个共生单元构成的，存在着某种必然联系，强调各共生单元要加强协同与合作，以形成良性互动的共同体，产生新的共生能量。[4]由此，在信息基础设施建设中，应统筹城乡、校地基础设施资源，打造一体化的基础设施和信息交换共享平台体系，便于城乡之间、校地之间互联互通，形成共建共享的新格局。另一方面，建设信息基础设施。依照乡村振兴战略和数字中国战略的总体部署，因地制宜，加强"空心化"农村信息基础设施建设的顶层设计。依据"空心化"农村实际，信息基础设施建

---

[1] 苏岚岚，彭艳玲. 数字化教育、数字素养与农民数字生活[J]. 华南农业大学学报（社会科学版），2021（3）：27-40.

[2] 截至"十三五"末 全国行政村通光纤和通 4G 比例均超过 98%[EB/OL]. https://finance.eastmoney.com/a/202203092304665933.html. 2022-03-09.

[3] 刘庆. 数字乡村发展水平指标体系构建与实证研究——以河南省 2014—2021 年 18 个地级市面板数据为例[J]. 西南农业学报，2023（4）：885-896.

[4] 周益斌，肖纲领. 职业教育产教融合共生体的发展困境及推进策略研究——基于共生理论的视角[J]. 苏州大学学报（教育科学版），2023（2）：80-87.

设可被划分为"传统基建""新基建"两种类型。"传统基建"通过空间连接创造价值，侧重的是科技馆、图书馆和培训会议室等方面的建设；"新基建"则主要瞄准新兴领域，以网络化、数字化技术为基础，侧重的是农村5G网络、农业物联网、农业机器人、农业农村大数据中心和乡村数字电视网等方面的建设，为农业农村数字经济赋能[1]，从而不断增大数字乡村发展的深度与广度。

三、科学设置课程

课程是由一定育人目标、特定知识经验和预期学习活动方式构成的蕴含着丰富、基本而又有创造性与潜质的计划与设定。[2]课程是实现数字化人才培养目标的主要载体，其质量对数字化人才培养质量起着直接决定作用。具体而言，课程设置应注意以下三个方面。一是课程层级注重多样性。"空心化"农村的农民群体具有复杂性特征，在年龄、文化层次、类型等方面存在差异，对数字化课程有着不同的需求。因此需要开设面向低层、中级和高阶等不同层级农民的数字化课程，以提高课程的针对性，满足不同农民的需求。例如，针对新型职业农民的培训课程可分为三个层级：第一层级为简单的计算机或智能手机操作学习；第二层级为如何利用手机获取自然灾害、农作物培育方法和市场情况等信息；第三层级为如何进行网络营销、如何使用在线教育平台和在线医疗平台等。[3]二是课程内容注重丰富性。课程内容既包括信息技术的基础性理论，也包括农业信息的检索与应用、信息技术媒介工具的使用等，呈现出立体化特征，并依据"空心化"农村数字生活的内容和形式不断丰富和创新。三是课程形式注重多元性。数字化课程主要包括微课、慕课、数字课程和虚拟仿真实验教学等不同形式，它们在授课内容、授课形式、教学周期、学习对象、技术手段和建设方案等方面具有不同的特色。[4]应根据"空心化"农村的农民需要，提供不同形式的课程，不断提升其信息理论和实践技能水平。

---

[1] 李灯华，许世卫. 农业农村新型基础设施建设现状研究及展望[J]. 中国科技论坛，2022（2）：170-177.
[2] 王道俊，郭文安. 教育学[M]. 北京：人民教育出版社，2016：121.
[3] 朱逸文，余丽芹，饶彭，等. 乡村振兴视域下新型职业农民数字技能培育研究[J]. 学校党建与思想教育，2023（8）：91-93.
[4] 张冬梅，卢彦，李俊，等. 网络信息化背景下经典教材建设的挑战和机遇——以《普通生物化学》教材为例[J]. 高校生物学教学研究（电子版），2019（1）：60-64.

四、搭建混合式培训平台

混合式培训作为对传统培训模式的创新，具有在线、开放、实时、灵活和共享等特点，既可以适应不同的培训场景和提供更全面、更高质量的知识服务，也可以彰显学员的学习自主性，受到国家政策的关注。例如，2020年，人力资源社会保障部、财政部发布《关于实施职业技能提升行动"互联网+职业技能培训计划"的通知》，指出"健全'互联网+职业技能培训'管理服务工作模式"，"大力推行线上线下结合的培训方式，分类组织实施"。职业教育除了应该运用传统的教学方式之外，还应该利用数字经济平台、网络云课堂、在线直播和可视化技术等，通过线上线下"一体化"的互动方式，积极搭建线上线下培训平台，由单一的教育向复合式的培育方式转变。①例如，杨凌职业技术学院采用"线上+线下"的形式对陕西省高素质农民实施培训，第一阶段通过直播课程全天授课，第二阶段为线下教学，通过采用线上线下及跟踪服务分段式学习方式，以及"专题报告+现场教学+主题讨论+案例观摩+翻转课堂"等方式开展线下教学，取得了很好的效果。②

第七节　深化专业群建设

专业群建设是我国致力于现代职业教育体系建设和职业教育高质量发展的具有开创性意义的探索。自2006年教育部和财政部在《关于实施国家示范性高等职业院校建设计划加快高等职业教育改革与发展的意见》中提出"重点建成500个左右产业覆盖广、办学条件好、产学结合紧密、人才培养质量高的特色专业群"以来，经过"国家示范性高等职业院校建设计划""中国特色高水平高职学校和专业建设计划"（简称"双高计划"）的大力推动，专业群建设引起了各地教

---

① 温涛，陈一明. "互联网+"时代的高素质农民培育[J]. 理论探索，2021（1）：12-21.
② 2021年陕西省高素质农民培训开启"线上+线下"双模式[EB/OL]. https://cjxy.ylvtc.cn/info/1020/1921.htm. 2021-12-17.

育行政部门、职业院校和研究者的关注，成为全国范围职业院校的"集体行动"，取得了一定的理论研究和实际建设成果，大大提升了职业院校对区域经济社会发展的贡献度和影响力。尽管研究者对专业群内涵的诠释众说纷纭，莫衷一是，既有"核心专业支撑说"，又有"共同专业组合说""相近专业组合说"等①，但对以下界定较能达成一致意见，即专业群是指职业院校在产业链不断延伸的产业集群发展背景下，面向覆盖某一技术与服务领域的职业岗位群，结合自身的办学优势与特色，以增进学习者岗位适应性与职业迁移能力、促进职业生涯发展为目的，将多个具有共同或相似的专业技术课程和基本技能要求的专业组成一个专业集合，并在此基础上实现资源重组与共享和提高人才培养质量。②正如英国学者托马斯·赫胥黎（Thomas Huxley）所说："能群者存，不能群者灭；善群者存，不善群者灭。"③专业群是职业院校建设的重要抓手，对于后者的发展具有极其重要的作用。职业院校进行专业群建设，通过"群"的建设构建柔性网络，能够不断增强专业的开放性，突破自身资源约束，使专业之间从无序到有序，实现协同效应；同时，组群的方式也能够降低专业的外部依赖，增强专业对"不确定性"外部环境的适应性，实现职业院校的可持续发展。④

一、优化组群逻辑

逻辑是指思维的规律或者事物发展的客观规律性。组群逻辑则是指各项专业资源以及相关措施按照一定思路或原则聚集形成合力，以建设高质量专业群的规律。组群逻辑是职业院校专业群建设的基本问题，也是专业群建设的第一出发点。专业群组群逻辑包括外部逻辑和内部逻辑两大类型，外部逻辑主要有产业链组群逻辑、学科基础组群逻辑和技术基础组群逻辑，强调建立起专业群和产业的

---

① "核心专业支撑说"强调专业群是以核心或重点特色专业为核心，联合其他专业组合而成的；"共同专业组合说"强调专业群是由具有某些共同属性的专业按照一定逻辑组合而成的；"相近专业组合说"强调专业群是由学科基础相近、技术基础相同的专业按照一定逻辑组合而成的。
② 张栋科. 高职院校专业群建设的价值取向与行动路径研究[D]. 天津：天津大学，2018：7.
③ [英] 托马斯·赫胥黎. 天演论——及其母本《进化论与伦理学》全译[M]. 严复，刘帅，译. 重庆：重庆出版社，2018：310.
④ 宋亚峰. 高职专业群生态系统的协同进化研究[D]. 天津：天津大学，2021：10.

对应关系，主要是职业联系；内部逻辑强调关注群内各专业的关系，包括核心专业的作用、职业岗位群的分配、课程体系和平台课程、共享资源、人才培养模式等，主要是知识联系。[①]从本质上来说，专业群组群逻辑并无优劣之分，关键点要建立在区域经济发展特点、职业院校已有专业优势以及资源平台的基础之上，彰显特色化和差异化特征。

例如，在乡村振兴战略背景下，广西物资学校针对电商专业群人才培养、教学体系与电商产业链发展基本脱节的状况，根据电商、物流、市场营销和国际商务的岗位能力需求变化，以服务农村电商产业链为目标，以农村电商就业创业为导向，修订专业群人才培养方案，及时调整专业群课程体系，将1+X职业资格考试引入专业教学过程。具体而言，该校主要做了以下六个方面的工作：构建具有区域特色的电商专业群框架，打造"农商特色，校企共育，项目引领"的专业群人才培养模式，培养"亦师亦商"复合型双师队伍，校企合作共建优质核心课程，共建实训平台，开展电商专业群社会服务。广西物资学校电子商务专业群助推乡村振兴取得了很好的成效，如农村电商服务中心两年共计完成广西21个国家级贫困县69个乡镇596个行政村的电子商务进农村扶贫培训工作，累计培训人数达21 272人次，孵化了土鸡、芒果、沃柑、小龙虾等农产品品牌20个，建成并运营了包括淘宝、京东、拼多多等平台共计31个店铺。[②]

二、彰显"适农性"

作为一种类型教育，职业教育是一种跨界的教育，与经济社会的联系最为密切，服务产业发展是其基本属性之一。早在1926年，中国职业教育先驱黄炎培就在《提出大职业教育主义征求同志意见》一文中明确指出："办职业学校的，须同时和一切教育界、职业界努力地沟通和联络。"[③]2017年，《国务院办公厅关于深化产教融合的若干意见》指出，"推动学科专业建设与产业转型升级相适

---

① 张新民，杨文涛. 论高职院校专业群建设的组群逻辑[J]. 职教论坛，2021（7）：6-12.
② 冷玉芳. 适应广西农村电子商务产业链发展的电子商务专业群建设路径研究与实践[J]. 电子商务，2020（6）：72-74.
③ 黄炎培. 提出大职业教育主义征求同志意见[A]//中华职业教育社. 黄炎培教育文选[M]. 上海：上海教育出版社，1985：154-166.

应","建立紧密对接产业链、创新链的学科专业体系"。2019 年,《教育部 财政部关于实施中国特色高水平高职学校和专业建设计划的意见》强调,打造高水平专业群,要"面向区域或行业重点产业,依托优势特色专业,健全对接产业、动态调整、自我完善的专业群发展机制,促进专业资源整合和结构优化,发挥专业群的集聚效应和服务功能,实现人才培养供给侧和产业需求侧结构要素全方位融合"。专业群建设主要是为了解决职业院校传统单一专业难以有效对接产业链、专业资源的实践困境而实施的,当前虽然取得了一定进展,但同时也存在着与产业不匹配的问题。例如,2022 年"双高计划"建设中期绩效评价表明,代表着我国职业教育发展最高水准和未来方向的 197 家高职院校及其所承担的 253 个专业群建设,依然存在着与产业发展适配度不高的问题。[①]

结合农村"空心化"治理实际,专业群建设为彰显"适农性",应做好以下两方面的工作。一方面,专业群结构对接农村产业发展结构。专业群建设要按照深度聚焦、突出特色的原则,对乡村振兴下农村产业结构以及产业链各环节需求进行深度分析,明晰专业群与产业发展结构对应关系,形成具有乡村特色的"农业+"专业群,为培养知农、爱农、兴农的致力于乡村振兴的高素质农民奠定基础。例如,针对区域农村贫困人口脱贫发展,打造享誉全国乃至全世界的名牌茶产品,贵州省 S 学校设置了茶产业专业群,包括茶树栽培与茶叶加工、茶艺与茶叶营销、文化创意与策划等专业,培养了一批懂生产、加工和营销的茶产业岗位技术技能人才,为乡村产业振兴提供了强有力的人才保障。[②] 专业群结构对接产业发展结构,不仅能够有效激活"空心化"农村,还可以使职业教育专业群建设找到新的生发点。另一方面,引领农村产业发展。如前所述,"空心化"农村存在产业结构单一或失衡的问题,可持续生计水平低下。由此,专业群建设要注重转变基于产业需求设计的单向逻辑"惯习",不能"亦步亦趋",而是要结合本区域以外农村产业发展动态及未来走向调整供给结构,实现从"需求侧拉动"到"供给侧推动"的根本性嬗变,引领"空心化"农村的产业结构调整和产业升级。

[①] 褚金星,李博. 高职院校专业群建设的逻辑审思、突出问题与实践进路——基于集群优势竞争理论视角[J]. 教育与职业,2023(2):35-40.
[②] 郭细卿. 职业教育帮扶振兴乡村研究——基于黔 S 学校的个案观察[J]. 教育评论,2022(6):23-29.

三、加强多主体合作

《教育部 财政部关于实施中国特色高水平高职学校和专业建设计划的意见》（2019年）强调建立健全多方协同的专业群可持续发展保障机制，打造高水平专业群。作为教育链、人才链与产业链、创新链精准对接的重要载体，专业群不是一个自我封闭的系统，而是一个多元交互的系统，由多样的、互异的组织体聚集而成，不仅包括产业结构相同的各类专业，还包括与专业相匹配的教师团队、教学课程、信息技术和实践基地等丰富的人力、物力资源，它们相互作用和进行物质能量交换，使整体表现出比单个主体更强的适应性。[①]有研究者把专业群视为一个生态系统，即专业群是由若干因素、部门、层次通过一定方式组合在一起的有机网络。网络中的各个要素通过特定的结构发挥特定功能，当某一特定环节发生变化时，必然会引起一系列相关的"滚雪球"反应。[②]这就决定了专业群建设的主体不限于职业院校，还包括政府、企业、行业、普通高校、社会组织等多个主体。

聚焦于农村"空心化"治理，职业院校要注重加强与政府、企业、行业、普通高校、社会组织等多个主体的合作，使专业群成为技术与生产衔接的桥梁。具体而言，应做好以下三个方面的工作。一是加强与普通高校的合作。学科是大学的功能单元，是大学实现功能的核心载体。大学的功能活动都是以学科为单位组织开展的，现代大学的知识活动一刻也离不开学科。[③]普通高校具有明显的学科优势，是专业群建设不可或缺的知识资源，也是专业群建设的基本逻辑之一。职业院校应通过课程体系设计、专业建设、师资培养、技术转移等对接普通高校，构建共建共享合作体系，实现专业群资源效益最大化。二是加强与企业的合作。职业院校应依据学科知识逻辑与产业群逻辑、岗位群逻辑，通过运用现代学徒制，与企业共建教学工厂、产业学院、产教园区等多种形式，使师资、课程、技术、实训等资源深度融合，发挥整体效益。三是加强与行业协会的合作。行业协会作为独立于政府和市场之外的、非营利性的中介组织，具有社会性、协调性、

---

① 李梦卿，余静. 高职院校高水平专业群的组群逻辑[J]. 教育科学，2023（1）：76-82.
② 宋亚峰. 高职专业群生态系统的协同进化研究[D]. 天津：天津大学，2021：11.
③ 别敦荣. 论大学学科概念[J]. 中国高教研究，2019（9）：1-6.

专业性和信息性特征，能够有效平衡职业教育多元利益主体间的利益，疏解政府职能，弥补市场不足，是专业群建设的有力保障。[①]职业院校在专业群建设中应通过咨询服务、专业课程和教学标准建设、组织行业职业技能大赛、人才培养模式改革等多种形式，加强与行业协会的合作。

---

① 林文，胡霞. 行业协会参与高等职业教育的实践路径[J]. 长沙航空职业技术学院学报，2022（2）：36-39，43.

第八章

余　论

针对亟待解决的"农村空心化""农业边缘化""农民老龄化"问题，党的十九大作出了实施乡村振兴战略的重大战略部署，强调农业农村优先发展，并将其写入《中国共产党章程》，为从根本上解决"新三农"问题提供了行动纲领。此后颁布的《中共中央 国务院关于实施乡村振兴战略的意见》、《乡村振兴战略规划（2018—2022年）》、《国家质量兴农战略规划（2018—2022年）》、"十四五"规划、《中共中央 国务院关于全面推进乡村振兴加快农业农村现代化的意见》等都将乡村振兴战略作为重要内容。尤其是2021年颁布实施的《中华人民共和国乡村振兴促进法》通过立法的形式将全面实施乡村振兴战略确定了下来，为乡村振兴战略的实施提供了强有力的法理依据。实施乡村振兴战略是对城乡关系的重新审视和以往城乡发展战略的重大调整，标志着我国城乡关系进入新时代。随着乡村振兴战略的大力实施，乡村振兴取得了很大进展。例如，有研究者构建了新时代中国乡村振兴发展速度评价指标体系，运用基于组合加权主成分分析的综合评价方法，对中国31个省份乡村振兴的环比发展速度进行了综合评价，结果表明，各省份乡村振兴发展速度稳中有进，环比发展速度总体上呈现出西高东低的走势。[①]还有研究者在省域层面构建了乡村振兴综合指数评价指标，根据指标和

[①] 鲁邦克，许春龙，孟祥兰. 中国省际乡村振兴发展速度测度与时空异质性研究——基于组合加权主成分分析的综合评价方法[J]. 数理统计与管理，2021（2）：205-221.

权重对各省份乡村振兴综合指数的测算结果表明，"治理有效"与"生活富裕"的总体得分较高。[①]乡村振兴为农民带来了福利，增进了福祉。例如，基于30个省份的面板数据分析结果表明，乡村振兴对农村居民福利水平的影响呈倒U形，现阶段乡村振兴对福利水平具有促进作用。[②]但同时我们也应看到，作为农村社会生态失衡的体现和"新三农"问题之一，农村"空心化"是当前乡村振兴战略实施的"短板"和城乡一体化建设中的突出问题，其所带来的风险效应不容忽视，呈现出以下典型特征：农村"空心化"是农村和城市生计资本相互作用的结果，并在不同维度彰显出传导性，经济因素和政策因素分别是其产生与发展的内部驱动力和外部推动力。在中国社会正由"乡土中国"步入"城乡中国"和城乡关系发生深刻变化的时代背景下，农村"空心化"现象将得以不同程度缓解，但是会在一定时间内存在，并且累积效应和区域特征将逐渐彰显。在巩固脱贫攻坚成果同乡村振兴有效衔接和治理主体多元化的背景下，职业教育是推进农村"空心化"治理和城乡一体化建设的重要抓手，会影响其成效和水平，这也是实施乡村振兴战略的内在要求。

职业教育促进农村"空心化"治理这一研究主题引起国内外研究者的一定关注。通过爬梳相关文献不难发现，国外研究主要集中在职业教育与农村发展或者重构关系的探讨上。哈特尔（Hartl）认为职业教育不仅能够提高产量、质量和增加多样性，改善健康，从而增加农民的收入和改善生活状况，而且有助于开发农村社会资本，加强对非正式部门协会、农村组织和农村治理的了解。[③]科德斯（Cordes）和彼得斯（Peters）以美国为例，针对乡村发展提出的诉求，指出赠地学院以及分支机构和实验基地要注重调整角色，充分运用自身的人力资源和智力资源，挖掘乡村自然资源的全部潜力，促进乡村发展。[④]洛佩斯（Lopez）和帕斯特（Pastor）强调针对老龄化和人口减少的农村，可以实施培育创业精神的能力

---

① 罗春娜，李胜会. 中国乡村振兴的动力因素研究——基于教育的视角[J]. 宏观经济研究，2020（8）：105-117，145.

② 钱力，耿林玲. 乡村振兴战略的经济福利效应分析[J]. 统计与决策，2021（16）：29-32.

③ Hartl M. Technical and vocational education and training（TVET）and skills development for poverty reduction—Do rural women benefit[J]. Retrieved October，2009，（4）：2206947.

④ Cordes S，Peters S. Theme overview：Higher education's roles in supporting a rural renaissance[J]. Choices，2014，29（4）：1253-1263.

建设和教育计划，以提升农民的技术、经验、管理等方面的能力。[1]国内研究主要集中在以下两个方面：一是职业教育与农村"空心化"治理的关联。研究认为，人口"空心化"是农村"空心化"治理的根本，职业教育是"面向人人的教育"，职业教育政策是推动农村"空心化"治理的重要外部支撑，职业教育自身特性是增强农村"空心化"治理能力的动力源泉，所培养的新型农村人才是提升农村"空心化"治理成效的重要引擎，由此职业教育是治理农村"空心化"的重要抓手。[2]职业教育具有再生功能，农民职业教育对于农村"空心化"问题的解决具有重要的战略性意义。二是职业教育促进农村"空心化"治理的路径，主要是基于人力资源开发的视角，对农民开展有针对性的教育培训，以提升农民的职业技能和培育新型职业农民。根据各地精准扶贫的实际情况启动专门人才项目工程，为脱贫培育各类急需的生产建设或经营管理人才，培育、发展乡村能人，提升脱贫主体的自我发展能力，以职业教育为抓手，加强农民的农业知识与技能培训。[3]综上，国内外研究者在农村"空心化"治理、农村职业教育发展模式方面的研究较为成熟，成果比较丰富，在职业教育发展对农村"空心化"治理的影响方面也取得了一定的研究成果，这为本研究的顺利开展奠定了重要基础，但是还存在以下三个方面的不足：一是宏观上较多关注职业教育与农村发展或乡村振兴的关系，对职业教育促进农村"空心化"治理聚焦不足；二是局限于职业教育与农村"空心化"治理经济关系的层面上，对政治、社会、文化等关系层面的分析较少；三是对于职业教育促进农村"空心化"治理的探讨缺乏系统的学理剖析和实证数据的支撑，碎片化研究特征明显，需要进行深化研究。在坚持农业农村优先发展、大力实施乡村振兴战略的新时期，赋予职业教育新的内涵，探索其促进农村"空心化"治理的机理与模式，构建具有农村特色的职业教育体系，这是当前亟待解决的问题。

基于此，本研究主要遵循"界定问题—分析问题—建构问题—实践运用"的逻辑思路，运用文献研究法、比较研究法、田野调查法、个案研究法和规范分析

---

[1] Lopez M, Pastor R. Development in rural areas through capacity building and education for business[J]. Procedia-Social and Behavioral Sciences, 2015, 197: 1882-1888.

[2] 李盼盼. 职业教育促进农村"空心化"治理的内在逻辑与实施路径[J]. 河南科技学院学报, 2023(10): 63-69.

[3] 刘奉越. 乡村振兴下职业教育与农村"空心化"治理的耦合[J]. 国家教育行政学院学报, 2018(7): 40-46.

法等，并注重它们之间的整合，对职业教育促进农村"空心化"治理进行了较为系统和深入的探讨。一是基于乡村振兴战略大力实施、农村"空心化"现象严重和职业教育功能彰显的研究缘起，对国内外相关研究文献进行系统的整理和分析，明晰本研究的目标和方向；对农村"空心化"的格局、形态、特征及其发展阶段进行历时性分析，厘定其蕴涵的价值逻辑，预测其发展态势，从而为探讨职业教育促进农村"空心化"治理提供逻辑起点和理论支撑，明晰职业教育发展新的任务和契机。二是运用管理学中的 SWOT-PEST 分析模型矩阵，对职业教育促进农村"空心化"治理的各种影响因素进行较为系统、全面的分析，以充分认识职业教育在政治、经济、社会、技术方面的优势、劣势以及所面临的机遇、威胁，从而将发展战略与内部资源、外部资源有机地结合起来，寻找发展机会，以促进农村"空心化"治理，同时也有助于相关部门履行和完善自身职能，为职业教育促进农村"空心化"治理营造良好的环境。三是结合国内外职业教育促进农村"空心化"治理的具体实践，呈现有代表性的、典型的个案，总结职业教育促进农村"空心化"治理的现状、特征、模式等，分析职业教育与农村"空心化"治理之间的关系。四是基于可持续生计框架，探讨职业教育促进农村"空心化"治理的逻辑。具体而言，逻辑起点为生计恢复力的提升，逻辑路径为产教融合，逻辑终点为"三生"共赢。四是"机制是引发研究对象发生规律性变化，决定研究对象存在状态的作用原理和作用过程"[①]。本研究结合乡村振兴的内涵和表达，通过梳理和分析国内外职业教育促进农村"空心化"治理的成功经验，基于行动者网络理论，归纳总结出相应的运行机制，建立职业教育促进农村"空心化"治理的理论分析框架，构建相应的治理模式。五是针对职业教育促进农村"空心化"治理存在的问题以及影响因素，结合乡村振兴战略实施的任务和要求，从健全保障制度、增强内生力、深化产教融合、强化师资队伍建设和培育新型农业经营主体等七个方面提出职业教育促进农村"空心化"治理的路径。

职业教育促进农村"空心化"治理是一个内涵丰富的研究主题，无论是从理论视角还是基于实践层面，都具有十分重要的价值。本研究尝试在以下三个方面进行创新。一是加强多学科交叉融合。本研究立足于可持续生计理论、人力资本理论、人地关系理论和内生发展理论，综合运用职业教育学、产业经济学、人文

[①] 邱伟光，张耀灿. 思想政治教育学原理[M]. 北京：高等教育出版社，1999：205.

地理学、公共管理学等学科的知识和方法，弥补以往基于某一学科领域片面化、碎片化研究的不足，有助于系统全面地分析问题和解决问题。二是拓展研究范式。本研究基于乡村振兴的时代背景，对职业教育参与农村"空心化"治理的相关问题进行系统探讨，将职业教育发展与农村"空心化"治理紧密联合，为提供公共服务和解决"新三农"问题提供新思路和新方向，拓展农村治理问题研究的范式。三是构建运行机制。本研究基于人力资本理论和内生发展理论，结合职业教育的构成要素、本质和功能的分析，运用系统识别和系统分析的方法，揭示职业教育在农村发展中的内生动力机制及其作用路径，构建职业教育促进农村"空心化"治理的运行机制，为职业教育促进农村"空心化"治理提供理论分析框架。具体而言，本研究得出的结论主要包括以下七个方面。

一是农村"空心化"是一个不断演进的过程。作为农村社会生态失衡的体现和"新三农"问题之一，农村"空心化"的实质是农村地域经济和社会功能的整体退化，表现为包括人口、土地、经济、管理以及文化等多种要素在内的乡村地域系统发展停滞不前甚至萎缩。农村"空心化"的形成并非一蹴而就，而是经历了不同的演进阶段，具体而言包括出现阶段（1978年—20世纪80年代末）、发展阶段（20世纪90年代初—90年代末）、加剧阶段（21世纪初—2010年）以及缓和回落阶段（2011年至今）。农村"空心化"发展具有阶段性特征以及类型差异，但是也存在着共同的价值逻辑，即农村"空心化"是农村和城市生计资本相互作用的结果，在不同维度彰显出传导性，经济因素和政策因素分别是其产生与发展的内部驱动力与外部推动力。

二是职业教育是促进农村"空心化"治理的重要抓手。在全面实施乡村振兴战略和大力发展职业教育的"社会场域"中，作为一种与普通教育具有同等重要地位的不同教育类型，职业教育集职业性、生产性、社会性、劳动性、大众性于一身，与以下目的息息相关：文化延续性，以维持和进一步发展职业能力；在执行职业情况下维持经济效率和效益；维持社会的延续性和变革；针对个人职业和行业进行个人建设，从而确保个人需求；通过初始准备和工作中的持续发展，确保职业需求；确保对社区和（或）国家有用[①]，旨在培养生产、建设、服务和管理高技能人才。在乡村振兴中，职业教育承担着技术技能型人才供给的"主渠

---

① [澳]史蒂芬·比利特. 职业教育：目的、传统与展望[M]. 唐林伟，欧阳忠明，李建国，译. 南昌：江西人民出版社，2018：212.

道"、精准扶贫脱贫攻坚的"生力军"、产业培育企业成长的"助推器"和乡风文明传承创新的"能量场"的角色[①]，服务农村发展的功能越来越强大，在助推农村人力资本优化和促进农业转型发展中的优势越来越得以彰显，成为促进农村"空心化"治理和实施乡村振兴战略的重要抓手。例如，有研究结果表明，职业教育服务乡村振兴的效果显著，贡献率高达16.19%，投资回报比可观。[②]

三是发达国家在职业教育促进农村"空心化"治理的实践方面取得很大进展。针对乡村衰败这一全球共同现象，美国、英国、德国、韩国、日本等发达国家相继提出了乡村保护性治理理念和"地域循环共生圈"概念，开展了"村庄更新""新村运动"等，注重充分发挥职业教育的功能和优势，积极采取推广农业技术、培育职业农民和职业精神、完善专门农民培训机构、建立农民资格证书制度等多元化的措施，成功实现农业现代化转型，农民老龄化、农村"空心化"和城乡发展不均衡等问题基本上得到解决，为职业教育促进农村"空心化"治理提供了很好的借鉴。

四是我国在职业教育促进农村"空心化"治理的实践方面取得一定进展。近年来，随着我国乡村振兴战略的大力实施，职业教育在促进农村"空心化"治理的具体实践中，与各地的地理环境、资源禀赋、人力资源、乡土文化等因素有机地融合在一起，取得了很大成效，并且涌现出许多别具特色的鲜活个案，如河北省内丘县岗底村、浙江省安吉县鲁家村、山东省曹县丁楼村、陕西省礼泉县袁家村、贵州省遵义市花茂村以及湖南省花垣县十八洞村等。这些个案的"空心化"现象曾经十分严重，但是通过职业教育要素的有机"嵌入"，取得了具有辨识度的治理成果，并形成了独具特色的治理经验，成为当地农村"空心化"治理的典范。

五是职业教育促进农村"空心化"治理具有一定的逻辑。探讨职业教育促进农村"空心化"治理的逻辑具有十分重要的意义。基于农户生活环境"脆弱性"这一前提，英国国际发展机构提出可持续生计框架以探讨农村贫困问题。可持续生计框架由脆弱背景、生计资本、结构和过程转变、生产策略、生计结果五个方面的核心要素构成，从个体的可行能力和所处的外部环境视角揭示了影响贫困的

---

① 吴一鸣. 乡村振兴中职业教育的"角色"担当[J]. 现代教育管理，2019（11）：106-110.
② 朱德全，杨磊. 职业教育服务乡村振兴的贡献测度——基于柯布-道格拉斯生产函数的测算分析[J]. 教育研究，2021（6）：112-125.

多维度因素，阐明了在所面临的风险性环境以及组织机构、政策与制度背景下，个体如何基于自身的生计资本运用不同的生计策略，产生不同的生计结果，为职业教育促进农村"空心化"治理研究提供了理论依据。"空心化"农村的生计资本较为匮乏，主要体现在人力资本、社会资本、金融资本、物质资本和自然资本五个方面。职业教育促进农村"空心化"治理的实践应遵循一定的逻辑，主要表现在以下三个方面。一是逻辑起点为生计恢复力的提升。职业教育助力农户生计恢复力提升的关键是优化人力资本，既包括转变在地农户"稀缺性"思维模式，塑造健康积极的心态，又包括促进农户向"全能型"发展。二是逻辑路径为产教融合。产教融合内嵌于"空心化"农村治理场域，促进"空心化"农村产业转型升级，多元治理要素参与。三是逻辑终点为"三生"共赢，具体而言是指生产发展、生活富裕和生态良好。

六是良好的机理和模式是职业教育促进农村"空心化"治理的关键环节。在致力于构建共建共享社会治理格局的时代背景下，职业教育促进农村"空心化"治理涉及多个主体。依据行动者网络理论，基于多元主体在农村"空心化"中位置、角色和作用的不同，可将其划分为核心行动者、主要行动者和共同行动者三种类别。其中，核心行动者是指职业院校；主要行动者是指农民，为最主要的参与者；共同行动者是指政府、普通高校、行业企业、社会团体、技术、知识以及课程等。这些行动者既具有相对独立性，又紧密联系在一起，构成一定的关系网络。基于行动者网络理论，结合职业教育促进农村"空心化"治理的场域和具体特性，将其运行机理划分为目标导向、动力、转译、知识溢出和政策保障五个部分。"产业兴旺、生态宜居、乡风文明、治理有效、生活富裕"是乡村振兴的主要内容和测度标准，为职业教育促进农村"空心化"治理提供了基本框架和行动目标；动力机制包括政策推动、市场需求、资源互补、利益驱动和内涵发展；转译机制由问题化、利益赋予、动员以及简化与并置四个关键环节构成；知识溢出机制包括知识溢出源、知识溢出途径和知识溢出效应；政策保障机制主要包括农村职业教育、产教融合、利益协调以及成果转让。构建良好的运行机理是确保职业教育促进农村"空心化"治理根本任务得以实现的重要保证，对于推进农村"空心化"治理具有方法论的意义。由于"空心化"农村的具体场域和资源禀赋不同，不同地区在利用职业教育促进农村"空心化"治理的过程中应因地制宜地采取不同的模式，主要有"数字乡村"模式、"农民讲习所"模式、"乡村旅游"

模式、"乡村能人带动"模式、"文化传承"模式和"职业农民学院"模式。

七是职业教育促进农村"空心化"治理应采取优化路径。与普通教育相比，职业教育与企业、产业、工作等要素的联系更为密切，具有典型的跨界性特征，同时，农村"空心化"治理是一个全局性、系统性的工程，这就决定了亟须从健全保障制度、增强内生力、深化产教融合、强化师资队伍建设、培育新型农业经营主体等方面着手，全面提升职业教育促进农村"空心化"治理的成效，助推乡村振兴。具体而言，健全保障制度包括健全城乡一体化制度、农村职业教育制度和职业农民制度，以提供良好的制度保障；以增强内生力为旨归包括注重扶志和提升可行能力；深化产教融合包括加强产教融合平台建设和发挥企业重要办学主体作用，从多方面破解新型农业经营主体培育难题；强化师资队伍建设包括以培育"双师型"教师为重点、提升科技创新和服务能力及建设本土化教师队伍，不断推进教师专业水平的提升；培育新型农业经营主体包括分类别培育、培育模式多元化、培育内容精准对接；推进数字化建设包括提升农民数字素养、强化信息基础设施建设、科学设置课程和搭建混合式培训平台；深化专业群建设包括优化组群逻辑、彰显"适农性"和加强多主体合作。

正如《论语·子罕》所言："仰之弥高，钻之弥坚。瞻之在前，忽焉在后。"研究是一个漫长的自我修炼过程，加上职业教育促进农村"空心化"治理问题的复杂性，尽管从研究主题的确立，到研究方案的设计，相关资料的收集及分析，研究现场的进入，直至研究报告的撰写，笔者"如切如磋，如琢如磨"，但是受自身的研究水平、学术视野、时间、精力等多种因素的影响，本研究存在亟待完善之处。为了使研究更加深入和充实，还有很多的工作需要进一步开展。一是注重职业教育促进农村"空心化"治理成效的测度。社会科学研究要获得长足的发展，就必须突破局限在"思想引入"和"观念借鉴"，侧重于思辨的"惯习"，而是要注重运用实证方法，找到不同于传统社会科学的独特发展空间。[1]自19世纪法国学者奥古斯特·孔德（Auguste Comte）提出实证主义及实证哲学以来，实证方法作为一种研究取向在社会科学研究领域得到迅速应用，并引发了持续一个多世纪的实证风潮。[2]在今后的研究中，研究者除了应在理论上继续分析职业教育

---

[1] 李正风，鲁晓. 中国科学社会学的演进：路径、特征与挑战[J]. 科学与社会，2016（2）：37-43.
[2] 朱军文，马银琦. 教育实证研究这五年：特征、趋势及展望[J]. 华东师范大学学报（教育科学版），2020（9）：16-35.

促进农村"空心化"治理的成效之外,还应注重构建一定的指标体系,运用计量经济学进行测度,有效识别治理效果。二是注重开展多个案比较研究(small-N case studies)。作为社会科学领域的重要方法,多个案比较研究包括个性化比较、普遍化比较、涵括式比较和多样化比较四种模式,并非探讨一个个案,而是选取数个案例进行深入分析,通过对它们的反复比较,以揭示社会现象或社会过程的因果机制[①],提炼出具有较高抽象程度和更具有解释力的实质理论。在以后的深化研究中,研究者不应仅限于职业教育促进农村"空心化"治理的多个国内外个案的呈现,而是应注重通过对它们异同的比较来建构或者展示解释性理论。三是职业教育促进农村"空心化"治理的路径更具有实践指导性。本研究基于农村"空心化"的演进以及职业教育促进农村"空心化"治理的国内外个案、逻辑、运行机制、模式,提出了相应的对策建议,虽然基于乡村振兴战略实施的背景,努力切合农村"空心化"治理实际,但是还较为宽泛,实际可操作性不足。在致力于加强和创新社会治理、推进社会治理精细化的背景下,需要后续的研究注重分析"空心化"农村的区域性特征,运用影响因素矩阵等分析工具,更加科学地呈现影响因素的层次,从而提出更加精准的对策建议,实现有效治理。

---

① 蔺亚琼. 多个案比较法及其对高等教育研究的启示[J]. 高等教育研究,2016(11):39-50.